Die neue Isar

Renaturierung,
kulturelle Öffnung und Ideen-Fluß,
Geschichtliches wie Literarisches / 2. Band

Das Buch zum Abschluß des Projekts »Isarplan«

Band VII der Reihe »Nymphenspiegel«
Herausgegeben von Ralf Sartori

Weitere Informationen über den Verlag und sein Programm unter www.buchmedia.de

Weitere Informationen zum gesamten »Nymphenspiegel«-Kulturprojekt, dessen Offenen Künstlertreffs, Literarischen Salons, Maleratelier- und Künstlerfesten, unter www.nymphenspiegel.de
oder beim Herausgeber direkt unter Mail: nymphenspiegel@aol.com

Mai 2011
© 2011 Buch&media GmbH, München
Umschlaggestaltung: Kay Fretwurst, Freienbrink, mit Photographien von Ralf Sartori
Herstellung: Books on Demand GmbH, Norderstedt
Printed in Germany
ISBN 978-3-86520-390-8

Inhaltsverzeichnis

Das »Forum neue Isar«
- 12 Einige Betrachtungen dazu *Dieter Janecek, Landesvorsitzender Bündnis 90/Die Grünen, Landesverband Bayern*
- 15 Weitere Gedanken zum »Forum neue Isar« *Katharina Schulze, Vorsitzende des Kreisverbandes München Bündnis 90/Die Grünen*

Die Isar als (Themen-, Ideen-) Fluß und Katalysator
- 18 Mit einem *Hechtsprung* in den Fluß *Ralf Sartori*
- **22 Erste Etappen literarischer Isar-Exkursionen**
- 22 Immer am Flußbett entlang, Münchens schönste Radlstrecke *Christian Ude, Oberbürgermeister der LH München*
- 27 Mit dem Schlauchboot auf der Isar
- 32 Kreuzotter (Gedicht) *Miki Sakamoto*
- 33 Huchen
- 35 Sandläufer
- 37 Ein Fluß über dem Fluß *Prof. Josef H. Reichholf*
- 40 Last der Sommerluft
- 41 Stiller Herbst
- 42 Schneewasser
- 42 Wintersonett
- 43 Zaubergarten
- 43 Am Wasser (Gedichte) *Miki Sakamoto*
- 45 Ruhiges Mit-Fließen (Gedicht) *Ralf Sartori*
- **46 Die Obere Isar und der Geschiebehaushalt**
- 48 Eingriffe in den Geschiebehaushalt, ihre Auswirkungen sowie die Bemühungen, wildflußartige Abschnitte wiederherzustellen
- 48 Wildbachverbauung
- 48 Krüner Wehr und Geschiebegutachten Reich

	49	Sylvensteinsee und Geschiebe-Einbringung
	50	Isarkorrektion 1913 bis 1939 von Fleck (4 km südlich von Lenggries) bis Bad Tölz und Rückbau
	51	Flußkraftwerk Bad Tölz und Stauraumspülungen
	51	Kraftwerk Mühltal und Erfolge bei der Neukonzessionierung
	52	Resumeé *Franz Speer*
	53	Kurze Moment-Aufnahme des Abschnitts »Mühltal«
	55	Perspektiven-Wechsel *Ralf Sartori*
	56	**Isarflug**
	56	Wind Nord / Ost, Startbahn null drei,
	68	Epilog
	69	Anhang *Franz Jakob*
Eine Isarbühne den Darstellern des Stückes »Isarplan«	72	Der »Isarplan«
	72	Hauptziele des »Isarplans«
	73	Entscheidungsführende Mitglieder der Planungsgruppe »Isarplan«
	73	Nicht in der Planungsgruppe direkt vertreten, nicht entscheidungsberechtigt, informiert und angehört *Ralf Sartori (mit Texten des WWA München)*
	75	Interview mit Dr. Klaus Arzet, Leiter des WWA München *Ralf Sartori*
	87	Die Neue Isar – Ende des Leidensweges?
	87	Der Einfluß des Wassers und der Menschen auf die Gewässer
	88	Die ersten Bemühungen am Krankenbett der Isar – 1970 bis 1985
	90	Der erste »Isarplan« – die Vorgeschichte – 1985 bis 1989
	92	Ein Intermezzo – Die »Initiative Mühlthal« 1990 bis 1995 *Rolf Renner, derzeitiger Koordinators der Isar-Allianz*
	95	Die Urheberschaft des Isarplans
	95	Isar – Lust an der Natur
	96	Mauern statt Renaturierung – der Zug fährt in die falsche Richtung

	97	Wer stoppt den Zug?
	98	Lebensqualität, Freizeitparadies und Sicherheit
	101	Ein offenes Ohr, einen Sinn für die Isar und die Richtung stimmt: »Naturnah« hat Zukunft
	103	Endlich: Weg frei für den Isarplan
	104	Die Isar und Menschen kommen in Bewegung *Nico Döring, Gründer, Sprecher und ehem. Koordinator der Isar-Allianz*
	105	Interview mit Winfrid Jerney, Landschaftsarchitekt
	105	Interview-Abschnitt I (Architekten-Portrait)
	113	Interview-Abschnitt II (Projekt und Realisierungs-Wettbewerb) *Ralf Sartori*
	119	Interview mit Irene Burkhardt, Landschaftsarchitektin, unter Mitwirkung des Landschaftsarchitekten Oliver Engelmayer
	119	Interview-Abschnitt I (Architektinnen-Portrait)
	125	Interview-Abschnitt II (Projekt und Realisierungs-Wettbewerb)
	134	Schlußbemerkung *Ralf Sartori*
	137	Stadt – Landschaft – Fluß, von der »Herrlichkeit des Isar-Stroms« in München
	140	»Die Herrlichkeit des Isar-Stroms«
	141	König Max II. – ein königlicher Isar-Freund. Isar-Fest zu seinem 200. Geburtstag *Klaus Bäumler*
	145	**»Die neue Isar«**
	145	»Fluß und Landschaft« – als strukturelle Vorbilder
	148	Mehr als Bücher
	148	Das aktuelle Programm *Ralf Sartori*
Weitere Fluß-, Lebens-, Zeit-Linien	150	Wenn ich an München denke denk ich an die Isar *Konstantin Wecker*
	152	Warnhinweis (Gedicht) *Ralf Sartori*
	154	Isar *Markus Epha*
	157	In Isarwellen verwoben – ein Leben mit der Isar und für die Isar
	157	»Motivbilder«
	159	Wasserwurzeln in der Kindheit und Jugendzeit

	163	Der Student entdeckt die Leit-Vogelarten an der Isar
	165	Lisbeth, die »Mondfrau«
	167	Bootsfahrten über und unter Wasser (Mit zahlreichen Isar-Gedichten) *Heri Zintl*
	174	Von Fluß und Strom *Franz Huber*
	183	Morgen oder übermorgen (Gedicht) *Helmut Ruge*
	185	Alles fließt (Gedicht) *Georg Jochum*

Das Leben – ein Fluß oder nur Kanal und Staustufen

- 190 Und nicht zuletzt: über das Poetische zum Politischen im »Nymphenspiegel« *Ralf Sartori*
- 193 Rentier Dich (Gedicht)
- 194 MEHR (Gedicht) *Helmut Ruge*

- **197 Englischer Garten, Mythos Schwabing – und zu weiteren poetischen Landschaften**
- 197 Einstiger Nährboden für neue Ideen *Ralf Sartori*
- 198 Schwabing … *Sitka*
- 204 Nachtrag: In der Traumstadt ist ein Lächeln stehn geblieben (Gedicht) *Peter Paul Althaus*
- 205 Kalter Wind des Zeitgeists über Schwabing Kein Lächeln scheint heut mehr dort stehengeblieben *Thomas Köster, Ralf Sartori*
- 207 Der Städtemörder *Helmut Ruge*
- 211 Es wird weniger *Boris Ruge*

Stromaufwärts auf dem Fluß der Zeit Fundsachen im Kiesbett der Geschichte

- 216 Barocke Partyzone Isar
- 219 Wo sich Isar- mit Würmwasser mischt *Doris Fuchsberger*
- 222 Impressionen im Alten Südlichen Friedhof *Albrecht Vorherr*
- 225 Am alten Südlichen Friedhof (Gedicht) *Ralf Sartori*
- 225 Zeit balanciert (Gedicht) *Wilhelmine Habichler*
- 226 Und am Ende noch einmal zurück zu den Anfängen *Ralf Sartori*

227 Unbekanntes Nymphenburger Wasser
Doris Fuchsberger

229 Kontakt zu Redaktion, Herausgeber und Forums-Leitung
230 Die 27 Autor(inn)en dieser Ausgabe
240 Bildernachweis
240 Mäzene, Förderer und Sponsoren
240   Kulturpat(inn)en

Isar-Stufenhalbkreis bei Weideninsel ▶

Das »Forum neue Isar«

Einige Betrachtungen dazu

Was mir in den Gesprächen mit Nico Döring und Ralf Sartori gleich auffiel, ist ihr humanistischer Ansatz und die Vielfalt gesellschaftlicher Themen, derer sie sich mit ihrem »Forum neue Isar« annehmen, sowie deren vernetzte Betrachtungsweise dabei.

Eine Kultur der Offenheit und der Überwindung bestehender institutioneller Barrieren und starrer Feindbilder, auf allen Seiten, gilt ihnen als zentrale Voraussetzung für eine neue gesellschaftliche Dialogkultur, für die sie sich einsetzen.

Durch ihre Zusammenarbeit mit einer Vielzahl von Experten aus Wissenschaft, dem kulturellen Bereich, Politik, Verwaltungen und Wirtschaft, entwickelt dieses Forum, das von Dr. Nico Döring und Ralf Sartori ins Leben gerufen und gemeinsam geleitet wird, zahlreiche innovative Impulse in allen Richtungen dieser Vernetzungen.

Diese Arbeit wird ergänzt durch die Publikationen der Buchreihe »Die neue Isar«. Band 1 und Band 2 stellen die unterschiedlichen Aspekte der Isar-Renaturierung dar. Dabei findet auch das Engagement der Umwelt-Bewegung der 80er-Jahre, aus welcher heraus die Isar-Allianz gegründet wurde, die wiederum einen beträchtlichen Anteil am bisherigen Erfolg der Isar-Renaturierung südlich Münchens wie auch im Münchner Stadtgebiet hat, eine gebührende Gewichtung und angemessene Würdigung.

Die Reihe »Die neue Isar« vertritt den großen Anspruch, sämtliche innovativen Entwicklungen um diesen Fluß hinsichtlich (weiterer) Renaturierungs-Schritte, aber ebenso stadtplanerischer Visionen und Konzepte zu dokumentieren. Zudem enthalten die Bände eine Vielfalt an isarfachlichen Beiträgen wie interessante soziologische und geschichtliche Essays. Und auch Literarisches findet sich darunter.

Doch damit nicht genug. Dr. Nico Döring und Ralf Sartori sind mehr als nur Chronisten, als die sie fraglos fungieren: Denn zugleich engagieren sie sich aktiv für einen umfassenden Dialog zwischen staatlichen Behörden wie den Wasserwirtschaftsämtern, den Münchner Fachreferaten, die an der Umsetzung des Isarplans beteiligt sind, der Isar-Allianz mit den in ihr zusammengeschlossenen Umweltverbänden, weiteren involvierten Initiativen und langjährig engagierten Einzelpersonen.

Dabei setzen sie sich vor allem für mehr Transparenz und Bürgerbeteiligung bei der Entwicklung von behördlichen Konzepten ein, die sie bereits im Vorfeld von fertigen Planungen erreichen möchten.

Das soll einen frischen Ideenwettbewerb in Gang setzen und neue Impulse geben für weitere Renaturierungsschritte (nicht nur) an der Isar – sowie stadtplanerischer Art.

Man könnte es so sagen:
Band 1 »Die neue Isar« erzählt die Geschichte der Isar-Renaturierung als Ganzes mit Schwerpunkt »Isarplan«-München.

Band 2 beschreibt den Ist-Zustand 2011 im Abschlußjahr des Isarplans und Band 3 entwirft neue Visionen und Konzepte, so die Initiatoren, wie es an – und mit der Isar weitergehen könnte. Denn für sie ist dieser Fluß, gerade in München, auch eine Kristallisations-Achse im kreativen Gestaltungsfeld zwischen relativen Naturräumen, die es als solche weiterzuentwickeln gilt, kulturellen Nischen und Urbanität als Ganzes, ein fruchtbar kontroverses Spannungsfeld, das aus ihrer Sicht ein enormes Ideen-Potential für städtische Entwicklungen bietet, einerseits Spiegel gesellschaftlicher Haltungen ist, so wie es andererseits auch als Impulsfeld wirken kann, diese weiterzuentwickeln.

Dr. Nico Döring, der die Renaturierung der Isar südlich Münchens maßgeblich in Gang gebracht hatte, trug auch entscheidend zur Entstehung der »Planungsgruppe Isarplan« in München bei.

Heute setzen sich beide Initiatoren des »Forum neue Isar«, neben ihrem Engagement für urbane menschengerechte stadtplanerische Impulse, dafür ein, daß mit Abschluß des sog. Isarplans das »Projekt Isar-Renaturierung« nicht zum Stillstand gelangt. Nach Dr. Döring sind »… sowohl südlich Münchens, im Mühlthal, vom ›Ickinger Wehr‹ bis ›Baierbrunn‹, als auch im Münchner Stadtgebiet, höchstens 50 Prozent der Renaturierungspotentiale wirklich ausgeschöpft. Daher muß es mit der Arbeit an der Isar weitergehen.«

Ich empfinde Engagement und Arbeit des »Forum neue Isar«, das sich mit seiner offenen Dialog-Plattform, mittels effizienter informeller Strukturen auch für mehr Transparenz und Offenheit bei städtischen und staatlichen Verwaltungen einsetzt, als eine Bereicherung für unsere gesellschaftliche und politische Landschaft sowie eine große Chance für weitere Umweltprojekte – ganz im Sinne einer Grünen Politik.

Dabei leistet es wertvolle Beiträge, alte Mauern und Feindbilder abzubauen und eine Kultur des offenen Dialogs zu entwickeln zwischen engagierten Bürgern, Ämtern, Verwaltungsreferaten, NGOs wie z.B. der Isar-Allianz und Kraftwerksbetreibern.

Diese Dialogkultur noch mehr in Gang zu bringen und weiterzuentwickeln ist auch mir ein wichtiges Anliegen.

Dieter Janecek, Landesvorsitzender Bündnis 90/Die Grünen, Landesverband Bayern

Weitere Gedanken zum »Forum neue Isar«

Vom »Forum neue Isar« gehen interessante Impulse und Ideen aus, die Potentiale, welche sich aus der Münchner Isar-Renaturierung ergeben, weiterzuentwickeln.

Wird es einen »Isarplan« 2 geben, der an die bisherigen Planungen anknüpft, die nun 2011 zum Abschluß gebracht werden sollen?

Der Umgang mit öffentlichen Räumen, insbesondere mit Naturräumen in der Stadt, spiegelt Werte, Haltungen und Gewohnheiten einer Gesellschaft wider. Die Renaturierung der Isar hat diesen Fluß verstärkt in den Fokus der Münchner Bevölkerung gerückt.

Man kann sagen: München wendet sich der Isar zu. Das bleibt nicht ohne Einfluß auf das Lebensgefühl und die Lebensstile in dieser Stadt. Es freut mich sehr, daß wir Münchnerinnen und Münchner die Isar als Lebensraum (wieder) entdeckt haben und die Gelegenheit bekommen, Natur mitten in einer Großstadt zu erleben.

Daraus ergeben sich aus Sicht des »Forum neue Isar« interessante Ideen-Vorlagen, auch für mögliche weitere stadtplanerische Schritte wie z. B. die symbolträchtige Einbindung des Bereichs am Deutschen Museum in die renaturierte Isar oder eine mögliche Wiederherstellung von Isar-Boulevards zum städtischen Flanieren für die Münchner, mit Straßencafés und kulturellen Nischenbereichen. Da dies oberhalb des Isar-Ufers vorstellbar wäre, würde es auch nicht im Widerspruch zum Naturschutz stehen.

Ich kann Dr. Nico Döring und Ralf Sartori bei ihrem Plädoyer unterstützen: »Eine Fortführung des Isar-Plans, bzw. deren Neuauflage, da bei weitem noch nicht alle Möglichkeiten der Isar-Renaturierung ausgeschöpft sind, ist sehr wünschenswert.« Parallel dazu kann man auch neue stadtplanerische Konzepte entwickeln. Der öffentliche Raum kann dadurch neu definiert werden: das Stadtviertel als echter Lebensraum, als Erweiterung der Wohnung, inspiriert von den italienischen Piazze, wo auf dem *Corso* echtes soziales Leben, Kontakt und Begegnung stattfinden. Betreibt man die Renaturierung der Isar weiter fort, so ergeben sich dadurch auch kraftvolle Impulse für die Stadtlandschaft.

Dr. Nico Döring und Ralf Sartori setzen sich zudem für mehr direkte Demokratie und Transparenz bei Planungsverfahren und in der Planumsetzung von Projekten ein: in Form der Einbindung Münchner Bürger in Verwaltungsentscheidungen, bei stadtplanerischen Anliegen ebenso wie bei allen anderen wichtigen Belangen des öffentlichen Raumes. »Vieles wird in unserer Gesellschaft noch hinter verschlossenen Türen ausgehandelt. Der öffentliche Raum ist jedoch mehr als nur der Kuchen für Investoren, Interessen- und Lobbygruppen, den es zu verteilen gilt. Er ist Lebensraum und identitätsstiftend«, so die Initiatoren. Das deckt sich auch mit unseren grünen Positionen. Auf Betreiben der Grünen im Stadtrat gibt es zum Beispiel seit kurzem eine Informationsfreiheitssatzung für mehr Transparenz in München.

Interessant finde ich besonders auch den universalen Ansatz, den das »Forum neue Isar« vertritt, aus dem Versuch einer Gesamtschau heraus, sich themenübergreifend und interdisziplinär zu engagieren. Das Forum wirkt als Dialog-Plattform, die eigene Impulse entwickelt und bestehende Initiativen, wie die Isar-Allianz, unterstützt.

Diese Vielfalt der Blickwinkel findet sich auch in der Isar-Buchreihe des »Forum neue Isar« wieder, die, sozusagen in unendlicher Folge, nach Vorbild des Flusses, immer weiterfließen soll, Band für Band.

Ich habe den Eindruck, es handelt sich hier um eine ganz neue kreative Form der Initiative und Organisation, deren Inhalte ich sehr unterstütze. Grundsätzlich sehe ich hier sehr viele interessante Anknüpfungspunkte für eine mögliche politische Zusammenarbeit seitens des Grünen Stadtverbandes München, da das »Forum neue Isar« viele unserer Positionen vertritt. Ganz persönlich finde ich es wunderbar, daß das Thema Ökologie dadurch mehr ins Bewußtsein der Münchner Bevölkerung rückt und ein Gefühl für »unseren« Fluß geweckt wird.

Katharina Schulze,
Vorsitzende des Kreisverbandes München Bündnis 90/Die Grünen

Der Münchner »Flaucher«, von dem das Leitbild des »Isarplan« abgeleitet wurde ▶

Die Isar als (Themen-, Ideen-)Fluß und Katalysator

Mit einem Hechtsprung
in den Fluß

Entgegen der bisherigen Gepflogenheiten dieser Reihe tauchen wir gleich durch einen *beherzten Kopf*-Sprung in die Isar ein, mit ihren zahllosen thematischen Facetten, ohne jede langsame Annäherung an die inhaltlichen Strömungen dieser Publikation.

Zwar wird von einem solchen Vorgehen allgemein abgeraten, doch darauf kommt es nun auch nicht mehr an angesichts der vielen warnenden Stimmen, manche der Themen hier doch lieber erst gar nicht anzufassen, die darin im Zentrum ausgiebiger Betrachtungen stehen.

Doch die Isar hat schließlich schon immer bei all ihren Liebhabern den Abenteurergeist neu entfacht und beflügelt: wie man bei den Jugendlichen sieht, die neben dem Schild »Hineinspringen verboten, Lebensgefahr« in jeder neuen Generation, als hätte sie es gerade erst selbst erfunden, ihre waghalsigen Sprünge von den Brücken aus in den Isar-Werkskanal vollführen. Ich selbst habe mich das bisher nicht getraut und wenn ich Kinder hätte, würde ich ihnen wohl eher von einem solchen Vorhaben abraten oder es lieber nicht wissen wollen. Doch davon abgesehen, ist es doch eigentlich schade, daß der Mut, in etwas Unbekanntes *hineinzuspringen*, sowie die Lust darauf, mit dem Erwachsenwerden bei vielen beinahe wieder erlöschen.

Isarlust! Isarliebe: Duft der Kindheit, sattes Grün in tausenderlei lebendigen Farben, die myriaden Stimmen des Wassers, glitzerndes helles Strömungslachen mit dunklen tiefen Unter-Tönen sich darin mitbewegender Kiesel. Endlich die ersten Huflattichblüten zwischen schmelzendem Schnee, der frühlingshafte Duft von frischer Isar-Minze im März und jener so nuancenreiche des Fluß-Schlammes nach dem Rückzug des Hochwassers, das früher im Auwald und in Wiesen oft noch tiefe Gumpen zurückließ, in denen sich mancher Fisch gefangen fand, der den kindlichen Jagdtrieb entfesselt und zum mehrfachen Initiations-Erlebnis des ersten Fischens geführt hatte, sei es mit dem an einem Stock befestigten Taschenmesser oder mit bloßen Händen. Dann: weitere Düfte unter den zahllosen Fluß-Aromen, wie von gebrochenen Weidenästen beim Schnitzen der Grillspieße oder von gebratenem Fisch. Das Feuer, in einem breiten Steinkreis mit trockenem Gras entfacht, schnell genährt von leichtem ausgeschwemmtem Isar-Treibholz, das sogar bei Regen oder Schnee meist noch irgendwie entzündet werden kann. Erste Rauchzeichen der Kindheit und der Duft des eigenen Feuers, die durchs Isartal ziehen und zu einem solchen Gesamterlebnis gehören.

Unbändige *Isarlust*: eine Erinnerung an den Geschmack der Freiheit, an nichts weiter denken zu müssen und an unsagbar Schönes, einfach nur damit in Kontakt zu sein, es mit allen Sinnen aufzunehmen, sich an diesen Zustand verlierend *und* ihn gestaltend. Sich selbst dabei loslassen und vergessen. Eine innere Verfassung und ein Lebensgefühl, das wir vielleicht den nächsten Generationen, im Zusammenhang mit der Isar, zunehmend schuldig bleiben werden, wie so vieles andere auch, wenn wir nicht heute mehr dafür unternehmen, deren eigentlichen Flußcharakter wieder herzustellen und dort, wo er in Ansätzen noch erhalten ist, zu bewahren. Denn Flußlauf und -Bett der Isar verengen und tiefen sich weiter ein. Dieses Problem berührt nun weniger die Münchner Isar-Abschnitte, sondern vor allem jene nördlich der Landeshauptstadt – aber auch südlich davon an der sog. Oberen Isar.

Im Erscheinungsjahr dieses Buchs werden gewiß zahlreiche Lobes-Worte zu hören sein für die städtische Isar-Renaturierung, die in vielerlei Hinsicht gelungen und auch etwas bisher weltweit einzigartiges sein dürfte. Denn welche größere Stadt, außer München, wird bisher von einem Fluß mit neuerweckter wild-alpiner Note durchflossen? Die LH München und der Freistaat sind zu Recht stolz auf ihr jetzt nach über zehnjähriger Baudauer abgeschlossenes Projekt. Doch lassen wir uns überraschen, was Stadt oder Freistaat in diesem Jahr der Fertigstellung des sog.»Isarplans« von offizieller Seite ansprechen werden, das noch dringend an diesem Fluß getan werden muß.

Mit dem »Forum neue Isar« und in den Bänden dieser Reihe wollen *wir* dies jedenfalls verstärkt thematisieren, solange die Isar noch ganz frisch im Scheinwerferlicht der Medien und politischen Festreden dahinglitzert. Ohnehin wird es in dieser Buchreihe immer wieder themen- und facettenreich um eine ganzheitliche und *durchgängige* Betrachtungsweise der *gesamten* Isar gehen. Wie überhaupt auch der Begriff der *Durchgängigkeit* eine entscheidende Rolle dabei spielt, ob ein Fluß, seinem ursprünglichen Naturell gemäß, zumindest als *Light-Version* eines Wildflusses, wieder einigermaßen *funktioniert* oder nicht.

Im übernächsten Kapitel dieses Bandes werden nun die Verdienste der am Projekt »Isarplan« sowie teilweise auch bei Renaturierungsmaßnahmen an weiteren Flußabschnitten Beteiligten aufgezeigt. Die Beiträge der Fachbehörden der LH München dazu (45 % der Finanzierung des »Isarplans«) können allerdings erst in Band 3 »Die neue Isar« veröffentlicht werden, da sie zu Redaktions-Schluß noch nicht vorlagen. Hier enthalten sind hingegen jene des Freistaats (mit 55 % federführend), gemeinsam mit denen aller anderer Beteiligten; sie werden gleich im *Oberlauf* des *Buchflusses* ausführlich dargestellt und gewürdigt.

Inhaltliche Ergänzungen, Erweiterungen und Fortsetzungen von Themen und Berichten erfolgen in den weiteren Bänden von »Die neue Isar«.

Der diesjährige Abschluß des »Isarplan« stellt nun in der Tat einen Grund zu feiern dar. Und ich wünsche uns allen ein schönes Isarfest und dabei viel Freude mit dem Ergebnis: *Der neuen Isar* in München. Doch sollten wir uns nach dem Fest bald wieder daran erinnern, daß weitere Aufgaben am Fluß dringend der Lösungen bedürfen, die noch genügend Anlässe für viele künftige Feste bieten könnten.

Die Vorbereitungen zu diesem Band gestalteten sich heuer im Laufschritt, wegen des nahenden Abschluß-Termins des Großprojektes, dennoch nicht ganz atemlos. Meist hatten wir ein kraftvolles *Flußgefühl* bei der Arbeit, wie von der Isar getragen zu sein, von der Isar als Wesen *in* uns, wo sie verinnerlicht, ebenso stetig, weiterfließt. Doch das Empfinden, die Zeit renne vielleicht davon, rührte eben noch von etwas anderem her: Entscheidend bei dieser Betrachtung ist, daß *der Isar* zunehmend die Zeit davonläuft, die Zeit, dieser gnadenlose Fluß, der ebenfalls hart kanalisiert uns durch dichte Terminpläne jagt und immer weiterfließt, während wir in essentiellen Dingen oft untätig bleiben und zu lange verharren, wo wir eigentlich handeln sollten.

Denn südlich der Landeshauptstadt, zwischen Ickinger Wehr und Baierbrunn, finden sich die für diesen Bereich im Gewässerpflegeplan festgelegten Ziele leider nur bruchstückhaft umgesetzt. Dr. Klaus Arzet, Leiter des Wasserwirtschaftsamtes (WWA) München, dem ich für das lange Interview in *diesem* Band danke, bot mir für Band 3 »Die neue Isar« an, gerne auch Fragen zum Thema »Mühltal« zu beantworten. Im aktuellen Interview mit ihm bleibt dieser Bereich jedoch ausgeklammert.

Es wäre mir nun eine besondere Freude, zur diesjährigen Fertigstellung des Projekts »Isarplan«, die Impulse, die nun davon wiederum ausgehen, mit Hilfe dieses Buchs, zusammen mit der »Isar-Allianz« und auch mit dem »Forum neue Isar«, flußaufwärts, ins Mühltal, aber auch flußabwärts, Richtung Landshut, zu lenken, um die Renaturierungsmaßnahmen für diese wunderbaren Isar-Landschaft fortzusetzen. Somit würde sich in dieser Hinsicht für den Fluß ein Kreis schließen.

Bevor es nun gleich heißen wird »Bühne frei« für die Akteure des »Isarplan«, die unterschiedlichen Projektpartner der betreffenden Arbeitsgruppe sowie weitere wichtige Initiatoren, wenden wir uns doch erst einmal einen ganzen

Buchabschnitt lang der Hauptdarstellerin des Stückes zu, der »Isar« selbst, indem wir sie in den Strömungen einiger thematischer, gedanklicher Impressionen fühlbar und erfahrbar werden lassen sowie in ihr magisches Wesen eintauchen.

Bühne frei für die »Isar«!

Ralf Sartori

Erste Etappen literarischer Isar-Exkursionen

Immer am Flußbett entlang, Münchens schönste Radlstrecke

Die Prinzregentenstraße führt stadtauswärts – mit eigenem Radweg! – am Bayerischen Nationalmuseum von Gabriel von Seidl vorbei zur Isar. Damit haben wir das größte und längste Radlerparadies der Stadt erreicht. Die dicht mit Bäumen und Büschen bewachsenen Hänge werden an beiden Ufern von breiten, asphaltierten Radwegen gesäumt. Als erstes Highlight bekommt man den seit seinem 100. Geburtstag frisch renovierten, neu vergoldeten Friedensengel zu sehen, ein Stück flußaufwärts das Maximilianeum. Da ich an der Kreuzung mit der Maximilianstraße ohnehin abbremsen muß, erneuere ich schnell meinen Pakt mit dem Boandlkramer: Er soll mich erst holen, wenn die Zeiten vergessen sind, in denen da drinnen die CSU regiert hat.

In der Widenmayerstraße längs der Isar leuchten Fassaden, die kein Autofahrer jemals durch sein Blechdach sah: herrschaftliche Stuckgebilde, deren Erker im obersten Stockwerk durch Balkonbrüstungen gekrönt werden. Gußeiserne Balkongitter erinnern an Paris, pompöse Elemente eher an Wien. Bei den recht einfallslosen Fassaden der fünfziger und sechziger Jahre kann man ja auch einmal etwas schneller in die Pedale treten.

Vom anderen Ufer der Isar grüßt der dürre Turm des alten Muffatwerks herüber. Zu Beginn der neunziger Jahre war es ein zäher Kampf, die ehemalige Maschinenhalle, die von einer einflußreichen Koalition aus Personalvertretern und Stadtdirektoren zum Tennisspielen genutzt wurde, für die Kultur zu erobern. Dann drohten die Umbaukosten aus dem Ruder zu laufen und Lärmklagen den Konzertbetrieb lahmzulegen. Abgehakte Strapazen: Der Turm lugt wie eh und je aus den Baumkronen heraus und die Halle zieht allabendlich mit Musik oder Theater junges Publikum an. Der Nachbarturm, groß, vierkantig, in leuchtendem Weiß, mit riesigen Uhren und verspieltem grün patiniertem Dach macht da schon mehr her: Das Müllersche Volksbad ist ein Juwel des Jugendstils.

Beim Deutschen Museum, quer durch den Hof, fahre ich aufs andere Ufer rüber. Zur Au, die der Münchner Journalist und Lokaldichter Sigi Sommer einmal die »bucklige Vorstadt« genannt hat. Doch direkt an der Isar wirkt auch dieser Stadtteil stolz-bürgerlich. Die klein-bürgerlichen Behausungen, die niedrigen Herbergen sind erst in der zweiten und dritten Parallelstraße zu sehen, ebenso wie Karl Valentins aufwendig saniertes Geburtshaus. Da muß man schon für einen kleinen Vorstadtbummel absteigen und das Rad durch Nebenstraßen und in Hinterhöfe schieben. Übrigens kann man Hinterhöfe, die viel über das Leben der Bewohner erzählen, niemals so ungestört inspizieren, als wenn man ein Rad dabei hat. Die Frage, was man hier zu suchen hat, erübrigt sich: Man sucht erforderlichenfalls in der Hosentasche nach dem Fahrradschlüssel und hat sich damit als »Anlieger« ausgewiesen.

Das Leben auf dem Kiesbett der Isar hängt von der Jahreszeit ab: Im Frühjahr sonnen sich erst weißhäutige Sekretärinnen, später folgen athletische Mannsbilder mit exhibitionistischem Drang, in den Ferienmonaten bringen italienische und vor allem türkische Großfamilien Decken, Gartenstühle, Schirme und einen mediterranen Hauch, in der Herbstsonne sieht man nur noch kleine Kinder beim Steinewerfen, die stolzen Eltern abseits stehend.

Im sattgrün begrasten Hochbett der Isar bis hinaus zum Flaucher geht es noch turbulenter zu: Jugendmannschaften liefern sich ein Fußballmatch, nebenan wird Strand-Volleyball gespielt, große Cliquen bauen rund um ihre Grillplätze regelrechte Lager auf. Andere Abschnitte, auf geheimnisvolle Weise eingeteilt und zugeordnet, scheinen Hundehaltern zu gehören, die ihre Zamperl herumtollen und die Geschäfte erledigen lassen. Hangaufwärts sieht man die ganz Weisen: Sie haben zwischen Büschen ein freies Fleckerl gefunden, sitzen in der Sonne und lesen Taschenbücher, neben sich eine Thermos-, Bier- oder Weinflasche. Die Autofahrer, die oben auf der Brücke im Stau stecken, um in ein, zwei Stunden am Zielort einen Parkplatz zu suchen, ahnen ja gar nicht, wie nahe die reizvollsten Freizeitorte sein können.

Auch das Leben unter den Brücken bekommen sie nicht mit. Dabei meine ich gar nicht die Obdachlosen unter der Wittelsbacherbrücke, die zum Glück fast alle in richtigen Wohnräumen untergebracht werden konnten: Alkoholsucht und offene Beine haben aus der Nähe betrachtet gar nichts gemein mit der Clochard-Romantik von Paris-Filmen. Ich meine eher die Radler-Erlebnisse unter der Eisenbahnbrücke: Dieses gewaltige Dröhnen und Beben, wenn ein Güterzug über die Brücke fährt. Da kann man alle Bässe der besten

Disco-Anlage vergessen, da kann man die Angst der Ureinwohner vor dem Monstrum Eisenbahn nachempfinden: Radler als letzte Stadt-Indianer.

Vor allem aber meine ich die nächste Brücke, die des Mittleren Rings. Oben, für Autofahrer, nur ein ödes, graues Verkehrsbauwerk. Unten aber, für Radler, ein willkommener Anlaß, wieder einmal abzusteigen und im Isarbett herumzuspazieren. Die Stadt hat nämlich die Brückenpfeiler für Graffiti-Sprayer freigegeben und der Kreisjugendring hat es geschafft, bekannte Writer aus europäischen Großstädten und den USA zu gewinnen. Beim ersten Pfeiler überwiegen noch dekorative Schriftzüge, der zweite bietet schon grelle Farbkontraste und schrill karikierte Typen (»characters«). Auf der Rückseite legt ein altes Holzschiff an einer Trauminsel an, auf dem letzten Pfeiler vor dem Fluß wird das »Golden Age of Life« verkündet, mit Wasserfall und Farbspielen. Jenseits des Wassers dann explodierende Farben und Formen und nackte Comicgirls. Es lohnt sich immer wieder, extra abzusteigen, denn bei jedem Ausflug sind ein, zwei Bilder verschwunden und neue hinzugekommen. Die Szene lebt, nimmt keine musealen Züge an, kennt auch keinen Respekt vor »großen Namen«. Selbst alte Münchner Grantler kommen inzwischen gerne hierher, mit Lodenmantel und Spazierstock. Ein Rentnerehepaar erzählte mir dort drunten zwischen zwei Brückenpfeilern, daß es alle »pieces« (sie haben wirklich »pieces« gesagt!) datieren könne und zu Hause in einem Fotoalbum dokumentiert habe.

Kurz vor der nächsten Brücke, der Thalkirchner Holzbrücke, die zum Tierpark führt, schalte ich einen höheren Gang ein und hole kräftig Schwung – um mit möglichst rasantem Tempo vorbeizukommen an der Schar gutwilliger Damen, die sich für Tierliebhaberinnen halten und deshalb die Schwäne dort mästen und mästen und mästen. Auf die dadurch ausgelöste Bevölkerungsexplosion gab es leider keine wirklich humane Antwort, denn kein Zoo, kein Schloß, kein Großgrundbesitzer mit eigenem Weiher will Schwäne haben, keinem Wagner-Verehrer kann man einen lebenden Schwan andrehen ... So war es also nach allen fachbehördlichen Stellungnahmen, bestätigt von Lehrstuhlinhabern und Vogelschutzverbänden, völlig unvermeidbar, eines Tages Jäger zu beauftragen ... Aber erkläre das mal einem Mutterl, das Tag für Tag Glücksgefühle hat, weil die prachtvollen und hoch-herrschaftlichen Geschöpfe untertänigst darauf warten, wieder eine Tüte mit Brotresten hingeworfen zu bekommen!

Gleich nach der Brücke beginnt ein großartiger Reiseabschnitt. Dabei ist eigentlich nichts Besonderes zu sehen: nur ein Radweg am Fluß entlang, linker Hand dichtes Gebüsch, wie bisher auch schon. Aber die Düfte! Erst riecht es noch behaglich, ich kenne diesen Geruch vom Aumeister, vom nördlichen

Englischen Garten, richtig: von der Schäferwiese. Doch weniger Meter weiter wird das Aroma strenger, wie in einem Ziegenstall. Dann nimmt man exotische Geruchsnuancen auf: Moschusochsen? Auerochsen? Einige Büsche weiter ein penetranter, würziger Geruch – hat da der Wind Grüße vom Elefantenhaus herübergetragen? Oder von den Affen? Früher war die Geruchswelt des Tierparks Hellabrunn einfach nur vielfältig, fremdartig, exotisch. Seit Patrick Süskinds »Parfüm« stelle ich mir aber vor, daß ein Mensch mit besonders feiner und geschulter Nase jede Tiergattung herausriechen können muß wie jede besondere Qualität eines Parfüms. Dann wären die paar hundert Meter am Tierpark entlang eine zoologische Weltreise mit der Nase! Aber leider verstehe ich nichts von Tieren (außer Katzen). Mit Tierparkfragen werde ich immer nur befaßt, wenn eine Entscheidung der Geschäftsführer auf Unverständnis stößt – zum Beispiel kürzlich ihr Entschluß, die beiden Nilpferde Rosa und Gurbe nach Südamerika zu verfrachten, weil sie im engen Elefantenhaus (auch ein Bau von Gabriel von Seidl!) kein artgerechtes Becken bekommen können, wohingegen ihr Platz dringend für einen demnächst pubertierenden Elefanten gebraucht wird. Plötzlich wurde ich vom politischen Gegner wütend mit Anfragen und Anträgen bombadiert, warum ich die Vertreibung der äußerst beliebten Nilpferde zuließe, statt lieber das afrikanische Pinselohrschwein zu opfern, das fast unbemerkt neben der Giraffe sein Dasein friste. Als man mir auch noch mit einem Bürgerentscheid drohte, machte ich mich vor Ort sachkundig: Das verschmähte Pinselohrschwein gilt als das farbenprächtigste Tier Afrikas überhaupt, von der Natur bunt bemalt, wie ein Indianer auf Kriegspfad. Außerdem braucht es fast keinen Platz, würde also die Raumprobleme des demnächst pubertierenden Elefanten ohnehin nicht lösen können. Und, im Vertrauen gesagt: Es riecht äußerst eigentümlich. Beim Ortstermin habe ich die Witterung aufgenommen. So bilde ich mir jetzt ein, beim Vorbeiradeln guten Gewissens sagen zu können: Das Pinselohrschwein, mein Pinselohrschwein ist da! Aber das kann natürlich auch Autosuggestion sein. Vielleicht war es nur die Pisse eines Auerochsen.

Nach dem Zoo kommt auf dem Weg nach Süden oben auf der Hangkante für die Autofahrer eine sündteure Villengegend, unten am Fluß für die Radfahrer – und die verflixten Inlineskater, die uns den Weg streitig machen und mit ausholenden Armbewegungen ins Gebüsch verscheuchen wollen – aber die Wildnis. Der Fluß, das Tal und weit und breit vermeintlich keine menschliche Behausung. Hier muß Sigi Sommers Vater, der den Münchner Cowboyclub im Isartal gegründet hat, als »Häuptling Großer Abendwind« mit stattlichem Federschmuck ausgeritten sein, hier wurden unweit der Bavariastudios die allerersten Western der Stummfilmzeit gedreht: possierliche Slapstick-Szenen. Hier, im Wilden Westen der Stadt, der im Süden liegt, kann man ein wenig Tempo zulegen, den Fahrtwind auf der Haut genießen und Vorfreude aufs Einkehren entwickeln.

Daß wir bald am Ziel sind, wird hoch droben von der Großhesseloher Brücke angezeigt. Jetzt heißt's, das Rad den Hang hochzuschieben – die einzige Tortur auf unserer Lustreise –, dann geht's über die Brücke, wie durch einen Käfig unter den Gleisen entlang (damit niemand seine suiziden Gelüste auslebt) und noch ein paar hundert Meter, schon sind wir da: am Ziel. In der Waldwirtschaft.

Kennen Sie das herrliche Gefühl, nach einer strapaziösen Bergwanderung auf der Bergstation anzukommen? Diese Mischung aus Befriedigung, Stolz und Appetit? Eine Lust-Mixtur, die nur noch durch den Anblick der Fremdkörper gesteigert werden kann, die mit der Kabinenbahn heraufgekommen sind. Eigentlich müßte man ihnen böse sein, daß sie es sich so leicht und bequem gemacht haben, daß sie sich den Genuß erschlichen haben. Seltsamerweise ist man aber nicht empört. Man ist eher beglückt, Zeitgenossen bei der Hand zu haben, auf die man jetzt herabsehen kann: im Grunde bedauernswerte Gestalten, denen alle Herausforderungen und Erlebnisse des Aufstiegs entgangen sind. Ja, ja, so sind Bergsteiger.

Ich gebe zu: Man kann, wenn man in die Waldwirtschaft will, um unter Kastanien ein Bier zu zischen und guten Jazz zu hören, auch mit dem Auto hinfahren. Aber Sie wissen jetzt, welchen Gefühlen Sie dort begegnen, wenn Sie am Tisch eines Radlers Platz nehmen wollen. Und was Ihnen alles entgangen ist.

Christian Ude, Oberbürgermeister der LH München

Mit dem Schlauchboot auf der Isar

Gelegentlich werde ich gefragt, wo es mir am meisten gefällt. Anscheinend erwartet man von mir als Japanerin Antworten wie »bei der Kirschblüte in Kioto« oder »beim Blick auf den Fuji-san«. Die Gesichter der Fragenden drücken ungläubiges Staunen aus, wenn ich antworte »an der Isar« und »zwar dort, wo sie als Wildfluß fließt«.

Wenn ich im April in der Isaraue wieder den Ruf des Kuckucks höre, beginnt für mich der bayerische Frühling viel echter als beim Aufblühen der japanischen Zierkirschen in den Gärten in der Nachbarschaft. Dann zieht mich die Isar magisch an. Auf ihr mit einem kleinen Boot zu fahren, gehört zu den schönsten Erlebnissen. Wer eine solche Fahrt gemacht hat, weiß, was ich meine: nicht das heillos überfüllte Floß, das mit Bier und Musik gen München treibt und auf dem lautstark so viel Unsinn getrieben wird, daß man von der herrlichen Flußlandschaft gar nichts hat. Ich meine das kleine, wendige Schlauchboot, das ich selbst steuern kann, und mit dem ich ans Ufer fahre, wo ich will (die wenigen markierten Brutinseln der Vögel natürlich ausgenommen). Es gleitet dahin, ohne ein störendes Geräusch zu erzeugen. Ich fühle das Wasser, höre das leise Murmeln der Strömung an den Kieseln, den Pfiff des Eisvogels, der wie ein blauer Blitz vorüberschießt, sehe, wie sich die Flut zuerst kräuselt, dann in Wellen wirft, weil eine Stromschnelle naht, und weiß bald nicht mehr, wohin ich schauen soll. So schön ist alles. Schmetterlinge überqueren das Wasser. An feuchten Sandstellen saugen mitunter prächtige Schillerfalter. Irisierendes Himmelblau schimmert auf ihren Flügeln.

Im Sonnenlicht liegen langgezogene, grauweiße Kiesbänke. An manchen Stellen setzten die letzten Hochwässer darauf schneeweiße Sandflächen ab. Lichtes Weidengebüsch gibt feinen Schatten. Eine Zwischenrast bei der Bootsfahrt dort zu machen, bietet sich geradezu an. Auf den Sandflächen huschen im Frühjahr und Hochsommer die flinken Sandlaufkäfer herum. Plötzlich fliegen sie auf, werden scheinbar zu Bienen, so schnell surren sie dahin, um nach einer Schleife fast wieder dort zu landen, wo sie gestartet waren. Auf dünnen Beinen stelzen sie über den heißen Sand, an dessen Rändern sie Ameisen und andere kleine Insekten jagen. Ernst Jünger, den diese Käfer ganz besonders faszinierten, beschrieb in seinem Buch »Subtile Jagden« die Schwierigkeit, diese Käfer zu fangen. Ob das wirklich so schwierig ist, wollte ich herausfinden. Auf Anhieb gelang mir der Fang. Wir waren wohl beide überrascht, der Käfer und ich. Doch nach einer Sekunde, in der ich ihn bewunderte, flog er mir aus der offenen Hand davon. Andere Käfer kommen freiwillig und sind kaum noch loszukriegen. Bockkäfer mit langen Fühlhörnern lockt der Duft von zum Picknick getrunkenem Rotwein, vor allem wenn dieser in Eichenholzfässern »ausgebaut« wurde, also ein barrique ist. Dann fliegen Eichen- und Moschusböcke auf die Finger, um von den Kuppen Tropfen von Wein zu trinken. So als ob sie süchtig wären.

Auch Überraschungen kann man hier erleben. So merkte ich einmal, daß ganz in der Nähe ein Vögelchen, eine Goldammer, intensiv rief und offensichtlich warnte. Aber nicht wegen mir, denn die Goldammer kam näher und schaute von mir weg auf den Boden. Im niedrigen Gestrüpp saßen ihre gerade ausgeflogenen Jungen stocksteif und rührten sich nicht. Dann sah ich den Grund der Aufregung: Eine Schlange glitt heran und kam auf mich zu; eine schwarze Kreuzotter. Die Goldammer warnte heftig. Die Otter, eine »Höllenotter«, wie sie volkstümlich heißt, näherte sich mir bis auf zwei Handbreit, züngelte und kroch unbeirrt weiter, bis sie im Gewirr von Schwemmholz des letzten Hochwassers verschwand. Das Warnen der Goldammer, das sie nicht hatte hören können, weil die Schlange taub ist, ließ nach. Die Jungen wurden wieder munter – und ich auch.

Die Vögelchen an der Isar mag ich besonders gern. Manche, wie die Rotkehlchen, werden rasch zutraulich. Eines fütterte ich mit Haferflocken. Es sah mich lange mit großen dunklen Perlenaugen an und kam fast zum Greifen nahe. Der Gesang der Rotkehlchen gehört für mich zu den schönsten Vogelgesängen der Isaraue. Die feinen Triller perlen dahin, als würden sie der Vogelkehle entfallen.

Wird es allmählich sommerlich heiß, lockt das so herrlich klare Wasser der Isar. Spätestens ab Juli ist es warm genug geworden, daß man darin nicht mehr erfriert, sondern das Bad als erfrischend empfindet. Dann riskiere ich, mich von der starken Strömung erfassen und ein Stück weit mittragen zu lassen. Gehe ich nur bis gut über die Knie ins Wasser, ist die Isar schon stark genug, mich mitzunehmen. An den tieferen Stellen fließt sie mit einer Geschwindigkeit von mehreren Meter pro Sekunde. Vorsicht ist geboten. Auf den Steinen am Boden des Flusses wachsen schmierige Algen als dichte Beläge, auf denen man ausrutscht. Die klare Isar ist nämlich doch nicht ganz so rein, wie sie aussieht. Der Algenbewuchs bildet sich, weil Abwässer aus der Landwirtschaft den Fluß zu sehr düngen. Im Herbst und Winter, wenn die Wassermenge abnimmt und das Wasser besonders klar geworden ist, sind die Algenbeläge überall zu sehen. Im Frühsommer, manchmal bis in den Hochsommer hinein, führt die Isar noch eine feine, grünliche Trübung. Diese ist kein Schmutz. Die Tönung stammt vom Schnee und den Gebirgswässern. Die Isar hat in dieser Zeit mehr Wasser. Das macht die Schlauchbootfahrt besonders vergnüglich. Dank der starken Strömung muß man nicht immer paddeln. Man kann sich dem Gefühl, getragen zu werden, einfach hingeben.

Auf Unerwartetes sollte man gefaßt sein, wenn man mit dem Boot vor den dichten Säumen grün bewachsener Inseln und Ufer vorbeigleitet. Die Dschungel aus Weidengebüsch reichen bis direkt ans Wasser. Ich hätte mir im Dickicht wilde Tiere vorstellen können. Doch es kommen keine Tiger oder Leoparden heraus, sondern hellhäutige »Urmenschen«; rosafarben, sonnengebräunt oder mit Sonnenbrand. An manchen Ufern gibt es sehr viele davon, an anderen Abschnitten wenige oder gar keine. Manches Boot sah ich kippen, weil sich die Insassen zu sehr auf eine Seite verlagerten, um diese »Urmenschen« anzuschauen. Kurz darauf mußten sich die wieder dem Wasser Entstiegenen selbst zum Trocknen auslegen.

Die Vögel am Fluß stören sich daran nicht. Sie haben sich an die Menschen und die Boote gewöhnt. Sie wissen, daß beide harmlos sind. Enten und Gänsesäger führen unbeirrt ihre Jungenscharen. Wenn ein Boot naht, strampeln die unerfahrenen Kleinen manchmal hektisch übers Wasser, um bei der Mutter Schutz zu suchen. Diese lockt nur kurz, sammelt ihren Nachwuchs und führt sie ans Ufer zum Ausruhen oder dorthin, wo die Menschen liegen und sich der Sonne zugewandt haben. Wer um die Panik weiß, die ansonsten in der Tierwelt das Auftauchen von Booten und Menschen an den Fluß- oder Seeufern auslöst, wird verwundert feststellen, daß gerade die Boote mit den am stärksten lärmenden Menschen am wenigsten von den Vögeln beachtet werden. Sie stören mit ihrem Grölen vornehmlich die Ruhe suchenden Menschen. Aber so schnell, wie die Isar fließt, sind sie auch vorüber und fort.

Auf den Kiesbänken werden von Menschen, die anscheinend über alle Zeit dieser Welt verfügen, ganze Gruppen von Steintürmchen errichtet. Die Erbauer sind keine Kinder, die Klötzchen spielen, sondern meistens in diese Tätigkeit vertiefte Männer. So der Befund vom Boot aus. Das nächste leichte Hochwasser, das jedes Jahr kommt, vielleicht sogar mehrfach, wirft diese Art von Naturkunst wieder um. Unter die »Urmenschen« mischen sich alsbald »Achtelzivilisierte« mit ganz wenig Badebekleidung und so bleibt es, mit und ohne, bis mitten hinein nach München. Die Isar ist bis zur Insel des Deutschen Museums bereits weitgehend oder ganz renaturiert worden. Wo früher Steinmauern das Ufer schützten und der Fluß vielfach über »Treppchen« fallen mußte, wechseln nun Kiesbänke und schwungvolle, von der Strömung der letzten Hochwässer mitgeformte Ufer. Bunte Sonnenschirme nehmen zu, je näher man München kommt. Kinder hüpfen durchs ungefährlich flache Wasser, das meistens so schön klar ist, daß man es für Trinkwasser halten möchte. So rein ist die Isar aber nun auch nicht, doch sauber genug für ein unbeschwertes Badevergnügen. Kein Freibad, keine noch so tolle Anlage, wie etwa der Lußsee im Münchner Westen, zu dem bei Badewetter sogar eine Buslinie hinausfährt, kann mit dieser Isar konkurrieren. Es sieht so aus, als wollte München dem weltberühmten Reinheitsgebot für das bayerische Bier ein zweites hinzufügen, das Reinheitsgebot für das Isarwasser. Die Stadt, die zu Recht stolz ist auf ihre Lebensqualität, verbindet sich mit ihrer Isar, die seit kurzem die beste Flußqualität bietet, die es im ganzen deutschsprachigen Raum gibt. Wenn es das Wetter irgendwie zuläßt, pulsiert dort beständig der Herzschlag des Lebens vom frühen Vormittag an bis tief in die Nacht hinein. Gegen Abend ändert sich das Aroma der Luft. Feiner Rauch aus Grillfeuern macht sich breit und erfüllt, insbesondere in windstillen Nächten, das Flußtal bis zu den Brücken und Straßen, die an und über die Isar führen. Zwar darf offiziell nur in bestimmten Zonen und mit Grillgeräten gebrutzelt werden, aber lediglich im Kernbereich wird das von Wächtern kontrolliert. Die vielen Feuerstellen auf dem Kies markieren am Ende des Sommers die heimlicheren Aktivitäten.

Die offiziellen Beschränkungen für das Feuermachen auf den Kiesbänken sind mindestens so übertrieben, wie in anderen Dingen nachlässig vorgegangen wird. Glasscherben im Wasser stellen besonders in Stadtnähe eine echte Gefahr dar. Man sollte sich die Stelle genau ansehen, an der man die Kiesel mit nackten Fußsohlen spüren möchte. Besser ist es, sich ein gutes Stück flußaufwärts zu begeben. Je weiter die Bierflaschen getragen werden müßten, desto seltener gibt es Glasscherben. Die Bier- und Coladosen von früher waren zwar weniger schön und zweifellos unangenehm auffallend, aber dafür geradezu harmlos, verglichen mit den zu später Stunde im Suff zerschlagenen Mehrweg-Glasflaschen. In Deutschland gilt offenbar das Prinzip, das optisch Auffällige zu vermeiden. So beruhigt man das Auge, vertuscht aber die größeren Probleme. Wenigstens bleibt die Kulisse der Isar von riesiger Plakatwerbung unverstellt, wie sie in vielen anderen Ländern üblich ist. Sie fließt von ihrer Naturkulisse begleitet in die Stadt hinein, bis auch die größten Bäume die Bauwerke der Stadt nicht mehr verdecken können. Sie sollen das auch gar nicht überall, denn im Gegensatz zum Heizkraftwerk und den Wohnblocks in der Nähe ist der Bau des Deutschen Museums den Anblick wert, den er dem Auge bietet. Gerade auch vom Fluß her betrachtet. Denn er ruht wie ein riesiges gestrandetes Schiff auf der Museumsinsel.

Etliche Kilometer flußaufwärts von München wird die Isar von viel ursprünglicherer Natur umgeben. Dort verbindet sich der Wald entlang der Ufer von Bad Tölz bis zum Ickinger Wehr zu einer Ganzheit mit dem Wasser. Nur vom Boot aus läßt sich die wilde Flußnatur wirklich erleben, weil die dicht bewachsenen Ufer den freien Blick zu sehr einschränken. Inseln zeigen sich als richtige Inseln, die wildes Wasser umströmt. Die Kiesbänke scheinen vorbeizuziehen, wenn man sich an das Fahren gewöhnt hat. Die Strömung wechselt von träge bis reißend, die Tiefe von ganz flach zu grünschwarzen Rinnen, in denen die Paddel keinen Grund mehr treffen. Wo die Isar gegen das Ufer schäumt, heben sich braun und oliv getönte Steilwände empor, die so glatt sind, daß selbst die Wasseramsel daran abrutscht, wenn sie zu landen versucht. Allenthalben hängen Bäume aller Größen absturzbereit an den Ufern. Schwarzgrüne Fichten sind es vor allem, deren Wurzelwerk weniger gut verankert ist als das der Kiefern.

Im Frühjahr und Frühsommer erblühen auf den höher gelegenen Teilen der Flußufer Alpenblumen in einer Pracht, die ihresgleichen sucht. Zu zehntausenden öffnen stengellose Enziane zwischen Ende April und Anfang Mai ihre tiefblauen Kelche. Ein paar Wochen später folgen die Frauenschuh-Orchideen. Dazwischen liegt die Blütezeit der rosafarbenen Heideröschen, der Mehlprimeln und anderer Alpenpflanzen. Man muß sie normalerweise hoch oben auf den Bergwiesen suchen. München hat sie vor der Tür.

Die heutige Isar ist ein halb gezähmter Wildfluß. Das macht sie so ausnehmend schön. Mehr als all die vielen anderen Vorzüge Münchens prägt die renaturierte Isar die Lebensqualität dieser Stadt.

Miki Sakamoto

Die Autorin richtete als Japanerin aus Anlaß des 750-jährigen Stadtjubiläums Münchens ihren fernöstlichen Blick auf die Weltstadt mit Herz. Die Befunde enthält ihr Buch *Münchner Freiheit* (Herbig Verlag, München 2007). Diesem ist die »Isarfahrt« (in einer durch die Autorin für »Die neue Isar« überarbeiteter und komprimierter Form) entnommen.

Kreuzotter

Am Pfade
lag unbeweglich
die Otter

und mein Herz
raste laut
vor Freude

Auch in ihr
erwachte ein Leben
still
Es ist Frühlingsbeginn

Miki Sakamoto

Huchen

Was dem Rhein der Lachs war und wieder werden soll, ist für die Flüsse der oberen Donau der Huchen. Zu einem gewaltigen Fisch kann er heranwachsen, dieser große Bruder der Forellen. Ein Riese von eineinhalb Meter Länge wog 21 Kilogramm. So lang und so schwer werden Lachse höchst selten. Den Huchen gibt es von Natur aus in der Donau flußaufwärts vom »Eisernen Tor« und in ihren großen Nebenflüssen. Damit gehörte er auch zur Fischwelt der Isar. Doch die Zeit des »Donaulachses«, wie der Huchen mitunter auch genannt wurde, schien vorbei, als die Flüsse in Ketten von Staustufen aufgeteilt worden waren und die großen Wanderzüge der Nasen, von denen die großen Huchen bevorzugt lebten, nicht mehr kamen. Die drastisch verschlechterte Wasserqualität gab den Rest. Keine empfindliche Fischkieme verkraftet die Rückstände von aufschäumenden Waschmitteln, die mit den Abwässern in die Flüsse gelangten. Schnell schwimmende »Edelfische«, wie der Huchen, brauchen zudem viel Sauerstoff im Wasser; Karpfen oder Brachsen kommen mit weniger aus und schnappen sich schon mal ein Maulvoll Luft direkt, wenn der Sauerstoff im Wasser zu knapp wird. Begradigung, Aufstau und Abwässer, dieses unheilvolle Trio, brachten nicht nur den Huchen, sondern auch andere als »edel« eingestufte Fische an den Rand der Ausrottung. Gerade noch rechtzeitig wurde die Wende geschafft und die Qualität des Wassers wieder verbessert. Besatzmaßnahmen konnten die Verluste nach und nach immer besser ausgleichen. Hoffnung für die Flußfische kam auf. Der wahre Riese unter den ursprünglichen Donaufischen, der gigantische Hausen, der über eine Tonne schwer wurde, wird allerdings in absehbarer Zeit nicht wieder bis in Bayerns Flüsse die Donau hochwandern können, wie er das bis ins 19. Jahrhundert getan hatte. Die Zeiten sind noch lange nicht reif für seine Wiederkehr. Für den Huchen durchaus. Die Freisetzungen gezüchteter Huchen zeitigten ermutigende Erfolge. Auch wenn es nach wie vor schwer ist für diesen Fisch, mit den künstlichen Gewässern zurechtzukommen. Unsere Flüsse, auch die Isar, sind noch längst nicht »in Ordnung«. Zu viel Abwasser gelangt aus der Landwirtschaft ungeklärt in die Bäche und Zuflüsse. Vor allem der zu hohe Nitratgehalt macht den Wassertieren das Leben schwer. Das zeigte sich in aller Deutlichkeit an einem großen Huchen, der sich nach dem Pfingsthochwasser von 1999 am Isarufer bei Wolfratshausen einen neuen Einstand suchen mußte. Direkt unter dem etwas unterspülten Ufer stand er in der Strömung. Mindestens einen Meter lang war er und begeisternd schön anzuschauen. Wenn da nicht etwas gewesen wäre, das stutzig machte. Er reagierte zu wenig auf die Bewegungen der Menschen am Ufer. Gut sah er zwar aus. Verletzungen waren keine zu erkennen. Aber irgendwie schien er uns doch nicht in Ordnung. Die Betrachtung durchs Fernglas zeigte den Grund: Seine Augen schimmerten milchig blau. Der große Huchen war blind!

Josef H. Reichholf

Huchen (ca. 1 m Länge) beim Schlagen einer Laichgrube, aufgenommen in der Isar nördlich der Brudermühlbrücke, am 31.03.2011, Bild-Quelle: Wasserwirtschaftsamt München

Sandläufer

Das abfließende Hochwasser hinterläßt feinen, nur leicht grau getönten weißen Sand auf den Kiesbänken der Isar. Sie ähneln den Schneewehen, wie sie der Winterwind ablagert. Sonnenhungrige Badegäste schätzen den weichen Sand und seine Wärme an den kühleren Tagen im Früh- oder Spätsommer. Doch viele dieser Sandstellen haben bereits »rechtmäßige Besitzer«, wenn im Frühjahr die Badesaison beginnt. Zuerst laufen sie vor den nahenden Schritten der Menschen, die das gar nicht bemerken, ein Stück davon. Dann fliegen sie auf und ziehen einen mehrere Meter weiten Bogen um den Störenfried und versuchen, wieder zum Ausgangspunkt zurückzukommen. Smaragdgrün blitzen sie in der Sonne auf. Am Boden sind sie jedoch gar nicht so leicht zu entdecken. Außer es gibt viele von ihnen auf einer größeren Sandstelle. Dann zögert man vielleicht, sich niederzulassen, weil das herumschwirrende Insektenvolk an Wespen erinnert. Die meisten Menschen gehen weiter und suchen sich einen anderen Platz. Wer sich aber am Rand der Sandstelle auf »freiem Platz« niedertut und mit etwas Geduld das Treiben beobachtet, erlebt alsbald faszinierende Schauspiele.

Steifbeinig gehen die Käfer schräg aufgerichtet aufeinander zu. Helle Bänder tragen sie im Grünschiller der Flügeldecken. Stirn und Kiefer sind leuchtend gelb. Die Körperseiten schimmern kupferrot. Wer dem anderen Käfer zu nahe kommt, wird angesprungen. Ist es ein Männchen, kommt es zum Kampf. Heftig wogt dieser hin und her. Dramatisch wird es, wenn der eine Kämpfer durch den Eindringling von einem Weibchen abgelenkt wird, das gerade in seine Nähe gekommen war. Denn während beide kämpfen, kann ein Dritter die Gelegenheit nutzen. Weibchen sind an solchen Kampfplätzen der Käfer stets in der Minderzahl. Sie haben nach der Paarung auch anderes zu tun als Ritterspielen von glänzend gepanzerten Käfern zuzuschauen. Sie graben Löcher in den Sand, um ihre Eier darin abzulegen. Daraus werden sich, wenn der Sommer günstig verläuft, die Larven entwickeln. Jede besetzt eine Röhre und »verschließt« diese mit ihrem eigenen Kopf. Naht ein Insekt, eine Ameise etwa, läßt sich die Larve blitzschnell ein Stück nach unten rutschen. Fällt die Beute in die Röhre, wird sie von den spitzzangenartigen Kiefern der Larve gepackt und verzehrt.

Die Sandstellen an der Isar sehen bei dichtem Besatz mit Larven aus, als ob jemand alle paar Zentimeter einen großen Nagel eingeschlagen und wieder herausgezogen hätte. Spült ein normales Hochwasser über die Sandbänke, was im Juni oder Juli durchaus passieren kann, verschließen die Larven ihre Röhren. Die eingeschlossene Luft reicht ihnen, wenn die Überflutung nicht zu lange dauert, zum Überleben. Sie verpuppen sich und im nächsten Frühjahr huschen dann wieder flinke, metallisch schillernde Käfer auf den Sandstellen umher. Natürlich ist es nicht gut für diese seltenen Sandlaufkäfer, wenn man ihre Plätze mit Decken oder Luftmatratzen belagert. Der Wildflußbereich der Isar ist einer ihrer besten und für ihre Arterhaltung im ganzen Alpenvorland wichtigsten natürlichen Lebensräume. Ein paar menschenfreie Kies- und Sandbänke brauchen sie zum Überleben. Je natürlicher die Isar wird, desto besser wird sich auch das Miteinander von Menschen und den anderen Lebewesen am Fluß gestalten. Die Sandläufer leben von der Flußdynamik. Sie gehören zu den vielen kleinen Gewinnern der großen Leistung, die Isar wieder zum Wildfluß umzugestalten.

Josef H. Reichholf

Ein Fluß über dem Fluß

Das Leben im Fluß spielt sich im Verborgenen ab. Wenig können wir davon beobachten, manches erahnen, aber vieles, das meiste wohl, bleibt uns verborgen. Deshalb nennen wir bestimmte Insekten, die aus dem Wasser kommen, »Eintagsfliegen«, weil sie tatsächlich nur kurz, manchmal nur einen einzigen Abend »fliegen«. Unter Wasser dagegen lebten sie Monate oder Jahre, bevor sie mit ihrer Entwicklung fertig wurden und ans Ufer kamen. Flach gebaut und mit kräftigen Beinen versehen, kriechen sie an den Steinen am Flußgrund herum, strecken lange Borsten am Ende des Körpers in die Strömung und erfahren so, ob sich eine Forelle nähert. Denn der Fisch ändert bei seinem Nahen die Strömung über dem Stein, an dem die Larve sitzt. Flußfische bevorzugen die Larven von Eintags- und Steinfliegen als Nahrung, weil diese keine schützenden Gehäuse tragen wie die Köcherfliegenlarven.

Manche Fischarten zogen früher regelmäßig flußaufwärts, um zur Zeit des Schlüpfens dieser Wasserinsekten da zu sein, wo es für einige Tage Futter in Hülle und Fülle gab. Das Massenschlüpfen und -schwärmen schmälerten ihre hungrigen Mäuler nicht. Zu viele Larven kamen gleichzeitig zwischen den Steinen hervor, stiegen auf und häuteten sich ein letztes Mal zu einer Larve, die nichts mehr macht, außer ans Ufer zu kriechen. Dort angelangt, platzt ihre Haut am Rücken und das fertige Insekt, die Eintagsfliege, kommt daraus hervor. Sind die großen, von einem kräftigen Adernetz gestützten Flügel entfaltet, ist sie bereit für den Flug ihres Lebens. Mit den echten Fliegen hat diese »Fliege« nichts weiter zu tun, als daß sie fliegen kann. Eigentlich sollten wir sie »Einabendfliege« nennen, denn sie nimmt keine Nahrung mehr zu sich. Bei ihr geht es einzig und allein um die Fortpflanzung. Ihr Flug ist Hochzeitsflug. Ist er beendet, trudeln die Männchen erschöpft zu Boden oder fallen ins Wasser. Die Weibchen aber versuchen, so weit das geht, flußaufwärts zu fliegen, bevor sie niedergehen, um ihre Gelege abzusetzen. Je weiter flußaufwärts, desto besser, denn die Strömung wird mit der Zeit ihre Eier und Larven flußabwärts tragen. Gäbe es den Gegenflug nicht, der die Abdrift immer wieder ausgleicht, wären die Eintagsfliegen längst im Meer gelandet und umgekommen.

Eintagsfliegen tragen, wie auch ihre Larven, keine Giftstoffe in ihrem Körper. Das macht sie zur idealen Beute für viele Fische. Die Larven können sich dem Gefressenwerden zwischen den Kieseln im Flußbett noch gut genug entziehen. Beim Schlüpfen sind sie Forelle & Co. aber hilflos ausgeliefert. Und auch am Ufer warten Vögel, die sie fangen und verzehren. Ihre einzige Chance, den vielen Feinden zu entgehen, bietet sich im gleichzeitigen Schlüpfen in möglichst kurzer Zeit. Dann sind die hungrigen Mäuler schnell gesättigt. Je größere die Masse, desto besser der Schutz der einzelnen Eintagsfliege. Darin besteht ihre Überlebensstrategie. Waren die Umstände günstig, vereinigen sie sich zu Wolken, die dem Fluß entsteigen. Nach tanzendem Auf und Ab in den Abendstunden vereinigen sich die Massen zu einem gewaltigen Strom von Insekten, der nun gegen den Fluß aufwärts »fließt«. Vieles muß zusammenkommen, daß aus dem gewöhnlichen Schlüpfen an einem Sommerabend ein richtiger Massenflug stromaufwärts wird. Manchmal paßt alles. Das geschieht nach einem günstig verlaufenen Vorjahr ohne Hochwasser zur Zeit der Sommersonnenwende an warmen, gewitterschwülen Abenden. Es kann auch Juli werden, wenn der Frühsommer kühl und regnerisch verlief. Am passenden Abend fängt bei Sonnenuntergang die Luft über dem Fluß zu wabern an. Einzelne Schwärme, dann Hunderte, Tausende und schließlich unschätzbar viele Eintagsfliegen steigen auf und beginnen den Tanz. Das goldene Sonnenlicht bricht sich in ihren dünnhäutigen Flügeln, wenn sich die Insekten in Bögen hochschwingen und dann langsam ein Stück niedersinken lassen. Das Flimmern verstärkt sich, es formiert sich und in die Bewegung kommt Richtung. Daraus bildet sich in wenigen Minuten mehrere Meter über dem Wasser ein neuer Fluß, der bergwärts strömt. Eine Viertelstunde, vielleicht auch eine halbe Stunde, dauert dieses Strömen, dann löst es sich auf und verschwindet wie ein Trugbild, wenn es zur Nacht dunkelt. Anderntags erinnern an das Geschehen vielleicht noch am Ufer die zarten Leiber zahlloser halbtoter Eintagsfliegen.

Es gab Zeiten – und es gab sie noch bis ins frühe 20. Jahrhundert –, in denen die Eintagsfliegen in solchen Massen schwärmten, daß sie danach die Uferstraßen zentimeterhoch mit einer glitschigen Masse bedeckten. In der Sommerwärme fingen die Toten rasch zu stinken an. »Uferaas« nannte man diese Eintagsfliegen an Rhein und Donau. Das waren die guten Zeiten für die Fische im Fluß. Sie sind vorbei. Nur selten einmal hat man noch das Glück, in unserer Zeit einen Schwärmflug von Eintagsfliegen über der Isar beobachten zu können. Zu sauber geworden ist sie, die Isar, dank der umfangreichen Maßnahmen zur Abwasserreinigung. Mit ihrer Renaturierung werden sich die Zeiten für Eintagsfliegen, Fische und Vögel wieder bessern. Denn es ist das Ufer, das die Larven der Insekten im Wasser ernährt. Die organischen Reststoffe, aus denen an Land der Humus wird, versorgen die Fließgewässer mit Nahrung. Die begradigten, kanalisierten Fließstrecken bieten zu wenig; die renaturierten lassen den Fluß wieder lebendig werden – zu Zeiten überquellend vor Leben.

Josef H. Reichholf

Aufmerksamen Besuchern erschließen sich auf den Kiesbänken eigene Welten wie die der »Isar-Tarantula«

Last der Sommerluft

Sommerheiß noch der Tag
schwüle Wärme
wabert richtungslos
unter Wolken

Fast unmerklich
streicht der Wind ums Wasser
Falter fliegen flügelleicht
doch schwer

Die Dicke der Luft
legt sich auf mich
ich trage sie mit
und weiß nicht wohin

Miki Sakamoto

Stiller Herbst

Reifbeladen
fallen die Blätter
tropfentönend zu Boden

Lärm – der widerhallt in der Lautlosigkeit

Ein Reiher genießt die Morgensonne
auf hohem Fichtengipfel
in eiskalter Luft

Wir sagen nichts
gingen die Worte doch nur verloren
wie Hauch im Äther

Das Schweigen verschluckt fernes Spechtgetrommel
die Isar rauscht wie immer

Miki Sakamoto

Schneewasser

Flocken an meiner Wange
schmelzen in der Winterkälte,
die silbern glänzt
und Schneewasser zeugt

Wintersonett

Im Strahl kalter Wintersonne
vergeht Reif, fliehen Stunden.
Wohlige Wärme, frühes Entzücken
löst weiches Licht
aus beharrlichem Frost.
In der Isar murmeln die Steine.

Miki Sakamoto

Zaubergarten

Ein Blatt
bewegt sich
wie um zu atmen
dreht sich entgegen
dem wärmenden Licht
strebt nach Sonnenkraft
im Grün sich tarnend
ein Brombeerfalter

Zaubergarten
durchrauscht vom Wasser
des Alpenschnees
Isar

Am Wasser

Am Wasser
jauchzt in mir
das Leben
während die Wellen
unentwegt wirbeln

Vor seiner Kraft verneigt sich mein Geist
und sein Wandel erfüllt mich
mit Ehrfurcht

Miki Sakamoto

Ruhiges Mit-Fließen

Schnell ist einstmals frisches Grün
von neuen Blättern aufgebraucht,
ermattet und gebleicht
im Staub des laufenden Jahres.

Dann sitz ich wieder lang am Fluß,
solange, bis das Wasserfließen ankommt
und mit sich nimmt das *Nirgendwo* der Zeit,
nur ich, nach einer Weile, in mir übrigbleib',

am Fluß,
in dem sich stetig wandelnden,
doch dauernd frischen Grün.

Ralf Sartori

◀ *Zwischen Thalkirchener Brücke und Marienklausensteg bei nachlassendem Hochwasser*

Die Obere Isar und der Geschiebehaushalt

Die Isar wird wegen ihres unterschiedlichen Gefälles in drei Abschnitte eingeteilt: die Obere Isar vom Ursprung bis München, die Mittlere Isar von München bis Landshut und die Untere Isar von Landshut bis zur Mündung in die Donau.

Die Obere Isar hat in manchen Abschnitten noch den Charakter eines alpinen Wildflusses. Die Hochwässer – in der Regel im Sommer – haben bei dem Gefälle von 9,5 Promille (alpiner Oberlauf bis Sylvenstein) eine sehr große Transportkraft. Dabei bewegen sie gewaltige Mengen an Kies von feinem Sand bis hin zu großen Steinen. Dieses vom Fluß mitgeführte Material nennt man Geschiebe. Darüber hinaus transportiert er Sträucher und Bäume, die vom Ufer abgerissen wurden. Dieses »Wildholz« bleibt im Flußbett liegen, wenn das Hochwasser abgelaufen ist. Typisch ist außerdem, daß im Winter erheblich weniger Wasser fließt, weil der Niederschlag im alpinen Einzugsgebiet von November bis Juni als Schnee liegenbleibt.

Ein fast unbeeinflußtes Beispiel für eine typische alpine Wildflußlandschaft ist der Abschnitt zwischen Vorderriß und der Stauwurzel des Sylvensteinsees. Mit bis zu 500 m Breite beherrscht die Isar hier das Tal. Bei Niedrig- und Mittelwasserstand ist der Flusslauf zerfasert. Unzählige Kiesinseln, die sich oft hinter Wildholz bilden, prägen eher das Bild von großen Kiesflächen als das eines Flußlaufs. Bei Hochwasser ist jedoch die gesamte Talbreite mit braunem, Geschiebe führendem Wasser gefüllt. Mit jedem Hochwasser verlagert die Isar ihren Lauf. Hauptarme werden zugeschüttet, neue entstehen. Deshalb wurde am 18. 6. 2010 das Gebiet zwischen Wallgau und dem Sylvensteinsee mit dem Geotop-Gütesiegel ausgezeichnet.

Wildfluß – Die Isar bei Vorderriß, wo sie eine für die »Obere Isar« typische »Furkations-Strecke« ausbildet ▶

Eingriffe in den Geschiebehaushalt, ihre Auswirkungen sowie die Bemühungen, wildflußartige Abschnitte wiederherzustellen

Vor den großtechnischen Eingriffen des Industriezeitalters war der Geschiebehaushalt der Isar durch ein Fließgleichgewicht gekennzeichnet: Was die Isar an Geschiebe bei Hochwasser wegtrug, lieferten die Wildbäche aus ihren Einzugsgebieten nach. Es kam an breiteren Stellen zu Ablagerungen (z. B. Pupplinger Au). An Engstellen, wie Schluchten, wurde das Geschiebe durchgeschleust.

Wildbachverbauung

Bereits Ende des 19. Jahrhunderts wurde systematisch mit der Wildbachverbauung in Bayern begonnen, und sie wird heute noch immer durchgeführt. Früher brachte man nur Querbauten ein, um die Sohle zu stützen. Das sich dahinter ansammelnden Geschiebe wurde, soweit möglich, herausgenommen und abgefahren. Da dieses Geschiebe dann den Wildflüssen fehlte, kam es zu negativen Auswirkungen wie Tiefenerosion.

Heutzutage werden diese Querbauten nicht mehr ausgekiest bzw. man ersetzt sie mit Dosiersperren. Diese geschlitzten Querbauten lassen verzögert Geschiebe durch.

Krüner Wehr und Geschiebegutachten Reich

Ein weiterer großer Eingriff in den Geschiebehaushalt war die Ableitung des Isarwassers am Krüner Wehr über den Werkkanal zum Walchensee seit 1924. Im Krüner Stausee oberhalb des Wehrs wurde bis Mitte der fünfziger Jahre das angelandete Geschiebe ausgebaggert und abgefahren. Erst dann errichtete man Leitdämme, damit die Isar das Geschiebe dem Wehr zuführt und mit Spülung weitertransportiert. Das Wehr wird bei Hochwasser niedergelegt, um der Verkiesung des Werkkanals entgegenzuwirken.

Die Studie von Prof. Dr. Michael Reich (2008) zeigt, daß diese Auskiesung und die kurzen Zeiten der Wehrniederlegung bei Hochwasserzeiten dazu beitrugen, daß sich im Flußabschnitt zwischen Krün und Vorderriß seit 1924 drei dominante Flußrinnen gebildet haben. In ihnen wird bei Hochwasser das Geschiebe durchgeschleust, weil dort die höchste Transportkraft herrscht. Da aber die gesamte Aue überflutet ist, kämmt der Bewuchs, der sich auf den ehemaligen Kiesflächen eingestellt hat, die Schwebstoffe (größtenteils anorganische Feinteile) aus. Dadurch werden diese Inseln immer höher und die Wuchsbedingungen besser.

Dieser Entwicklung will man, u. a. angeregt durch die Naturschutzverbände, entgegenwirken. Laut Gutachten Reich werden am orographisch linken Ufer zwei bis drei Abweiser aus großen Wasserbausteinen errichtet. Zusammen mit den jeweils gegenübergelegenen kleinräumigen Entnahmen von Bewuchs und Boden werden die Maßnahmen dazu führen, daß die Hochwässer sich wieder in die bewachsenen Kiesinseln ›hineinfräsen‹ und neue Flußrinnen sowie neue Kiesflächen schaffen können.

Sylvensteinsee und Geschiebe-Einbringung

1959 wurde der Sylvensteinsee eingestaut. Er dient der Abflußregulierung. Bei Hochwasser werden Spitzen (Scheitel) abgefangen und in Niedrigwasserzeiten der Abfluß erhöht. An der Stauwurzel (Einlauf in den See) nimmt die Transportfähigkeit des Flusses erheblich ab, die Folge ist die Ablagerung von ca. 60.000 m³ Geschiebe pro Jahr. 1965 wurde eine Geschiebesperre, ein Querdamm von ca. 5 m Höhe, vor dem Einlauf in den See errichtet. Einerseits konnte so die Verfüllung des Sees verhindert – und andererseits der Kies verwertet werden. Man errichtete deshalb eine Kiessortierungsanlage, obwohl es sich hier um ein Naturschutzgebiet handelt.

Dieses Geschiebe fehlt im Unterlauf, auffallend dafür: die Auswirkungen im Bereich vom Sylvensteindamm bis Fleck. Obwohl diese Strecke nicht verbaut wurde, hat sich die Isar eingetieft und besteht nur noch aus einer Flußrinne. Noch drastischer zeigt sich der Geschiebeentzug im Naturschutzgebiet Ascholdinger und Pupplinger Au. Dort tiefte sich die Isar ein, die bisherige Dynamik zeigt sich nur noch auf alten Luftbildern.

Auf Druck der Naturschutzverbände bei der Regierung von Oberbayern wurde Ende der 1980er Jahre die Sortieranlage entfernt und das ganze Geschiebe abgefahren. 1994 erfolgte durch die Isar-Allianz eine Geschiebe-Demo. Vom Damm des Sylvensteinsees wurden symbolisch über 50 Schubkarren mit Kies zur Isar geschoben und in ihr abgeladen. Diese publikumswirksame Aktion führte dazu, daß der Isar unterhalb des Staudamms nun Kies von der Geschiebesperre mittels LKW-Transportes zugeführt wurde und wird. 2010 hatte man die Geschiebesperre am Einlauf der Dürrach in den See fertiggestellt, das anlandende Geschiebe wird teilweise der Isar zugeführt.

Ein Phänomen ist bei auflaufendem Hochwasser in den See zu beobachten: Das anlaufende Wasser ist dabei braun und der See weiterhin grün. Am Damm aber strömt braunes Wasser aus dem Grundablaß. Da das mit vielen Schwebstoffen angereicherte Hochwasser kälter als das Seewasser ist, wird es als Dichtestrom *durch* den See geschleust. Erst nach einigen Stunden, einigen Tagen, vermischt sich das Hochwasser mit dem Seewasser, dieses wird dann auch graubraun, die Schwebstoffe setzen sich ab. Ohne diesen Effekt hätte der See eine erheblich höhere Schwebstoffablagerung.

Isarkorrektion 1913 bis 1939 von Fleck (4 km südlich von Lenggries) bis Bad Tölz und Rückbau

Die Prallhänge eines vorher auf dem Reißbrett entworfenen gewundenen Flußlaufs wurden mit Wasserbausteinen befestigt und der vorher weit verzweigte Fluß in einem Schlauch von 50 bis 100 m zusammengeführt sowie in gleichmäßige Mäander gezwängt. Sie wirken heute auf den Laien natürlich. Die Transportkraft wirkte nun auf einer viel kleineren Fläche, dadurch tiefte sich die Isar ein. Der Kies, der hier vom Fluß aus dem Untergrund genommen wurde, lagerte sich unterhalb von Bad Tölz wieder ab.

Seit den 1990er Jahren entfernten die Wasserwirtschaftsbehörden kontinuierlich zwischen Fleck und Wolfratshausen in verschiedenen Bereichen die Uferversteinerungen und befreiten bewachsene Kiesinseln von Bewuchs und Boden. Indem die Isar Kiesinseln wieder bewegt und die Ufer angreift, kann eine weitere Eintiefung gestoppt werden. Das neue, noch nicht verabschiedete »Gewässerentwicklungskonzept Isar« des Wasserwirtschaftsamtes Weilheim sieht solche Maßnahmen in großem Maßstab vor. Damit soll erreicht werden, daß die Isar sich wieder ausweiten und neue Kiesflächen bilden kann, möglichst auch Flußabschnitte mit Wildflußcharakter.

Übrigens wurde das Naturschutzgebiet (NSG) Karwendel und Karwendelvorgebirge bereits 1924 ausgewiesen, 2000 wies man das gleiche Gebiet als Fauna-Flora-Habitat-Gebiet (FFH-Gebiet) und als Vogelschutzgebiet (SPA-Gebiet) aus. Zu diesem Schutzgebiet zählt auch die Isar von der Landesgrenze bis zur Geschiebesperre des Flusses kurz vor dem Sylvensteinsee.

Flußkraftwerk Bad Tölz und Stauraumspülungen

1956 bis 1958 wurde das Flußkraftwerk in Bad Tölz gebaut. Bereits im damaligen Bescheid war die Auflage enthalten, bei genügend Hochwasser den Stauraum zu spülen. Leider geschah das bis in die 1990er Jahre jedoch nicht. Vielmehr wurde der an der Stauwurzel angelandete Kies abgefahren und verkauft. Damit verschärfte sich die vom Sylvensteinsee geschaffene Situation vor allem in der Ascholdinger und der Pupplinger Au. Deshalb verpflichtete man die Stadtwerke, immer wieder große Mengen mit LKWs abzufahren und an einem Prallufer der Isar unterhalb des Wehrs einzubringen, bis zu 30.000 m³ in einem Jahr! Aus Kostengründen besann man sich dann der Spülungen. Nachdem diese über 40 Jahre nicht durchgeführt wurden, hatten sich neben Kies auch viele Schwebteile im Stausee abgelagert. Insbesondere die Fischer befürchteten, daß durch eine sofortige Spülung der »Schlamm« enorme Gefahren für die Fischpopulationen heraufbeschwören würde. Die Feinteile wurden deshalb abgesaugt und in einen strömungsberuhigten Bereich des Stausees abgelagert, der heute ein Vogelbiotop ist. Anfangs ging man bei den Spülungen von einem notwendigen Hochwasserabfluß von 250 m³/s aus, deshalb verging viel Zeit bis zur nächsten Spülung. Stufenweise wurden dann die Spülungen bei 150 m³/s und später bei weniger als 100 m³/s durchgeführt. Der Vorteil liegt darin, daß künftig nahezu alles Geschiebe durch die Spülung weitertransportiert wird. Die Stadtwerke haben keine Transportkosten mehr, müssen allerdings bei der Niederlegung des Wehrs auf die Stromerzeugung verzichten.

Kraftwerk Mühltal und Erfolge bei der Neukonzessionierung

Bei einer Sitzung des Naturschutzbeirates an der Regierung von Oberbayern 1993 wurde eine Liste vorgelegt, aus der zu ersehen war, wann die Konzession für welches Wasserkraftwerk ausläuft. Das Kraftwerk Mühltal war das erste, bereits 1995. Das war der Startschuß für die Bildung der »Isar-Allianz«. Der Erfolg ihres Engagements kann sich sehen lassen. Die Restwassermenge wurde von 5 m³/s auf 15 m³/s gesteigert und für 6 Millionen DM mußten die damaligen Eigentümer, die Isar-Amper-Werke, Renaturierungsmaßnahmen vornehmen. An der orographisch linken Seite unterhalb des Ickinger Wehrs wurde die Beton-Versteinung entfernt, durch die großen Hochwässer 1999 und 2005 hat sich die Isar um bis zu 30 m verbreitert und dem Wildflußcharakter nähergebracht.

Resumeé

Die Aufzählung der Defizite und der Maßnahmen, diese zu beheben, zeigt den jeweiligen Zeitgeist in Politik und Wasserbehörde. Es ist zu hoffen, daß die positive Entwicklung für die Flüsse weitergeht und wir nicht an dem Konflikt Naturschutz und Umweltschutz scheitern. D. h., wenn Wasserkraft per se als klimaneutral gilt, besteht die Gefahr, daß alle noch sich eignenden unbeeinflußten Flußabschnitte – auch die letzten Wildflüsse – künftig verbaut werden. Dieser Trend ist in Österreich zurzeit zu beobachten. Unsere Enkel werden dann solche Wildflüsse vielleicht noch in Kanada oder Südamerika bewundern können, aber nicht mehr in den Alpen!

Franz Speer

Kurze Moment-Aufnahme des Abschnitts »Mühltal«

Mit den folgenden Zeilen möchte ich an die bereits im Vorwort zum Thema »Mühltal« genannten Inhalte anschließen: Das mit Naturschutz-Argumenten begründete teilweise Belassen der dortigen Uferbefestigungen dürfte ein entscheidender Grund dafür sein, daß sich die Isar nach dem letzten Hochwasser in diesem Abschnitt wieder auf einen einzigen Arm zurückgezogen hat, anstatt eine Furkations-Strecke (Mehrarmigkeit mit Gabelungen) auszubilden, wie es in dem von Walter Binder (*ehemals Leiter des »Referats Gewässerentwicklung und naturnaher Wasserbau im Bayerischen Landesamt für Umwelt«/ein langes Interview mit ihm befindet sich in Band 1 »Die neue Isar«*) erstellten »Gewässerpflegeplan« eigentlich vorgesehen ist. Weiter wird darin eine erneute Durchströmung der noch vorhandenen, nun trockenliegenden, Auwaldrinnen angestrebt. Beides wurde mit den bisher erfolgten Renaturierungsmaßnahmen allerdings noch nicht erreicht. Indessen tieft die Isar sich dort weiter ein.

Natürlich haben sich die bisherigen Maßnahmen bereits vielfach positiv ausgewirkt, doch in den angesprochenen und grundlegenden Aspekten haben wir es eher mit einer »sich selbst verstärkenden negativen Wechselwirkung« zu tun. Es soll diesbezüglich eine »Arbeitsgruppe Mühltal« unter Beteiligung der Isar-Allianz ins Leben gerufen werden. Bisher gibt es allerdings noch nicht einmal einen Termin dafür. Hat man womöglich eine Weiterentwicklung der Isar in Richtung eines verbesserten Naturzustandes im Mühltal schon abgeschrieben, trotz der überzeugenden Lösungsansätze im Gewässerpflegeplan? Man fragt sich: Sind diese anspruchsvollen und fachlich hervorragenden Pläne von Amts wegen eher als theoretische Konstrukte zu sehen, die vorwiegend ein Schubladen-Dasein führen? Ein Schicksal, das auch manche Studien, die voller hilfreicher Lösungsansätze sind, zu teilen scheinen. Fehlt hier der politische bzw. behördliche Wille, um diese Schubladen zu öffnen? Warum sollten wir uns mit diesen negativen Entwicklungen an der Isar so leicht abfinden, wenn sie doch zu diesem Zeitpunkt leicht noch umgekehrt werden könnten, zumindest teilweise? Ohne daß dies zugleich die Gewinne der Wasserkraftwerksunternehmen spürbar beeinträchtigen würde.

Was helfen könnte, ist, für eine breite öffentliche Wahrnehmung der dortigen Situation zu sorgen, um damit nicht nur am Fluß, sondern auch in den stehengebliebenen Maßnahmen wieder mehr Dynamik zu erzeugen.

Landschaftliche Schönheit mit Eintiefungs-Tendenz *und Umwandlung des Auwaldes in Mischwald in Höhe des Kraftwerks »Mühltal«*

Perspektiven-Wechsel

Wir wechseln nun von den Perspektiven des Radwanderns an der Isar oder jenen der Bootsfahrer, die sich in noch direkterer Weise dem Fluß überlassen und sich dabei den jeweiligen Tempi der Isarströmungen hingeben, sowie jenen der beschaulich wandelnden Fluß-Spaziergänger, die sich aus dem Flanieren in der Natur und dem Eintauchen in ihre unendlichen Klein- und Mikro-Kosmen mit den Flußwelten verbinden – und auch von einer historisch-naturwissenschaftlichen Betrachtungsweise (welche die beiden vorangegangenen Beiträge vermitteln) hin zur Vogelperspektive, indem wir für den letzten Abschnitt dieses ersten Kapitels ins Flugzeug steigen, die bisherige Erfahrung von Zeit und Raum weiter verdichten, beschleunigen, erweitern und mit dem Piloten aus dem Team des »Forum neue Isar«, Franz Jakob, den Fluß von der Quelle bis nach München entlangfliegen, um direkt vor der *Bühne* der Darsteller des Stückes »Isarplan« zu landen, wo auch ein neues Buchkapitel beginnt.

Ralf Sartori

Isarflug

Wind Nord/Ost, Startbahn null drei,

nein, ganz so war es nicht. Der Wind kam aus Ost, wie die Rauchfahne des nahen Feuers verriet, und wir wählten die Startbahn drei sechs. Start frei für unseren Erkundungsflug zur Isar an einem trüben Tag im März 2011. Der Gashebel erweckt die bescheidenen 80 PS unseres Motorseglers zum Leben und wir heben ab vom Segelfluggelände Paterzell. Mit an Bord ist der Isarspezialist Nico Döring, mein Pfadfinder und Fährtenleser in den nächsten zwei Stunden. Wie lautet der selbstgewählte Auftrag für unseren Erkundungsflug? Wir wollen die Isar erkunden und zwar von der Quelle bis hin zur utopischen Insel in München, dem Standort des Leuchtturmes Deutsches Museum oder ist es doch eher ein Kriegsschiff der Industriegesellschaft, wie es bei Georg Jochum im ersten Band »Die neue Isar« heißt. Egal wie, das Kriegsschiff wird uns nicht beschießen, es droht keine erkennbare Gefahr, ab Peißenberg bewegen wir uns zudem unter der Obhut des freundlichen Fluglotsen von MÜNCHEN INFORMATION. Das Feuer, das uns die Windrichtung verriet, entpuppt sich als harmloses Holzfeuer am Waldrand. Ganz anders erging es Saint-Exupéry auf seinem Flug nach Arras vor 71 Jahren. Er flog über ein brennendes Frankreich in einer Zeit, »*in der Besatzungen geopfert werden, als gösse man glasweise Wasser in einen Waldbrand*«. Sein Auftrag war klar, aber hoffnungslos; utopisch sozusagen: Erkunden Sie die Panzeransammlungen bei Arras. »*Sie verlangen Erkundungen von uns, die unmöglich einzuholen sind. ... Zum Glück – und das wissen wir sehr wohl – verwertet kein Mensch unsere Erkundungen.*« ...

Wird es unseren Erkundungsergebnissen ähnlich ergehen, und wenn ja, was treibt uns dann dennoch an, ist es wie bei Saint-Exupéry die Suche nach der Wahrheit oder was mag es sein?

»*Daß doch die Nacht käme und mir jene Klarheit brächte, die der Liebe würdig ist! Damit Gesittung, Menschenlos und Drang nach Liebe für mein Land mein Denken erfülle! Auf daß ich der Wahrheit dienen mag, die bezwingt, auch wenn sie noch nicht in Worte faßbar ist*« ...

Die Nacht ist noch weit weg, aber vielleicht hilft uns der durch den Dunst eingeschränkte unscharfe Blick. Nein, das ist heute kein Flug für Postkartenmotive, die Sicht beträgt maximal 20 km, keine 200 km wie an schönen

Föhntagen, wir müssen uns neben unseren Augen auf zusätzliche Sensoren verlassen, wir müssen die Landschaft unter uns abtasten und erspüren, was uns die Isar zu sagen hat. Finden wir eine bezwingende Wahrheit, und wenn ja, wie können wir die in Worte fassen?

Da meldet sich der Fährtenleser Nico mit einer ersten Entdeckung. Die Spuren, die unsere menschliche Kultur der Naturlandschaft aufgeprägt hat, führen ihn auf eine Zeitreise. Er wandert auf der Zeitachse zurück und entschlüsselt die Entstehungsgeschichte, den Ursprung der gegenwärtig sichtbaren Spuren. Ursprung und Gegenwart, ein starkes Motiv, auch wir wollen den Ursprung der Isar aufsuchen und uns von dort aus nach München treiben lassen. Dabei geht es um das Abtasten des Raumes, eines Raumes, den die Menschheit schon lange erobert hat, wie es Jean Gebser in »Ursprung und Gegenwart« wunderbar analysiert. Was heute ansteht, ist die Eroberung der Zeit, die Entdeckung der Zeitfreiheit. »*Der Utopie (U-topia: Nicht-Ort) gleicht die Uchronie*«, schreibt Georg Jochum. »*Wie die Utopie ein Land außerhalb des bekannten Raumes fingiert, so die Uchronie ein Land außerhalb unserer Zeitrechnung. Mit der zunehmenden Erschließung der räumlichen Welt sollte in der Moderne die räumliche Utopie der zeitlichen Uchronie, d. h. der Science Fiction und den Zukunftsentwürfen weichen.*«

Science Fiction und Zukunftsentwürfe, lassen wir uns überraschen, wohin uns unser Flug führen wird. Mittlerweile sind wir etwas von unserem Kurs abgewichen und haben Schloß Linderhof einen kurzen Besuch abgestattet, ebenfalls eine Art von Fiktion und Zukunftsentwurf, auch wenn der sich eher an der Vergangenheit des Sonnenkönigs Ludwig XIV. orientierte. Doch nun geht es über Garmisch-Partenkirchen und Schloß Elmau direkt zu unserem ersten Ziel, der Isarquelle. Bei Scharnitz fliegen wir ins obere Isartal ein und prompt meldet sich der besorgte Fluglotse aus München, von dessen Radarschirm wir verschwunden sind. Aber keine Sorge, wir sind nur kurzzeitig eingetaucht in einen anderen Raum und in eine andere Zeit. Ja, der Raum hat sich auffallend geändert, so gut wie keine Anzeichen menschlicher Zivilisation finden sich in diesem abgeschlossenen Tal, abgesehen von den Spuren mutiger Tourenskifahrer, die von den Südhängen des Unteren Spitzhüttenkopf herabmäandrieren. Auch die Zeit hat sich geändert. Die Erosion der Isar hat uns Platz gemacht, so daß wir in das Riff eines über 200 Millionen alten Meeres eintauchen können.

Mittlerweile sind wir über die Gipfel gestiegen, das erlaubt uns einen Blick auf den verschneiten Alpenhauptkamm vom Großglockner im Südosten bis hin zu den Ötztaler Alpen im Südwesten und damit in das Einzugsgebiet der Isarsteine, die durch glazialen und fluviatilen Transport ihren Weg nach

Norden gefunden haben. Zum Brenner, der genau im Süden liegt, sind es nur noch 40 km, 15 Minuten Flugzeit wären das mit unserem langsamen Motorsegler. Zeit und Raum, da haben wir wieder unser Grundmotiv. 40 km, ein Tausendstel des Umfanges einer Erde, die eine bewegte Geschichte hinter sich hat. Wieso bewegen wir uns in 2000 m Meereshöhe mitten in den Ablagerungen eines tropischen Meeres? Die Kollision der afrikanischen und der europäischen Platte vor ca. 50 Millionen Jahren faltete die Alpen auf und hob den Meeresboden in seine gegenwärtige Lage. Vor etwa 5 Millionen Jahren entwickelte sich der Mensch und trat von seinem Ursprungsort in Afrika die Reise über die ganze Erde an. Vor gut fünf Jahren wurde FRONTEX gegründet, um dem Einwanderungsdruck der afrikanischen Flüchtlinge zu beggnen. In der Gegenwart des März 2011 erhebt sich die Bevölkerung in den afrikanischen Staaten an der Südküste des Mittelmeers, um sich vom Druck seiner Diktatoren zu befreien. Die ganze Erd- und Menschheitsgeschichte in fünf Minuten, während wir über den Quellen der Isar kreisen, das ist ein bißchen viel. Noch ist die Freiheit nicht grenzenlos, wie Reinhard Mey singt – wir sind ja auch nicht über den ersten Thermikwolken, die gerade entstehen –, wenden wir uns also wieder unserem eigentlichen Auftrag zu, unseren Ängsten, Sorgen und Hoffnungen.

Wir haben jetzt genug Höhe und lassen uns, den Kräften der Gravitation folgend, im Leerlauf durch das Isartal nach Westen treiben. Vor uns, fast auf gleicher Höhe, das Zugspitz-Massiv. Bei Scharnitz erreichen wir die Zivilisation, die uns mit ihren Artefakten bis München begleiten wird. Auch MÜNCHEN INFORMATION hat uns wieder auf dem Radarschirm. Tief unter uns liegt Mittenwald, hier wurden im Mittelalter die Flöße mit Waren aus Venedig beladen, wie ich von Nico erfahre, um dann die Reise über München bis nach Wien oder noch weiter anzutreten. Nach Krün ist es aus unserer Perspektive nur ein Katzensprung. Durch die milchige Luft ist der blaugrüne Stausee gut zu erkennen, ebenso wie der hier abzweigende Kanal zum Walchensee. Seit 1923 wird das Isarwasser abgeleitet, spätestens jetzt ist das Zeitalter der Flößerei beendet. Mit der Inbetriebnahme des Walchenseekraftwerkes im Jahr 1924, damals das größte Wasserkraftwerk in Europa, setzt die Elektrizität zu ihrem Siegeszug an. Wasser wird in elektrischen Strom umgewandelt, der nun nahezu überall verfügbar ist. Gewerbe und Industrie können ihre Standorte frei wählen, sie sind nicht mehr auf die unmittelbare Nähe zu den energiespendenden Bächen und Flüssen angewiesen. War das zugleich der Startschuß zur beginnenden Zersiedlung der Landschaft, da bin ich mir nicht sicher; sicher zu erkennen sind aus der Vogelperspektive auf jeden Fall die Jahresringe aus Neubausiedlungen und Gewerbegebieten, die sich in den letzten Jahrzehnten um die Dörfer und Städte legten. Ähnlich klar zu erkennen ist das Netz aus Straßen und Autobahnen, die die Landschaft zerschneiden oder die Ortschaften verbinden; je nach Sicht der Dinge. Bei schlechter Sicht sind sie zumindest willkommene Hilfsmittel für die Navigation.

Ein kurzes Aufatmen gestattet der Flußlauf der Isar zwischen Krün und dem Sylvenstein-Stausee. Auf 15 km nahezu unberührte Natur, das wilde Flußbett der Isar versetzen einen in die endlose Wildnis Kanadas, ein kurzes Stück vom bald verlorenen Paradies, wie es Herbert Rittlinger beschreibt. Das Wasser, das diesem verlorenen Paradies jetzt fehlt, hat jedoch einer anderen Utopie, einem anderen scheinbaren Paradies zum Durchbruch verholfen.

»Viele neuzeitlichen Utopien, vom ›Nova Atlantis‹ bis hin zu den Visionen der Museumsinsel, waren dem Ziel der endlosen Ausdehnung humaner Macht durch Naturwissenschaft und Technik verpflichtet. Heute droht jedoch das Projekt der Naturbeherrschung in eine riskante Zerstörung aller natürlichen Flüsse und Kreisläufe – der Biosphäre umzuschlagen. Die Fluten, die sich seit den letzten Jahren weltweit vom Himmel ergießen, machen deutlich, daß die Idee einer starren Kontrolle der natürlichen Ströme letztlich Nebenfolgen in sich birgt, die zu einem vollständigen Kontrollverlust führen könnten. ... Dies macht neue Utopien notwendig – und dies setzt voraus, daß wir uns mit der Geschichte der Inselutopien näher beschäftigen.« (Georg Jochum)

Der Blick nach Norden zeigt uns mit dem Walchensee und dessen Kraftwerk an der Verbindungsstrecke zum Kochelsee ein Meisterstück Oskar von Millers, mit dem Deutschen Museum steuern wir seinen Tempel der Technik an. Ist dieser Tempel Leuchtturm oder Kriegsschiff der Industriegesellschaft? Hier wird es keine einfache Antwort geben. *»Die beiden Ufer des Flusses sind ein uraltes Symbolbild für die unterschiedlichsten Polaritäten, also Dualitäts-Paare des Daseins ...«* schreibt Ralf Sartori im Vorwort zu Band 1 »Die neue Isar«. Damit legt er eine Spur zur Antwort und zur Auflösung des Dilemmas, d. h. zur Überwindung der scheinbaren Widersprüchlichkeit zwischen Natur und Kultur. Mit »*Auf zu neuen Ufern*« ist das Vorwort überschrieben. Sind wir in der Lage, dieser Fährte zu folgen, erreichen wir die neuen Ufer? Müssen wir dazu einen Gedankenstausee anlegen und mit Hilfe welcher Turbinen kann der utopische Gedankenstrom in eine schöne neue Welt verwandelt werden?

Doch zunächst überfliegen wir die Ufer des Sylvenstein-Stausees. Die sind nicht mehr ganz so neu. Der 1959 fertiggestellte Stausee diente zum einen dem Hochwasserschutz der flußabwärts liegenden Gemeinden, zum anderen sollte der Isar, die nach den der Stromerzeugung zuzurechnenden Wasserverlusten zur Flußleiche verkam, eine konstante Restwassermenge zugeführt werden.

Nach einem Kurswechsel Richtung Norden geht es vorbei an Lenggries, und bei Bad Tölz verlassen wir die alpine Berglandschaft. Bis Geretsried folgt noch ein relativ dünnbesiedelter naturnaher Flußabschnitt, in dem Nico die durch Algenwuchs schwarz gefärbte Flußsohle unangenehm ins Auge sticht. Mir hingegen fällt mehr der »Fremdkörper« Geretsried auf, der sich auf eine rätselhafte Weise von der Umgebung unterscheidet. Erst nachträglich finde ich dank Google und Wikipedia eine Erklärung hierfür. Geretsried wuchs nach dem Krieg aufgrund der zugezogenen Heimatvertriebenen explosionsartig von etwa 1.000 auf heute ca. 24.000 Einwohner. Ebenso explosionsartig wirkten die Produkte der Munitionsfabriken, die hier während des 2. Weltkrieges angesiedelt waren. Kann es sein, daß diese Geschichte noch nach Jahrzehnten, aus einer Flughöhe von 500 Metern, zu spüren ist? Es war schon auffallend, dieses starke Gefühl der Befremdung. *»Keine Begebenheit erweckt in uns einen Fremdling, von dem wir nichts geahnt hätten. Leben heißt, langsam geboren werden.. Es wäre auch zu bequem, wenn man sich fix und fertige Seelen besorgen könnte! ... Ich hatte vom Abenteuer Krieg nichts anders zu erwarten, als eben diese langsame Vorbereitung.«* Wurde mein »Flugbegleiter« Saint-Exupéry etwa mit Munition aus Geretsried beschossen? Welche Ahnung steckt hinter dieser befremdlichen Erfahrung über Geretsried? Fragen über Fragen, aber wir ahnen bereits, daß es keine schnellen und bequemen Antworten auf die Fragen des Abenteuers Leben gibt.

Zum Glück liegt Wolfratshausen voraus. Hier betrete ich wieder vertrautes Terrain, das ich aus verschiedenen Flügen mit Nico und anderen kenne. Einstieg zum letzten Abschnitt bis nach München ist die wilde Landschaft der Pupplinger Au. Auch hier stellt sich eine Ahnung von Freiheit und Abenteuer ein; so also sieht ein sich selbst überlassener freier Fluß aus. Doch dieses Bild ändert sich bald. Ab Icking laufen Isarkanal und das, was von der alten Isar übriggeblieben ist, parallel. Die beiden Pole »Natur« und »Kultur« streiten miteinander, oder ist es doch eher ein uraltes Spiel, das hier gespielt wird? Haben wir es auch hier mit den Prinzipien Yin und Yang zu tun, wie es Ralf Sartori andeutet, und nähern wir uns damit schon des Rätsels Lösung an, die in der Überwindung des Dualen liegt? Vielleicht müssen wir nur den ausgelegten Spuren folgen, wie z.B. dem Werk Jean Gebsers, vielleicht warten wir noch ein paar Minuten, bis wir den Weg vom Ursprung der Isar bis zur Gegenwart der utopischen Insel in München vollendet haben. Die Vogelperspektive erleichtert uns den Spaziergang in Raum und Zeit. Mit einer leichten

Drehung des Kopfes wandern wir von Kloster Schäftlarn zu den Kraftwerken in Mühltal und Baierbrunn. Monumente der Kraft des Geistes und der Kraft des Wassers, könnte man es platt formulieren. Na gut, spielen wir ein wenig mit den Worten, vielleicht verhelfen uns die Augen von Athenes Eule – dem Symbol des Deutschen Museums – nicht nur die diesige Luft, sondern auch den Nebel unserer Gedanken zu durchdringen und klare Sätze zu formulieren.

Vorbei geht es an Grünwald und seinen Symbolen des Reichtums – nicht zuletzt das gezähmte Wasser hat seinen Teil dazu beigetragen –, vorbei am Tierpark Hellabrunn, einem Symbol der gezähmten Tierwelt, und schon haben wir die utopische Insel mit dem Deutschen Museum erreicht. Der Leuchtturm leuchtet nicht in dieser milchigen Dunstglocke über München, aber auch das Kriegsschiff der Industriegesellschaft schießt nicht. Nico dagegen hat genug Fotos geschossen, die Speicherkarte ist voll, so kann er in Ruhe die Bagger südlich von der Museumsinsel betrachten, die den letzten Abschnitt der Isarrenaturierung angehen. Wir haben das Ziel unseres Aufklärungsfluges erreicht, nicht die Panzeransammlungen bei Arras, wie Saint-Exupéry im Jahr 1940, sondern die Baggeransammlung vor dem Deutschen Museum, die auch dem Copiloten und Mitgründer der »Isar-Allianz« Nico Döring zu verdanken ist.

1903 wurde die ehemalige Kohleninsel, die zeitweilig Europas größter Floßhafen war, als Bauplatz für das Deutsche Museum zur Verfügung gestellt. Im gleichen Jahr starteten die Gebrüder Wright zum ersten Motorflug der Geschichte. 108 Jahre später sitzen wir in einem kleinen Motorsegler und versuchen etwas über unsere Erde und speziell über diese Insel der Utopie herauszufinden. Welche Anmaßung oder etwa doch nicht?

»Das Flugzeug ist wohl eine Maschine – indes welches Instrument für eine Analyse! Ihm danken wir die Entdeckung des wahren Gesichtes unserer Erde«, so Saint-Exupéry.

Haben wir in den letzten 90 Minuten etwas über das wahre Gesicht unserer Erde herausgefunden, gab es hellsichtige Momente oder sind wir weiterhin mit Blindheit geschlagen?

»Der Geist dagegen betrachtet nicht die Dinge, sondern den Sinn, der sie miteinander verbindet... Und eben der Geist wechselt von völliger Hellsicht zu völliger Blindheit.«

Das Schöne an der Vogelperspektive ist, daß man nicht nur die Dinge sieht, sondern die Verbindung zwischen ihnen – eben den Wald und nicht die Bäume –, das eröffnet zumindest die Chance, so etwas wie Sinn zu erkennen, der ja oft nur ein anderes Wort für Zusammenhang ist. Was ist der Sinn des

Deutschen Museums unter uns und wie ist der Zusammenhang zwischen ihm und all den Dingen, die wir auf unserem Isarflug gesehen haben?

»*Mit der industriellen Revolution wurden die Potentiale und Ideen dieser technischen Utopie entfaltet. Und der ›Leuchtturm unseres Königreiches‹, wie der Tempel Salomons bei Bacon auch genannt wurde, gelangt in dem Leuchtturm Deutsches Museum, wie Wolfgang Heckl – der gegenwärtige Direktor des Museums – das Haus auf der Isarinsel bezeichnet, zu einer seiner signifikantesten Verwirklichungen.*« (Georg Jochum)

In der Tat ist die Menschheit sehr weit gekommen bei der Realisierung der Utopie Bacons, »*es gelang, die Ursachen und Bewegungen sowie die verborgenen Kräfte in der Natur zu ergründen und die Grenzen der menschlichen Macht soweit wie möglich zu erweitern*«.

Der Mensch hatte die Macht, die Isar in ihre Schranken zu weisen, aber er ist damit etwas zu weit gegangen. Die Bagger in der Isar, die jetzt im Auftrag der Renaturierung tätig sind, symbolisieren diese Erkenntnis, auch wenn sie ziemlich spät kommt. Bereits 1947 lesen wir bei Jean Gebser in »Ursprung und Gegenwart«: »*Eine Überwindung des jetzigen Zustandes der Welt, die wahrscheinlich ihren rationalistischen und technokratischen Höhepunkt bald erreichen wird, kann weder durch die Ratio noch durch die Technokratie, aber ebensowenig durch Predigen und Mahnen zu Ethos und Moral oder durch ein irgendwie geartetes Zurück geschehen. Wir können nur eins tun: In der Betrachtung aller Äußerungen unserer Zeit so weit und so tief vorzustoßen, daß uns die dämonischen und zerstörenden Aspekte nicht mehr bannen, so daß wir nicht nur sie sehen, sondern hinter und unter ihnen die unermeßlich starken Keimlinge des Neuen wahrnehmen, für das die einstürzende Welt den Humus liefert. Diese Keime und Ansätze müssen sichtbar und einsehbar gemacht werden. Und die Einsicht in die Kräfte, die zur Entfaltung drängen, hilft ihrerseits diesen Kräften, sich zu entfalten.*«

Das sind klare Worte, wir müssen die Keimlinge des Neuen wahrnehmen, da scheint das utopische Projekt »Die neue Isar« ein guter Platz zu sein, um diese Keimlinge zu bewässern. Die Aufgabe ist zweifellos groß, und die Bewältigung erscheint auf den ersten Blick utopisch zu sein. Schnell möchte ich mich zu Saint-Exupéry flüchten, der zu seinem utopischen Auftrag folgendes gesagt hat:

»*Tief in mir wußte ich aber auch, daß man von einem aufgegebenen Auftrag nichts weiter zu erwarten hat, als eine Art starkes Unbehagen. Als wenn eine notwendige Mauser fehlgeschlagen wäre. ... Ich versehe gewissenhaft meinen Dienst. Das hindert nicht, daß ich eine Besatzung der Niederlage bin. Ich wate in der Niederlage. Die Niederlage sickert überall durch, und ich halte ihr Zeichen in der Hand. ... Wenn in Frankreich alles verloren scheint, wird Frankreich durch ein Wunder gerettet. Ich habe begriffen weshalb. Es ist manchmal vorgekommen, daß ein Unglück die schöne Verwaltungsmaschine außer Gebrauch gesetzt hat, und da sie sich nicht mehr instand setzen ließ, hat man sie in Ermangelung von etwas Besserem durch einfache Menschen ersetzt.«*

Ersetzen wir Frankreich durch Welt, dann heißt dies: Wenn die Welt verloren scheint, wird die Welt durch ein Wunder gerettet, vorausgesetzt, die Verwaltungsmaschine wurde außer Gebrauch gesetzt.

Wir sind aber weder ausgezogen, um die Welt zu retten, noch um die Verwaltungsmaschine außer Gebrauch zu setzen. Versuchen wir unseren Verstand in Gebrauch zu setzen und die Ergebnisse unseres Erkundungsfluges zu verarbeiten.

1903 wurde auf der Kohleninsel, über der wir gerade kreisen, der Startschuß für den Bau des Deutsche Museums gegeben. Das Zeitalter der Dampfmaschinen ging zu Ende, das Zeitalter des elektrischen Stroms stand vor der Tür. Ein wichtiger Meilenstein für die massenhafte Verbreitung des elektrischen Stroms war die Inbetriebnahme des Walchenseekraftwerkes 1924. Im Jahr 1925 wurde das zweite Meisterstück Oskar von Millers, das Deutsche Museum, eröffnet. 1926 veröffentlichte Nicolai Kondratjew in seinem Aufsatz »Die langen Wellen der Konjunktur« seine Theorie der zyklischen Wirtschaftsentwicklung, derzufolge nach dem 3. Zyklus der Elektrotechnik der 4. Zyklus der Petrochemie und der 5. Zyklus der Informationstechnologie folgte. Ergänzen wir diese Reihe noch um Zyklus 1, die Dampfmaschine, und Zyklus 2, die Eisenbahn, so können wir festhalten, daß wir es durchwegs mit mechanischen Apparaten zu tun haben. Gleicht da nicht zwangsläufig die Verwaltung ebenfalls einem Apparat und was gäbe es an Alternativen hierzu?

Ein paar Kilometer Isar abwärts wären wir auf einen weiteren Leuchtturm des 20. Jahrhunderts gestoßen. So können wir das Atomei in Garching nur schemenhaft durch den Dunst wahrnehmen. Es führt uns zur Überwindung der alten mechanischen Physik durch die neue Quantenphysik. Ein wichtiger Vertreter dieser neuen Disziplin ist Werner Heisenberg, dessen Haus in Urfeld am Walchensee wir vor ein paar Minuten passiert haben. Das GPS-Gerät an Bord ist ohne die Erkenntnisse Albert Einsteins nicht vorstellbar. Mit seiner speziellen Relativitätstheorie aus dem Jahr 1905 – dem Geburtsjahr von Jean Gebser – hat er die Grundlagen für die Satellitennavigation gelegt. Somit sind wir unverhofft in einem doppelten Sinn wieder bei unserem Leitmotiv von Zeit und Raum gelandet. Die allgemeine Relativitätstheorie von

1916 widmet sich dem Rätsel der Schwerkraft, das durch die Krümmung von Raum und Zeit erklärt wird. Auf unserem Erkundungsflug haben wir uns der Schwerkraft unserer Gedanken ausgesetzt, indem wir dem den polaren Kräften Gebirgsbildung und Abtragung geschuldeten Lauf der Isar gefolgt sind. Die Bewegung durch den Raum offenbarte einen tiefen Zusammenhang mit der Dimension Zeit. Auf einer rationalen Ebene lassen sich die Bauten verschiedenen Zeithorizonten zuordnen, auf einer anderen Ebene ziehen einen die Spuren der Zivilisation, aber auch die der Natur, unwillkürlich in die Vergangenheit hinein; eine unerklärliche Schwerkraft scheint einen zurück zum Ursprung zu ziehen. Ursprung und Gegenwart, die Gedanken werden beweglicher, sie pendeln auf der Zeitachse, auch wenn die Gedankenfreiheit noch nicht grenzenlos ist. Gegenwart und Zukunft, wie sieht es mit dieser Richtung auf der Zeitachse aus? Sind wir einer neuen Utopie nähergekommen, einer Utopie, die an den Ufern der neuen Isar einen würdigen Platz finden könnte?

Wir haben versucht, den Verstand in Kraft zu setzen, aber der Verstand allein hilft nicht.

Wir haben auf unserem Flug bewundernswerte Monumente des Verstandes gesehen, aber auch die mehr oder weniger zerstörerischen Folgen einer berechnenden Ratio, einer Utopie der Bacon'schen Art. Wir waren mit unserem winzigen Flugzeug als Aufklärer in eigenem Auftrag unterwegs, über 200 Jahre nach dem großen Aufklärer Kant und 71 Jahre nach Saint-Exupérys Aufklärungsflug nach Arras. Man sieht nur mit dem Herzen gut, sagt der kleine Prinz, neben dem Verstand gibt es noch die Vernunft, sagt uns Kant, und Athenes Eule, das Symbol des Deutschen Museums unter uns, durchdringt mit ihrem scharfen Augen der Weisheit die tieferen Zusammenhänge des Seins. Diese Spuren sind doch ziemlich deutlich, zumindest sofern der Geist nicht mit völliger Blindheit geschlagen ist. Gab es hellsichtige Momente zwischen der Isarquelle und der utopischen Inseln inmitten von München? Selbst wenn es so wäre, die Erkenntnisse ließen sich vermutlich nicht in verständliche Worte fassen. *»Tief in mir wußte ich aber auch, daß man von einem aufgegebenen Auftrag nichts weiter zu erwarten hat, als eine Art starkes Unbehagen.«* Das Unbehagen ist groß, bei so einer faulen Ausrede, selbst wenn sie sich auf die Aussagen hellsichtiger Mystiker oder anderer weiser Menschen stützen kann. *»Wer redet, hat nichts zu sagen, wer etwas zu sagen hat, kann es nicht klar sagen«*, steht es nicht so oder so ähnlich im *Tao Teking*? Na gut, bleiben wir bescheiden, wie könnte zumindest ein unklares Ergebnis unseres Isarfluges aussehen? »... *die Ursachen und Bewegungen sowie die verborgenen Kräfte in der Natur zu ergründen und die Grenzen der* *menschlichen Macht soweit wie möglich zu erweitern«*, das war die Utopie von Bacon. Die Ursachen und Bewegungen sowie die verborgenen Kräfte in der Natur des Menschen zu ergründen und die Grenzen des menschlichen Geistes soweit wie möglich zu erweitern, könnte das unsere neue utopische Formel sein?

War das schon alles, die winzige Modifikation einer alten Formel, ist das die kümmerliche Ausbeute unserer Erkundungen, Ergebnisse, die ohnehin niemand verwerten wird, müssen wir geschlagen den Rückflug antreten oder kommt im letzten Moment die Rettung? Die mögliche Rettung findet sich im Band 1 »Die neue Isar« im Beitrag von Georg Jochum über die utopische Insel, über der wir noch verharren, zumindest wird hier die erfolgreiche Transformation einer Utopie in die Realität beschrieben.

»Am Beginn dieses Lebenswerks (Oskar von Millers) stand der Besuch der Internationalen Elektrizitätsausstellung 1881 in Paris. ... Wie Miller selbst berichtete, keimte hier erstmals die Idee in ihm, auch in Deutschland eine dem Museum des Conservatoire ... ähnliche Institution zu gründen – ein Wunsch, der 44 Jahre später mit der Eröffnung des Deutschen Museums auf der Insel im Jahre 1925 seine endgültige Erfüllung finden sollte.«

»Miller gab Depréz in Bayern die Chance seine Theorie praktisch zu erproben – und beiden gelang schließlich die Demonstration der Praktikabilität des Utopischen. Durch eine Dampfmaschine, die eine Dynamomaschine antrieb, wurde in Miesbach Energie erzeugt, die nach der Übertragung vor dem beeindruckten Publikum im Glaspalast in München einen Springbrunnen antrieb.«

Drei Elemente sind hier beschrieben, die wir für die Umsetzung unserer Utopie benötigen. Es beginnt zunächst mit einem Impuls, bei Miller war es der Besuch der Elektrizitätsausstellung in Paris. Danach ging es mit einer Chance weiter: Miller gab Depréz die Chance, seine Theorie praktisch zu erproben. Der Durchbruch schließlich gelang mit einer überzeugenden Vorführung, die beim beeindruckten Publikum wiederum einen Impuls auslöste. Der Stromkreis war sozusagen geschlossen und geerdet, der Gedankenstrom konnte fließen und seine Kraft entfalten.

Unsere Utopie soll uns von der Industrie- über die Informations- bzw. Wissensgesellschaft in die Weisheits- oder Sinngesellschaft führen. Nach den *kriegerischen* Ausprägungen der Industriegesellschaft wären Weisheit und Sinn angemessene Merkmale einer vielzitierten Zivilgesellschaft. Im Sinne von Jean Gebser steht nach der mentalen Entwicklungsstufe der Menschheit die integrale Stufe an. Raum und Zeit sind integriert, der entscheidende Attraktor des gekrümmten Raum-Zeit-Kontinuums ist nicht die Schwerkraft, sondern der Sinn. Weisheit und Sinn sind komplementär, sinnvolles Handeln ist nur auf der Basis von Weisheit möglich. Welchen Fluß müssen wir für diese Herkulesaufgabe anzapfen, wo treiben wir einen Stollen durchs Gebirge, um den Bypass nicht von Krün in den Walchensee, sondern vom mentalen in das integrale Bewußtsein zu legen? Welche Höhendifferenz können wir ausnutzen, um nicht die Schwerkraft zwischen dem Walchensee und dem Kochelsee, sondern zwischen diesen verschiedenen Bewußtseinsebenen auszunutzen?

Bei Oskar von Miller gab es mit dem Besuch der Elektrizitätsausstellung in Paris im Jahr 1881 einen starken Impuls und einen mächtigen Attraktor, der ihm gegen alle Widerstände doch noch zum Erfolg verhalf. Vielleicht ist die folgende Parallele zu gekünstelt, vielleicht aber gibt es einen wahren Kern. Miller trieb die Umwandlung von Wasserkraft in Strom voran, das elektrische Licht erhellte künftig die Welt. Bei mir hinterließ die Lektüre von Jaspers »Existenzerhellung« einen bleibenden Eindruck, das Licht außerhalb der Platon'schen Höhle übte eine magische Anziehung aus. Mit elektrischem Licht kann man die Existenz nur bedingt erhellen, mit welchem Leuchtmittel Diogenes am hellichten Tag auf dem Marktplatz Athens Menschen suchte, weiß ich nicht. Wurde er bei seinem Projekt der Existenzerhellung etwa von Athenes Eule mit ihrem durchdringenden Blick unterstützt?

Gab es bei mir eulenaugige hellsichtige Momente oder geht es mir eher wie Ikarus, der bei seinem utopischen Vorhaben der Sonne zu nahe kommt. Schmelzen auch bei mir die angeklebten Flügel und ich folge dem Attraktor der Schwerkraft bis zum unerbittlichen Aufschlag auf dem Boden der Tatsachen?

Den endgültigen Ausgang unserer Erkundungsmission kenne ich noch nicht, bei unserem Flug zumindest gelang die sichere Landung in Paterzell. Die Theorie für einen Bauabschnitt der Sinngesellschaft ist vorhanden, gibt es einen Oskar von Miller, der die Chance für die Umsetzung der Theorie in die Praxis eröffnet? Wir werden sehen, vielleicht folgt im dritten Teil der Isartrilogie eine Fortsetzung dieser utopischen Geschichte.

Das Max-Wehr mit Prater-Insel und Deutschem Museum ▶

Epilog

Drei Tage nach unserem Flug ereignet sich in Japan eine dreifache Katastrophe. Einem der schwersten Erdbeben in der Geschichte des Landes folgte ein gewaltiger Tsunami. In beschädigten Kernkraftwerken kam es vermutlich zu einer Kernschmelze. Eine große nukleare Katastrophe droht. Die Nachrichten aus Japan trafen nach der Fertigstellung des Flugberichtes ein. Auf eine fast schon gespenstische Art und Weise werden hier die zentralen Aspekte dieser Katastrophe vorweggenommen.

»*Viele neuzeitlichen Utopien, vom ›Nova Atlantis‹ bis hin zu den Visionen der Museumsinsel waren dem Ziel der endlosen Ausdehnung humaner Macht durch Naturwissenschaft und Technik verpflichtet. Heute droht jedoch das Projekt der Naturbeherrschung in eine riskante Zerstörung aller natürlichen Flüsse und Kreisläufe – der Biosphäre umzuschlagen.*« (Georg Jochum)

»*Wir können nur eins tun: In der Betrachtung aller Äußerungen unserer Zeit so weit und so tief vorzustoßen, daß uns die dämonischen und zerstörenden Aspekte nicht mehr bannen, so daß wir nicht nur sie sehen, sondern hinter und unter ihnen die unermeßlich starken Keimlinge des Neuen wahrnehmen, für das die einstürzende Welt den Humus liefert.*« (Jean Gebser)

»*Es ist manchmal vorgekommen, daß ein Unglück die schöne Verwaltungsmaschine außer Gebrauch gesetzt hat, und da sie sich nicht mehr instand setzen ließ, hat man sie in Ermangelung von etwas Besserem durch einfache Menschen ersetzt.*« (Saint-Exupéry)

Lassen wir uns von den »dämonischen und zerstörenden Aspekten nicht bannen« und sparen wir uns »Predigen und Mahnen zu Ethos und Moral«. Dennoch gibt es vielleicht so etwas wie eine Moral von der Geschichte. Vieles spricht dafür, daß das Zeitalter der Maschinen und der (Verwaltungs-) Apparate zu Ende geht; der Burnout ist nicht nur in japanischen Kernkraftwerken im Gang. »*Die alte Metapher von der Maschine ist tot, die neue Metapher lautet Netzwerk*«, so Mokka Müller. Ein technisches Netzwerk, das Internet, verdanken wir der elektrischen Energie und der genialen Leistung unserer Ingenieure. Dieses virtuelle Netzwerk verbindet die Menschen auf der ganzen Welt. Was wir brauchen, ist darüber hinaus ein reales Netzwerk realer einfacher Menschen. Netzwerken in komplexen Systemen bedingt Transparenz, d. h., das Projekt der Existenzerhellung muß weitergehen. Das Netz braucht Kohärenz, sonst bricht es an den Schwachstellen, und damit braucht es auch Sinn, der, wie wir wissen, ein anderes Wort für Zusammenhang ist. Wir verwenden deswegen den Ausdruck Sinngesellschaft. Ein gebräuchlicheres Wort lautet Zivilgesellschaft. Bei Peter H. Grassman heißt es hierzu: »*Druck ist eine der vorrangigen Aufgaben der kritisch eingestellten Teile der Zivilgesellschaft, der Teile, in denen sich Kritik, Idealismus und Änderungswünsche bündeln. Druck, im Idealfall gemeinsamer Druck aller auf Nachhaltigkeit ausgerichteten Organisationen kann durchsetzen – auch international mit den neuen Möglichkeiten einer global vernetzten Welt, mit breit angelegten Kooperationen mit den Medien, mit Online-Kommunikation, Internetportalen und aufmerksamer Begleitung der internationalen Politik und Wirtschaftstreffen.*«

Als Pilot mit dem Wissen um die Auftriebserzeugung an einem Flügel, der aus einem Drittel Druck und zwei Dritteln Sog besteht, möchte ich ergänzen: Es bedarf auch des Sogs, der aus den Köpfen der Menschen kommt. Die im Netzwerk gebündelte Intention kann eine neue Art von Synergie erzeugen, ähnlich wie beim Prinzip des Lasers, der schwache Wellen zu einem starken Strahl bündelt. Hier liegt das Prinzip der Selbstorganisation zugrunde, ein Prinzip, das wir auch für unsere neue Utopie der Sinngesellschaft benötigen. Nennen wir das neue Prinzip dafür Sinnergie.

Franz Jakob

Anhang:
Weitere Flugbegleiter:

Saint-Exupéry: Flug nach Arras; Karl Rauch Verlag Ausgabe 2002
Jean Gebser: Ursprung und Gegenwart; dtv 1973
Peter H. Grassmann: Burnout; oekom Verlag 2010
Karl Jaspers: Philosophie II, Existenzerhellung; Springer-Verlag 1973
Georg Jochum: Die Utopische Insel; Die neue Isar, Band IV der Reihe Nymphenspiegel, Oktober 2010
Reinhard Mey: Über den Wolken muß die Freiheit wohl grenzenlos sein
Herbert Rittlinger: Das baldverlorene Paradies; Pollner Verlag 1993

Die letzte Station des »Isarplan« in Bau, März 2011 ▶

Eine Isarbühne den Darstellern des Stückes »Isarplan«

Der »Isarplan«

Bevor sich nun gleich der Vorhang hebt, noch eine kurze Ansage des *Conférencier*: »Verehrtes Publikum, wir freuen uns, Ihnen heute ein sehr facettenreiches und *vielschichtiges* Stück präsentieren zu dürfen, in dem manches zwischen den Zeilen erfaßt werden kann.«

Die *Personage* unseres Ensembles »Isarplan« *schlug immer wieder* Änderungen im Bühnen-Skript *vor:* Das heißt: Leider wurden in den Interviews manche Themen und Inhalte ausgeklammert.

»Mitte des 19. Jahrhunderts begann der systematische Ausbau der Isar – die Ufer wurden befestigt und der unbändige Fluß in ein kanalartiges Korsett gezwungen. Mit Beginn der Wasserkraftnutzung seit Anfang des 20. Jahrhunderts waren weitere regulierende Maßnahmen nötig. (*Ein ausführlicher geschichtlicher Beitrag dazu befindet sich in Band 1* ›Die neue Isar‹, *Anm. der Red.*) Vom Charakter des ursprünglichen Wildflusses war nicht mehr viel übrig.« So eine kurze Darstellung des Wasserwirtschaftsamtes München, der federführenden Behörde bei der Umsetzung des sog. »Isarplan«.

In den 80er-Jahren konkretisierte sich allmählich ein Umdenkprozeß. Die Renaturierung der Isar sei Thema – der sogenannte Isar-Plan geboren worden, erfährt der Leser weiter auf der Homepage des Amtes.

Hauptziele des Isarplans

- Die naturnahe Umgestaltung der Isar
- Die Verbesserung der Hochwassersicherheit
- Die Verbesserung der Erholungsfunktion

»Der ›Isarplan‹ ist ein Gemeinschaftsprojekt der Landeshauptstadt München und des Freistaates Bayern, vertreten durch das Wasserwirtschaftsamt München. Auf einer Strecke von 8 Kilometern wurde (…) die Isar zwischen der Wehranlage Großhesselohe und dem Deutschen Museum naturnah umgestaltet, nebenbei erhalten die Münchner auf diese Weise einen modernen Hochwasserschutz.«

Aus welchen gesellschaftlichen Prozessen heraus wann und wie die ersten konkreten Schritte der Isar-Renaturierung mit Initialzündung im Mühltal, südlich Münchens, stattgefunden hatten, beschreibt ebenfalls ausführlich Band 1 »Die neue Isar«.

In diesem Kapitel erhalten nun anläßlich des Abschlusses der im »Isarplan« ausgearbeiteten Renaturierungsmaßnahmen an der städtischen Isar in München alle am Projekt teilgenommenen Institutionen, Fachreferate und privaten Büros die Gelegenheit der Darstellung ihrer konkreten Aufgaben.

Entscheidungsführende Mitglieder der Planungsgruppe »Isarplan«

- Das Wasserwirtschaftsamt München (Freistaat)
- Das Referat für Stadtplanung der LH München
- Das Baureferat der LH München, mit Stadtgartendirektion
- Das Referat für Gesundheit und Umwelt der LH München
- Die beiden Planungsbüros, auf die jeweils der erste und der zweite Wettbewerbspreis entfielen

Nicht in der Planungsgruppe direkt vertreten, nicht entscheidungsberechtigt, informiert und angehört
In sog. Fachgesprächen ein- bis zweimal jährlich,

- Isar-Allianz
- Bezirks-Ausschüsse der betroffenen Stadtteile

Zum Zeitpunkt des nun folgenden Interviews mit Dr. Klaus Arzet, dem Leiter der Behörde, wurde gerade am letzten und ingenieurstechnisch kompliziertesten Abschnitt des Projekts gearbeitet. In der offiziellen Darstellung des Amtes erfahren wir dazu folgendes: »Die besondere Herausforderung, die der letzte Bauabschnitt an die Planer stellt, liegt in der künftigen Aufteilung des Isarwassers in ›Große und Kleine Isar‹. Dabei müssen sowohl den Anforderungen an einen ausreichenden Hochwasserschutz als auch den besonderen Bedingungen der ›Kleinen Isar‹ Rechnung getragen werden.

Der künftige Wasserzufluß in die ›Kleine Isar‹ wird über ein biologisch durchgängiges (z.B. für Fische), naturnah gestaltetes Nebengewässer geregelt. Die Überleitung von der ›Großen Isar‹ wird dabei so gestaltet, daß der naturnahe Gewässerabschnitt der ›Kleinen Isar‹ mehr Wasser und Geschiebe als bisher erhält, um den dort lebenden Fischen und Kleintieren verbesserte Lebensbedingungen zu bieten.

Nachdem numerische Berechnungen die Strömungsverhältnisse und den Geschiebetransport nicht ausreichend abbilden konnten, wurden an der Versuchsanstalt für Wasserbau in Obernach der Technischen Universität München in Zusammenarbeit mit der Universität Innsbruck mittels eines physikalischen Modellversuchs die Gerinnestrukturen optimiert. Die komplizierten Strömungsverhältnisse und der dynamische Geschiebetransport wurden mit einem Modell im Maßstab 1:20 simuliert. Die ›100-Meter-Isar‹ mitsamt den Brücken wurde dabei originalgetreu und überdacht im Trockenen nachgebaut.«

Ralf Sartori (mit Texten des WWA München)

Interview mit Dr. Klaus Arzet, Leiter des WWA München

Einer technisch-naturwissenschaftlichen Fachbehörde im Bereich des Bayerischen Staatsministeriums für Umwelt und Gesundheit

Prolog:
Als besonders unterstützend und aufschlußreich an der Arbeit zu diesem Kapitel empfand ich, neben den Gesprächen mit den Landschafts-Architekt(inn)en der am »Isarplan« beteiligten Büros, dem Ehepaar Jerney sowie Irene Burkhardt und Oliver Engelmayer, jene mit Dr. Klaus Arzet. Ich würde mich freuen, wenn sich der mit ihm im Vorfeld des Interviews manchmal auch kontrovers geführte Dialog ebenso in gedruckter Form in den nächsten Bänden von »Die neue Isar« noch vertiefen ließe. Daraus könnte mit der Zeit ein ergiebiges Diskussionspapier zum Thema Fluß-Renaturierungen entstehen.

Die Gesprächspartner des folgenden Interviews sind: Dr. Klaus Arzet (im weiteren Verlauf abgekürzt mit (K. A.) und *Ralf Sartori (im weiteren Verlauf abgekürzt mit (R. S.).*

R. S.: *Herr Dr. Arzet, das Wasserwirtschaftsamt München ist an der Umsetzung des »Isarplan« entscheidend beteiligt. Sind Sie mit den bisherigen Maßnahmen rundum zufrieden oder hätten Sie sich persönlich eher einen naturnäheren Entwurf gewünscht?*
K. A.: Mit der Umsetzung bin ich persönlich ganz zufrieden. Ein Kompromiß beinhaltet ja immer mehrere Ideen und Vorschläge, und als so einen muß man letztendlich die praktische Umsetzung heute auch sehen. Aber ich denke, damit ist es uns gelungen, eine im urbanen Bereich angepaßte Renaturierung zu realisieren, die sich stimmig in die Stadt hineinentwickelt. Besonders bemerkenswert erscheint mir, daß dadurch sehr unterschiedlich strukturierte und renaturierte Abschnitte entstanden sind, wo jeder für sich seinen ganz eigenen Reiz entwickelt.
R. S.: *Im Jahr 2002/2003 wurde ein städtebaulicher Wettbewerb zur geplanten Isarumgestaltung im innerstädtischen Abschnitt zwischen der Braunauer Eisenbahnbrücke und der Museumsinsel in München durchgeführt. Der prämierte 1. Preis trug dem Leitbild der Planungsgruppe »Isarplan«*

deutlich weniger Rechnung als andere eingereichte Entwürfe. Sehen Sie das ähnlich?

K. A.: Nein. Man muß unterscheiden zwischen den stadtferneren und innerstädtischen Isar-Abschnitten. Im Süden ist man so weit wie möglich mit einer naturnahen Formensprache an das Gewässer herangegangen. Die Basis hierfür bildeten aus meiner Sicht die zuvor bereits in der freien Landschaft durchgeführten Renaturierungen südlich Münchens (z. B. im Mühltal bei Schäftlarn oder auch bei Wolfratshausen).

Insbesondere der städtische Abschnitt am Flaucher bildete unser Leitbild, an dem wir uns orientierten. Doch ich denke, daß das »Flaucher-Leitbild« sich vor allen Dingen auf den südlichen Teil (zwischen sog. Flaucher und Großhesseloher Brücke) bezog. Der innerstädtische Abschnitt, also zwischen der Braunauer Eisenbahnbrücke und der Museumsinsel, wurde zu Recht als ein besonderer gesehen, weil er sehr stark in die Innenstadt hineinragt und starke städtebauliche Bezüge hat. Deshalb entschied man sich bei der Planungsfindung für einen Wettbewerb.

Der Wettbewerb wurde als anonymer Realisierungswettbewerb ausgelobt mit einem vorgeschalteten Bewerbungsverfahren und letztendlich sieben ausgewählten Beiträgen. Es mußten gewisse Vorgaben erfüllt werden, doch es hieß nicht, es müsse ein »naturalistischer« Entwurf sein. Es war durchaus erwünscht, sich auch städtebaulich mit dem Umfeld auseinanderzusetzen. So ergab sich bei den Wettbewerbsentwürfen eine große Bandbreite. Ein Fluß in der Stadt darf meines Erachtens durchaus auch Bezüge zu seinem städtischen Umfeld haben. Und gerade das bildete ja auch den Reiz, der vom vielleicht mehr städtebaulich geprägten Entwurf des 1. Preisträgers ausging.

R. S.: Selbst bei einem naturnahen Entwurf würden doch weitaus genügend städtebauliche Bezüge aufgrund der bereits vorhandenen flußbaulichen Rahmenbedingungen, die gar nicht verändert werden können, übrigbleiben. Haben wir es im städtischen Umfeld nicht ohnehin schon mit einer sehr architekturlastigen Ausgangssituation zu tun?

K. A.: Daß der 1. Preis-Entwurf aus der Sicht Vieler vermeintlich entgegen der eigentlichen Renaturierungsabsicht stand, war für alle Beteiligten unglücklich. Wir standen vor der Herausforderung, die Situation wieder einzufangen. Denn die Entscheidung des Preisgerichts war vertragsrechtlich bindend. Wir hatten auf einmal eine Situation, die die weitere Umsetzung des »Isarplan« gefährden hätte können. Ein Kompromiß war gefordert, mit dem die Projektpartner, die beteiligten Büros, die Verbände und Bezirksauschüsse und nicht zuletzt die interessierte Öffentlichkeit leben konnte, nachdem der zweite Preisentwurf von Seiten der Verbände und den Bezirksausschüssen favorisiert worden war.

Über ein Mediationsverfahren, das im Baureferat durchgeführt wurde, konnten wir die Situation heilen. Es wurde ein externer Mediator engagiert, und es waren alle am »Isarplan« interessierten Gruppierungen beteiligt, neben dem WWA die beteiligten städtischen Referate, die jeweiligen Planungsbüros, die Isar-Allianz, die Bezirksausschüsse sowie interessierte Bürgerinnen und Bürger. Am Ende des Prozesses stand ein Kompromißvorschlag, der den 1. und den 2. Preisträger berücksichtigte. Aus meiner Sicht eine gute Lösung. Weitere Details zum Wettbewerb, zu den Entwürfen und dem Auswahlverfahren sind übrigens in der von der Landeshauptstat München und dem Wasserwirtschaftsamt München herausgegebenen Broschüre »Ergebnisse des internationalen Wettbewerbs zwischen Braunauer Eisenbahnbrücke und deutschem Museum in München« dokumentiert.

R. S.: *Welche Aufgaben des »Isarplan« fallen in die Zuständigkeit Ihres Hauses?*

K. A.: Wir sind der federführende unter zwei gleichberechtigten Projektpartnern. Beim »Isarplan« handelt es sich um eine Kooperation zwischen dem Freistaat Bayern, vertreten durch das WWA München, das dem Bayerischen Staatsministerium für Umwelt und Gesundheit unterstellt ist, sowie der Landeshauptstadt München, vertreten durch das Baureferat, das Planungsreferat und das Referat für Gesundheit und Umwelt. Diese Vielzahl der beteiligten Institutionen ist durchaus etwas Besonderes. Aus meiner Sicht eines der erfolgreichen kooperativen Projekte, die es im Münchner Stadtgebiet gibt. Die Federführung des Staatlichen Wasserwirtschaftsamtes rührt daher, daß, zu Beginn des Projektes in den 90er Jahren, die Projektpartner sich darauf verständigt haben, daß der Freistaat Bayern 55 % und die Landeshauptstadt München 45 % der Kosten übernimmt. Gemeinsam mit unserem Projektpartner kümmern wir uns im Grunde um alles, was mit der Umsetzung des »Isarplan« zu tun hat. Die Planung von Anfang bis Ende, was wie draußen gebaut wird, die Öffentlichkeitsarbeit, die Abstimmung mit den Planungsbüros und beteiligten Firmen, die Kontaktpflege mit den Verbänden und den Bezirksausschüssen. Alles wird immer einvernehmlich unter den Projektpartnern entschieden.

R. S.: *Hierfür gibt es eine Arbeitsgruppe »Isarplan«, die sich regelmäßig trifft?*

K. A.: Die Arbeitsgruppe trifft sich seit 1995 regelmäßig. In den Zeiten wie jetzt, wo gebaut wird, häufiger als in den Zwischenphasen, wobei in den baufreien Zeiten die weiteren Planungen vorbereitet und diskutiert werden müssen.

R. S.: *Trifft mein Eindruck zu, daß das Wasserwirtschaftsamt München mittlerweile im Wasserbau naturnäher orientiert ist, nicht zuletzt auch auf-*

grund der inzwischen doch schon fast als langjährig zu bezeichnenden Vorgeschichte zahlreicher Projekte und einschlägigen Erfahrungen in der Wasserwirtschaft?

K. A.: Ja und nein, das läßt sich so nicht grundsätzlich sagen. Richtig ist, daß die bayerische Wasserwirtschaft natürlich über eine lange Tradition verfügt, was den Wasserbau anbetrifft. Der naturnahe Wasserbau kommt zum Zug, wo es aus räumlichen Gründen möglich ist, der »klassische« ingenieurstechnische, wo es aus Sicherheitsgründen erforderlich ist. Das Bayerische Landesamt für Umwelt, ehemals Landesamt für Wasserwirtschaft, hat als Landesfachbehörde konzeptionell maßgeblich daran mitgewirkt, daß sich der naturnahe Wasserbau in Bayern auch in der Praxis immer mehr durchgesetzt hat, z. B. durch die Einführung von sogenannten Gewässerentwicklungskonzepten. Das, was die Wasserwirtschaftsämter heute draußen im naturnahen Wasserbau umsetzen, kam nicht über Nacht und hat eine lange Vorgeschichte. Manches mußte ausprobiert und wieder verworfen werden. »Learning by doing« könnte man auch sagen.

In den siebziger und achtziger Jahren waren die Problemstellungen an unseren Flüssen noch ganz anderer Natur. Da ging es in erster Linie um Fragen der Wasserqualität, der Abwasser- und Nährstoffbelastung, also um qualitative Aspekte, die dem Betrachter von außen erst einmal einfallen, wenn es um das Element Wasser geht. Als diese zufriedenstellend gelöst waren, wurden die morphologischen Defizite offensichtlich und wir konnten uns mehr den Gewässerstrukturen zuwenden.

R. S.: Welche konkreten Maßnahmen hat die Wasserwirtschaft denn in dieser Zeit ergriffen, um die Wasserqualität in den Fließgewässern zu verbessern?

K. A.: In die Zeit der siebziger und achtziger Jahre fällt der maßgebliche Ausbau der Abwasserentsorgung und der Kanalisationen durch die Städte und Gemeinden, der von den Wasserwirtschaftsbehörden des Freistaates tatkräftig finanziell und fachlich gefördert wurde. Eine Erfolgsgeschichte der bayerischen Wasserwirtschaft, wie wir heute wissen, wenn man aktuell die Wasserqualität unserer Flüsse und Seen betrachtet bzw. die alten Gewässergütekarten miteinander vergleicht. Eine Geschichte, die übrigens mit der Wiederherstellung der Badegewässerqualität in der Isar ihren vorläufigen Höhepunkt erreicht hat. Nicht umsonst spricht man an der Isar vom längsten Badestrand nördlich der Alpen.

R. S.: Empfinden Sie Art, Formen und Umfang der bisherigen Umsetzung aller wasserbaulichen Renaturierungsmaßnahmen an der Isar, die in Ihren Zuständigkeitsbereich fallen, als ausreichend und zufriedenstellend?

K. A.: Ich glaube, die Entwicklung der letzten Jahrzehnte geht in die richtige Richtung. Der traditionelle technische Wasserbau hat bei uns deutlich sichtbare Spuren in der Landschaft hinterlassen. Sicherlich wird es mehrere Generationen brauchen, um all unsere Flüsse und Bäche wieder in einen naturnäheren Zustand zu versetzen. Insofern betrachte ich die heutige Situation unserer Renaturierungsanstrengungen an unseren Gewässern als eine Momentaufnahme. Die Gewässer müssen und werden sich weiter in Richtung mehr Naturnähe verändern. Und ganz wichtig, unsere Maßnahmen heute tragen überhaupt erst dazu bei, daß sich Flüsse und Bäche wieder selbst in Richtung eines naturnäheren Zustandes entwickeln können.

R. S.: *Ein halbwegs aufmerksamer Isarspaziergänger bemerkt schnell an manchen Stellen eine etwas betonlastige »Handschrift« bei der städtischen Isar-»Renaturierung«. Wie ist diese zu erklären und war das in einem solchen Ausmaß wirklich erforderlich?*

K. A.: Beton und massiven Steinsatz verwenden wir nur dort, wo es absolut unentbehrlich ist, stabile Strukturen erforderlich sind und letzten Endes auch die Sicherheit vorgeht z. B. im Bereich von Brückenbauwerken, Unterdükerungen oder Einleitungsbauwerken. Es ist einfach so, daß die naturnahe Bauweise, die zum Teil auch hier beim »Isarplan« mit entwickelt wurde, aus historisch begründeter Erfahrung und gesunder Vorsicht nicht überall in der Stadt verwendet werden kann.

R. S.: *Worin besteht langfristig gesehen Ihre persönliche Vision, einerseits für die Gesamt-Isar, andererseits für die Isar-Abschnitte, auf die der »Isar-Plan« konkret Bezug nimmt, auch losgelöst von den aktuellen Vorgaben?*

K. A.: Alle Isar-Projekte, im Mühltal bei Schäftlarn, der »Isarplan« oder das »Gewässerentwicklungskonzept Mittlere Isar« tragen dazu, daß sich die Vision einer naturnäheren Isarlandschaft in Zukunft weiterentwickeln kann und mehr und mehr zur Wirklichkeit wird. Die Projekte, wie sie bis jetzt verwirklicht wurden oder sich in Umsetzung befinden, stellen die Weichen für eine über weite Strecken naturnähere und gewässerökologisch deutlich aufgewertete Isar, die biologisch durchgängig ist, mit vernetzten Nebengewässern, Raum für dynamische Eigenentwicklung, Geschiebeeintrag durch Seitenerosion, Kiesbänken und -inseln sowie einer Strukturvielfalt, die naturnahe Flüsse auszeichnet.

R. S.: *Gehen Sie derzeit von einer möglichen »Phase 2« des »Isar-Plans« aus?*

K. A.: Nein. Wir werden den »Isarplan« in 2011 abschließen. Damit wird ein großes und erfolgreiches Projekt beendet, das ca. 35 Millionen Euro gekostet haben wird. Wie ich finde, 1995 mit 55 Mio. DM angesetzten Kosten ganz gut geschätzt. Es wird nur deshalb teurer, weil wir unkalkulierbaren Aufwand hatten, z. B. hinsichtlich der Entsorgung von Altablagerungen im Vorland der Isar. Unterm Strich eine für mich lohnenswerte Investition. Damit wird ein Projekt abgeschlossen, das in dieser Weise erst einmal für die Landeshauptstadt München und den Freistaat Bayern stimmig und in seiner Art einzigartig ist. Vorderhand sollten wir beobachten, was sich in den nächsten Jahren am Fluß entwickelt. Schauen Sie sich z. B. die südlichen Außenbereiche an, die seit 2005 eine aus meiner Sicht geradezu sensationelle Entwicklung genommen haben. Eine ähnliche Entwicklung wird man, wenn auch abgeschwächt, weiter in der Stadt etwas südlich vom »Flaucher« oder in Teilen in der Innenstadt, zumindest am Ostufer beobachten können. Und wir sind gespannt, wie das von der Bevölkerung angenommen wird. Möglicherweise wird es da und dort noch Nacharbeiten geben müssen z. B. bei der Anbindung der Großen an die Kleine Isar, aber eine »Isarplan-Phase 2« ist derzeit kein Thema.

Bis zum »Oberföhringer Wehr« sind es vom Deutschen Museum aus etwa 5 km. Vertreter von Verbänden und einzelne Stadtpolitiker sprechen sich dafür aus, die Renaturierung bis zum »Oberföhringer Wehr« weiterzuführen. Die Entwicklungsmöglichkeiten im Gewässerbett in diesem Abschnitt sind auf Grund der städtebaulichen Entwicklung sehr begrenzt und nicht vergleichbar mit den südlichen Abschnitten. Wenn überhaupt finden sich in diesem Abschnitt nur sehr eng begrenzte Einflußmöglichkeiten im Gewässerbett. Es gibt hierfür aber keinerlei Vorüberlegungen oder gar Planungen.

R. S.: Gibt es Überlegungen, den Bereich um das Deutsche Museum herum stadtplanerisch bzw. flußbaulich noch mehr in das Projekt »Isarplan« einzubinden?

K. A.: Der »Isarplan« endet an der Corneliusbrücke und bezieht das Cornelius-Streich-Wehr mit ein. Somit endet das Projekt bereits südlich des Deutschen Museums. Natürlich werden die Maßnahmen, wie die Öffnung eines neuen Seitenarmes in die Kleine Isar und damit ein permanenter oberflächlicher Zufluß von der Großen zur Kleinen Isar, zu deutlich sichtbaren Veränderungen und Auswirkungen in diesem Bereich führen. Bisher wurde der Zufluß zur Kleinen Isar bei niedrigen Abflüssen bis 5 m^3/s über eine Düker-Leitung bewerkstelligt. Künftig wird der Zufluß über eine aufgelöste Rampe erfolgen. Die landschaftliche und städtebauliche Attraktivität der Isar im Umfeld der Museumsinsel wird zweifellos zunehmen.

R. S.: Wann wird das Projekt abgeschlossen?

K. A.: Wir hoffen, den letzten Bauabschnitt im Juni 2011 abschließen zu können. Im Wasserbau weiß man ja nie genau, was auf einen zukommt, letztendlich sind wir immer davon abhängig, wie sich die Witterungsbedingungen und damit verbundene Hochwasser-Ereignisse entwickeln. Wir hatten Anfang diesen Jahres lediglich leicht erhöhte Abflüsse. Und das führt dann gleich für ein paar Tage zur Baueinstellung. Denn ab einem Abfluß von 150 m³/s geht auf der Baustelle nichts mehr. Nichtsdestotrotz wir sind optimistisch, das Projekt bis zum Sommer diesen Jahres fertigzustellen.

R. S.: *Könnte man künftig nicht noch mehr Natur an der städtischen Isar zuzulassen? Ich denke, eine diesbezügliche Akzeptanz in der Bevölkerung hat, verglichen mit der Zeit, als mit dem »Isarplan« begonnen worden war, stark zugenommen.*

K. A.: Ich meine, daß die städtische Isar mit ihrem derzeitigen Erscheinungsbild den Maßstäben eines naturnäheren Flusses in der Stadt sehr entgegenkommt. Wie bereits erwähnt, wir werden es erleben, wie die Isar das vermehrte Platzangebot in den kommenden Jahren annimmt. Auch im Hinblick auf die Nutzungen wird sich noch einiges verändern. Für mich geht es in Zukunft auch darum, daß wir lernen, mit diesem naturnäheren Fluß in der Stadt angemessen und respektvoll umzugehen. Will sagen, die Isar zieht heute viel mehr Menschen als früher an, was natürlich auch zu Problemen wie z. B. der Vermüllung, nicht nur an den Konzentrationspunkten, führt. Hier hoffen wir mit der Landeshauptstadt München, z. B. durch gezielte Information, in Zukunft noch etwas zum Positiven bewegen zu können.

R. S.: *Südlich der Landeshauptstadt, im Mühltal, hat sich die Isar weiter eingetieft. (Über dieses Thema wird, an anderer Stelle, noch ausführlicher zu sprechen sein.) Doch nördlich Münchens liegt die Isar noch tiefer in ihrem Bett. Das Wasserwirtschaftsamt München begann schon früh, Wehre und Sohlabstürze für Fische durchgängig zu gestalten. Hier ist schon viel geschehen. Doch die Mittlere Isar liegt heute tief unter dem Auwaldniveau. Welche Möglichkeiten sehen Sie aus dieser Perspektive für den Fluß insgesamt und für den Abschnitt nördlich von München?*

K. A.: Unterhalb des »Oberföhringer Wehrs« beginnt der lange Flußabschnitt bis Moosburg, in dem seit 2001 das »Gewässerentwicklungskonzept für die Mittlere Isar« umgesetzt wird. Auf dieser Laufstrecke wird es in den kommenden Jahren noch viele Renaturierungsmaßnahmen wie z. B. die Entnahme von Uferverbauungen, den Umbau von Sohlabstürzen in aufgelöste Rampen und die Rückverlegung von Deichen geben.

Das Konzept ist Teil eines Vertrages, den der Freistaat Bayern mit der E.ON-Wasserkraft zur weiteren Nutzung des Mittleren Isar-Kanals vereinbart hat. Die Maßnahmen der Renaturierung werden von E.ON-Wasserkraft zu 75 % mit finanziert. Im letzten Jahr haben wir z. B. das fast 4 m hohe

Mollwehr bei Unterföhring in eine Blocksteinrampe umgebaut und für Fische passierbar gemacht. In diesem Jahr werden wir am Oberföhringer Wehr eine Fisch-Wanderhilfe erstellen und das derzeit für Flußbewohner noch unüberwindbare Ismaninger Wehr umbauen.

Insgesamt betrachtet gibt es inzwischen immer mehr renaturierte Isar-Abschnitte, wie das »Mühltal bei Schäftlarn«, den »Isarplan« und an der Mittleren Isar vom Oberföhringer Wehr flußabwärts, die mehr und mehr zusammenwachsen und eine wichtige ökologische Funktion für den Gesamtfluß übernehmen. Ich meine, das ist summa summarum eine gute Entwicklungsperspektive für die Isar insgesamt vor dem Hintergrund der gesellschaftlichen Rahmenbedingungen.

R. S.: Läuft uns hier die Zeit nicht davon, da sich die in der Flußdynamik bestehenden negativen Tendenzen ständig weiterverstärken, falls man nicht gegensteuert? Nehmen wir als Beispiel die fortschreitende Flußeintiefung an der Isar mit ihren negativen Auswirkungen auf die Auwaldbereiche, z. B. nördlich von München. Die ehemalige Weichholzaue ist größtenteils in eine Hartholzaue umgewandelt. Diesen Prozeß umzukehren, wird immer schwieriger, je länger man die dafür nötigen Maßnahmen aufschiebt.

K. A.: Es ist nicht möglich, diese Prozesse grundsätzlich wieder umzukehren. Dazu hat der Mensch zu sehr in die Naturlandschaft eingegriffen und eine Kulturlandschaft geschaffen. Alles, was uns hinsichtlich der Problematik der Eintiefung und Erosion der Gewässersohle gelingen kann, ist, sie zum Stoppen zu bringen. Mit geeigneten morphologischen Maßnahmen kann man die Tiefenerosion des Flusses aufhalten und ihn stellenweise vielleicht sogar zu einer Anhebung der Gewässersohle bewegen. Doch das Flußsystem ist und bleibt durch den Bau des Sylvensteinspeichers und die flußbaulichen Begradigungen der Vergangenheit nachhaltig gestört. Der Raum für einen natürlich verzweigten Flußtyp in früheren Dimensionen von einigen hundert Metern steht nicht mehr zur Verfügung. Der früher wilde Fluß ist in Teilen im Abfluß reguliert, das nötige Geschiebe wird zurückgehalten und auch über die Seitenerosion und die Seitengewässer wird nicht genügend Geschiebe nachgeliefert.

R. S. Wie sieht es im Bereich zwischen dem »Georgenstein« (unterhalb Baierbrunn) und der Großhesseloher Brücke aus, gibt es dafür Konzepte, wie sich in diesem Abschnitt die natürliche Situation der Isar noch verbessern läßt?

K. A.: Südlich des Wehrs Großhesselohe hat man im Zuge der Sanierung des Isar-Werkkanals versucht, die Uferstrukturen durch begleitende Nebenrinnen zu verbessern. Diese hat die Isar leider nicht angenommen. Sie sind durch die Flußdynamik inzwischen weitgehend verlandet. Am Wehr Höllriegelskreuth soll die biologische Durchgängigkeit mittels einer Rampe oder eines technischen Aufstiegs hergestellt werden. Das ist noch nicht abschließend entschieden. Weitere Maßnahmen sind derzeit nicht geplant.

R. S.: Die bisherigen Ergebnisse der Renaturierungsmaßnahmen an der städtischen Isar sind weitgehend gelungen. Manches dabei wurde erprobt oder beobachtet, was die Isar daraus macht, vor allem nach Hochwasserereignissen. Einiges wurde danach auch belassen oder nachgearbeitet. Besonders gut gefallen mir persönlich die aktuellen Nachgestaltungen der Uferlinien mancherorts mit Flußbausteinen im Bereich neu entstandener Buchten zwischen der Brücke Großhesselohe und Marienklausensteg. Dadurch sind ästhetisch sehr ansprechende, beinahe gartengestalterische Uferabschnitte entstanden. Möchten Sie darauf kurz eingehen?

K. A.: Gemeint sind die bereits angesprochenen, besonders naturnah anmutenden Bereiche in der Pilotstrecke südlich des Marienklausenstegs, die auch mir sehr gut gefallen. Es sind gelungene Entwicklungsbeispiele mit Hilfe von Mensch und Natur, die zeigen, worauf es beim »Isarplan« ankommt. Wo und in welchem Abschnitt befinde ich mich? Am Stadtrand südlich des Tiergartens mit vielen Entwicklungsmöglichkeiten, wo es nach und nach schon in den Naturraum hineingeht, oder im eng begrenzten Stadtraum in der Innenstadt z. B. beim Deutschen Museum? Daß sich diese Abschnitte in der Ausprägung ihrer Naturnähe deutlich voneinander unterscheiden müssen, versteht sich von selbst. Nach dem Hochwasser auf natürliche Weise neu entstandene Strukturen werden sorgfältig überprüft und wenn möglich belassen, sofern Sicherheitsgründe oder Nutzungsanforderungen dem nicht entgegenstehen.

R. S.: Sicherlich hätte man dort aber auch noch Potentiale gefunden, naturnäher zu gestalten. Auch im Stadtbereich muß das kein Fehler sein. Zumindest sehe ich die Notwendigkeit nicht, daß die Isar nördlich der Braunauer Brücke unbedingt so geradlinig verlaufen muß, wie das nach der Renaturierung noch der Fall ist, nachdem sie von ihrem Korsett befreit und die Uferlinie wassernah abgesenkt wurde. Eine schnurgerade Aneinanderreihung von Flußbausteinen, die auch noch alle fast die gleiche Größe aufweisen, wie man das auf manchen Innenstadt-Strecken findet, wirkt weder sehr natürlich, noch architektonisch interessant im Sinne eines gewollten urbaneren Erscheinungsbildes.

K. A.: Auch im innerstädtischen Bereich bauen wir naturnah aus, z. B. mit der Absenkung der Ufer an der Ostseite, wo dies möglich ist und die vorhandene Nutzung, die dort ja eine andere ist als im Südteil, es zuläßt. Noch einmal, man muß der Isar Zeit geben und in Zukunft beobachten, wie sich diese Bereiche entwickeln. Daß der erwähnte südliche Abschnitt landschaftsästhetisch so prächtig in Erscheinung tritt und so viele ökologisch wirksame Strukturen aufweist, ist dem großen Hochwasser von 2005 und in der Folge den kleineren Hochwässern danach zu verdanken. Es zeigt, wie wichtig die das Flußbett gestaltenden Abflüsse für den Fluß sind. Wir müssen nicht alles selbst machen. Dann tritt genau das ein, was wir bezweckt haben. Der Isar in gewissen Grenzen wieder mehr Raum zu mehr Eigendynamik zu lassen, dort wo es mit den Sicherheitsinteressen und den Nutzungen vereinbar ist. Und im Bereich zwischen Großhesselohe und Marienklausensteg ist das in besonders harmonischer Weise gelungen.

R. S.: Sehen Sie die Isar-Renaturierung als zwingende Konsequenz eines veränderten Denkens und somit einer veränderten Zeit oder ist speziell die Isar nur eine Diva mit vielen Freunden, die das politische Vorfeld bestellten?

K. A.: Umweltpolitisch ausschlaggebend gegenüber früher ist: Es gibt heute die wasserwirtschaftlich geprägte »Europäische Wasserrahmenrichtlinie« und die »Flora-Fauna-Habitat-Richtlinie« des Naturschutzes, die beide das Verschlechterungsverbot sowie das Verbesserungsgebot beinhalten und revitalisierte Flüsse und Lebensräume einfordern. Flüsse werden heute mehr oder weniger überall in Bayern renaturiert, aber nicht überall sind die Rahmenbedingungen gleich und ist es in gleichem Maße möglich wie an der Isar.

Die Renaturierung von Flüssen sowie die strengeren Richtlinien sind gewiß auch auf die Entwicklung eines erweiterten ökologischen Bewußtseins in einer veränderten Zeit zurückzuführen. Die spezielle Situation an der Isar und in München spielt natürlich auch eine Rolle. Die Isar ist sicherlich ein besonderer Fluß für Bayern und München, nicht nur historisch betrachtet. Bereits Anfang des 20. Jahrhunderts entstanden Vereine wie die »Isarfreunde« oder der »Isartalverein«, die sich damals und bis heute für den Naturraum Isar einsetzen. Nicht zuletzt als Reaktion auf die Auswirkungen der Stromgewinnung durch Wasserkraft der von Oskar von Miller an der Isar initiierten Ausbaumaßnahmen. Aus dieser Perspektive heraus lassen sich die Renaturierungsmaßnahmen von heute auch als eine Fortführung der Tradition verstehen, um den Naturraum Isar zu schützen.

R. S.: Wer waren eigentlich die treibenden Kräfte aus Ihrer Sicht? Die Arbeit der »Isar-Allianz« hat sicherlich die Renaturierung der Isar mehr als nur beflügelt.

K. A.: Wenn wir die einzelnen Projektabschnitte anschauen, »Isar im Mühltal«, »Isar in München« oder die »Mittlere Isar«, dann ist es definitiv so, daß es viele treibende Kräfte gab und gibt. Um große Projekte dieser Art auf den Weg zu bringen, müssen viele tatkräftig über einen längeren Zeitraum positiv zusammenwirken. Hier sind alle zu nennen, die in der einen oder anderen Weise beteiligt sind: die Verbände, die Fach- und Genehmigungsbehörden, die Planungsbüros, die Landes- und Kommunalpolitik, die Wasserkraftunternehmen, um einige wichtige Akteure anzuführen. Unbestritten haben die in der »Isar-Allianz« organisierten Verbände eine wichtige Rolle inne. Ich schätze die »Isar-Allianz« als einen wichtigen Mitspieler und ich meine, wir pflegen einen guten Kontakt. Es ist eine große Leistung, teilweise sehr unterschiedliche Verbände unter einem Dach zu vereinen. Die »Isar-Allianz« übernimmt den Part des Freidenkers, wenn es darum geht, die Position zu beziehen: »Wir müssen das größtmögliche Maß an Natürlichkeit an unseren Flüssen wiederherstellen.« Und ich stelle fest, daß die Zusammenarbeit mit den Behörden im Laufe der Projekte durchaus gereift ist und dieser Aspekt noch entwicklungsfähig ist. Die Kooperation mit Verbänden ist für uns heute eine Selbstverständlichkeit. Ich würde mir jedenfalls wünschen, daß die »Isar-Allianz« auch weiterhin unsere Wasserbauprojekte durchaus auch kritisch begleitet, nicht nur in München und im Mühltal, sondern auch an der »Mittleren Isar«.

Andererseits müssen wir als technisch-naturwissenschaftliche Behörde deutlich sagen, was machbar ist, und die aus unserer Sicht kritischen Punkte ansprechen, wenn wir etwas weder verantworten, noch finanzieren oder aus anderen Gründen nicht mitgehen können. Das gehört bei einem kooperativen Dialog mit dazu.

R. S: Wie ist die Zusammenarbeit mit den Verbänden der »Isar-Allianz« organisiert?

K. A.: Die Isar-Allianz gehört zu unseren festen und regelmäßigen Gesprächspartnern. Es gibt hierfür einen eigens eingerichteten Kreis, das sogenannte »Experten-Gespräch«. Es findet regelmäßig statt, etwa zweimal pro Jahr, bei Bedarf auch häufiger. Beteiligt sind Experten der Isar-Allianz, in München aber auch die jeweiligen örtlichen Vertreter der Bezirksausschüsse. Und darüber hinaus nehmen wir jede Gelegenheit wahr, uns regelmäßig z. B. bei Ortseinsichten oder bei anderen fachlichen Anlässen auszutauschen.

R. S.: Lassen Sie uns noch kurz über die Wasserkraftnutzung und die Mindestwasserabflüsse in der Isar sprechen. Wieviel Wasser bekommt die Isar in ihren Ausleitungsstrecken?

K. A.: Im einzelnen wurden inzwischen für fast alle Isar-Abschnitte südlich und nördlich von München sowie in der Stadt sog. gestaffelte Mindestwasserabflüsse mit den Wasserkraftnutzern, also der E.ON-Wasserkraft und im städtischen Bereich mit den Stadtwerken München, vereinbart. Nämlich 13 bis 17 m³/s im Mühltal, 8 bis 19 m³/s von Höllriegelskreuth bis in die Stadt-Isar sowie 11 bis 22 m³/s in der Mittleren Isar. Die Mindestwasserführung wurde damit über weite Fließstrecken gegenüber früher deutlich verbessert und entspricht im Prinzip der hydrologischen Verteilung des Jahresabflusses. In der wasserärmeren Zeit im Winter wird weniger abgegeben und im Gegenzug im Sommer entsprechend mehr. Das ist meines Erachtens durchaus sinnvoll.

Im Ergebnis geht es mehr denn je darum, die Interessen der regenerativen Energie-Erzeugung aus Wasserkraft mit den Bedürfnissen der Flußökologie sowie der Freizeitnutzer mit ihren unterschiedlichsten Aktivitäten an der Isar in Einklang zu bringen. Angesichts des zuletztgenannten Gesichtspunktes wird im Winter z. B. in München auch nicht soviel Wasser benötigt. Die Vereinbarungen für die einzelnen Abschnitte wurden individuell getroffen, auf der Basis fachlich interdisziplinär ausgerichteter Expertisen, sogenannter »Restwasserstudien«, diese sind aber für den Abschnitt Höllriegelskreuth bis nach München noch nicht endgültig rechtsverbindlich.

Ziel ist ein durchgängiges Abflußband in der Isar mit ökologisch angepaßten Mindestabflüssen vom »Mühltal« bis zur »Mittleren Isar«. Hier sind wir auf einem guten Weg.

Herr Dr. Arzet, ich danke Ihnen für das Gespräch.

Ralf Sartori

Die Neue Isar – Ende des Leidensweges?

Der Einfluß des Wassers und der Menschen auf die Gewässer

Kaum ein anderes Element hat unsere Erde so sehr geformt: Das Wasser und, in seinem anderen Aggregatzustand, das Eis haben gerade im alpinen Bereich die Landschaften geprägt. Die durch das voralpine Land nach München brausende Isar war den Menschen unheimlich, mit ihren weit verzweigten ständig wechselnden Armen, die im Hochwasserfall alles anschwemmte, Bäume, Hütten und Schweine ... Die Isar war ein Hort der Unordnung, den Fluß zu bändigen, ein Urtrieb der Menschen an ihren Ufern und ganz besonders der Münchner Bürger. Es gelang zunächst, durch Ableiten und Abtrennen einiger Isararme, einen Teil des Isarwassers den Münchner Handwerksbetrieben zuzuleiten. Die Isararme wurden kanalisiert und als Teil der Befestigungsanlagen zum Schutz der Stadt um diese herumgeführt. Die Stadtbäche dienten nicht nur der Krafterzeugung, sie wurden auch auf einfachste Art zur Entsorgung von Abfällen und Abwasser genutzt.

Die Nutzung der Fließgewässer ist eng mit der Entwicklung des Menschen verbunden. Als Verkehrswege und als Nahrungsquelle wurden sehr früh die Flüsse genutzt. Mit zunehmenden technischen Möglichkeiten griff man in die Gewässer direkt ein, begann mit zunehmender Intensität den Lauf und das Fließverhalten zu verändern. Zunächst war der menschliche Einfluß moderat, ab dem 19. Jahrhundert, und sehr intensiv um die Wende zum 20. Jahrhundert, wurden die Fließgewässer zur Energiegewinnung und als Verkehrsadern genutzt, aufgestaut und abgeleitet. Nach dem 1. Weltkrieg steigerte sich der Energiebedarf um ein Vielfaches. Das war die Zeit, in der auch die Isar ihre stärkste Veränderung erfuhr. Wasserkraft war die Form der Energiegewinnung, die für die aufgekommene Stromnutzung sehr gut geeignet war.

Der bedingungslose Fortschrittsglaube der damaligen Zeit und der Energiehunger der Wirtschaft erlaubten nur eine geringe Gegenwehr gegen die sich abzeichnenden Veränderungen. Gegen das Anlegen der Isar-Seitenkanäle und die Ableitung des Isarwassers zu den Kraftwerken regte sich immerhin unter dem Begriff Heimatschutz ein noch vorsichtiger Widerstand, der letztendlich zur Gründung des Isartal-Vereines unter Gabriel von Seidl führte.

Der Isar-Kanal wurde dann durch diese ersten Naturschutzbemühungen immerhin nicht gerade gebaut, sondern dem Verlauf der Isarhänge angepaßt.

Ein zweiter sich abzeichnender Gewässerausbau setzte nach dem 2. Weltkrieg ein. Der wirtschaftliche Neuaufbau Westdeutschlands und das Wirtschaftswunder ließen keinen Raum für Natur- und Umweltschutz zu. Erst nach Erreichung eines hohen wirtschaftlichen Standards gab es, angespornt durch Naturschutzverbände und gestützt auf wenige weitsichtige Politiker, erste Versuche einer Rückbesinnung.

Mehr als 30 Kraftwerke behindern heute den Lauf der Isar und nutzen deren Wasser zur Energieerzeugung. Vielfach wird es in Kanälen ausgeleitet, um so ein höheres Gefälle in den Kraftwerken nutzen zu können. Nur an wenigen Stellen führt die Isar noch ihre normale Wassermenge. Die längste dieser sogenannten Ausleitungsstrecken beginnt nördlich von München und endet oberhalb Landshuts. Über 75 Kilometer wird der Isar dort Wasser entzogen, die Folgen sind eine Eintiefung von bis zu acht Metern, trockenfallende Auwälder und der Bau zahlreicher Wehre und Sohlstufen gegen eine weitere Sohleintiefung: für die Isar eine ökologische Katastrophe. Da durch die Wehre und Kraftwerke zudem das gesamte Geschiebe aus den alpinen Tälern zurückgehalten wird, kann die Situation auf natürlichem Wege nicht mehr verbessert werden. Nach Landshut ist die Isar nur noch eine triste monotone Kette von Stauseen. Erst wenige Kilometer vor ihrer Mündung in die Donau läßt der Zugriff des Menschen nach. Kanalisiert, mit versteinten Ufern fließt sie durch den letzten Rest der einstigen ihren Lauf begleitenden Auwälder.

Die Isar ist ein kranker Fluß. Im Gegensatz zum Lech und zum Inn kann ihr wenigstens auf Teilstrecken, eben, wo das Wasser abgeleitet wird, geholfen werden. Dort waren und sind weiterhin Ansätze für eine Renaturierung möglich.

Die ersten Bemühungen am Krankenbett der Isar – 1970 bis 1985

Mit dem zunehmenden Interesse der Öffentlichkeit an der Umwelt und deren Schutz regten sich erste Stimmen aus der Öffentlichkeit und der Presse, zu einer Umgestaltung der Isar und deren begleitender Landschaft. Der erste »Isarplan« wurde vom Bergschriftsteller Walter Pause 1970 aufgestellt, seine Anregungen umfaßten die Isar südlich von München bis Bad Tölz. Unter dem Begriff »Pauseplan« wurde eine mögliche Umgestaltung des Isartals zu einem Erholungspark jahrelang kontrovers diskutiert. Der Isartalverein gibt in dieser Zeit ein Gutachten in Auftrag und fordert den Stop der Verbauung im Isartal. Gleichzeitig fordert der Landschaftsarchitekt Prof. Alwin Seifert den Rückbau aller Querbauwerke und der Kraftwerke an der Isar. Im Juni 1972 stellt der SPD-Landtagsabgeordnete Kaup an die Staatsregierung den Antrag, sie möge prüfen welche »Umwandlungsvorgänge« an der Isar vollzogen werden könnten und fordert einen Forschungsauftrag. In Ihrer Antwort verlangt die Regierung erstmals ein Leitbild für die Isar und mehr Wasser unterhalb Oberföhrings.

Anfangs 1973 stellt der Bund Naturschutz mit dem Postulat »Rettet die Isar jetzt«, zusammen mit den Fischern, die innerstädtische Isar wieder in den Mittelpunkt und fordert mehr Wasser aus den städtischen Werkkanälen, die »Minikraftwerke« kommen immer mehr in Mißkredit. Die Fischer wollen vor allem sauberes Wasser und prangern die ungenehmigten Regenauslässe an. Walter Pause beklagt im Februar 1973 das zunehmende Desinteresse an seinem Plan.

An der oberen Isar formiert sich starker Widerstand gegen die Ableitungen in Krün und am Rißbach. Am 17. November 1974 lädt die SPD Bad Tölz zu einer überparteilichen Podiumsdikussion zum Thema »Rettet die Isar jetzt«. Eingeladen sind mehrere Staatsminister, die Bürgermeister des Isartales, Vertreter der Naturschutzverbände und die Fischerei- und Sportverbände. Prof. Dr. Otto Kraus schildert mit Filmen und Lichtbildern die »Notsituation« der Isar und zeigt die Veränderungen des Wildflusses Isar in einem historischen Kontext. Die Veranstaltung ist gleichzeitig die Gründungsveranstaltung der »Notgemeinschaft Rettet die Isar jetzt«. Der Verein führt über Jahre einen hartnäckigen Kampf für mehr – und auch sauberes Wasser für die Isar, erst im Mai 1990 wird die Gemeinschaft belohnt, als die Bayernwerke 4,8 Kubikmeter/Sek. in die Isar abgeben müssen.

Im Wahlkampfjahr 1970 hatte die Staatsregierung noch mit einem Regierungsprogramm »Freizeit und Erholung« gekontert, das dann allerdings sang- und klanglos, wie auch der Pauseplan, aus der öffentlichen Diskussion verschwand. Die Münchner Stadtratsfraktion der CSU läßt allerdings nicht locker und spricht im Mai 1974 von einer Wiederherstellung eines natürlichen Flußlaufs innerhalb der Hochwasserdämme, sie bringt eine Fußgängerbrücke zwischen Wittelsbacher- und Reichenbachbrücke ins Gespräch.

Die Rückführung von Wasser in das Naturbett der Isar schwelt weiterhin durch Politik und Presse, bis 1985 erstmals in Verhandlungen zwischen Staatsregierung und Bayernwerk, Wasser für die Isar abzuzweigen, Realität wird. Zunächst allerdings nur unterhalb Krün, aber der Bann war gebrochen; in der Folge sollten weitere Verhandlungen folgen. mit dem Ziel mehr Wasser in das Naturbett der Isar einzuleiten.

Der erste »Isarplan« – die Vorgeschichte – 1985 bis 1989

Erste Ansätze eines Isarplans gehen auf das Jahr 1985 und auf die Stadtratsfraktion der SPD zurück. Kernpunkte eines 32 Forderungen umfassenden Antragspakets sind die Beseitigung des »Betonkorsetts«, die Erhöhung der Wasserführung und die Rücknahme der »Flußzerstörung« zwischen Großhesselohe und Reichenbachbrücke.

Interessant ist die Diskussion in dieser Zeit über das Auflassen der städtischen Wasserkraftwerke, deren Leistung als gering eingestuft wurde. Nicht Wenige waren der Meinung, man sollte sie zu Bierburgen umbauen oder einfach wegreißen.

Im Juni 1986 entscheidet der Stadtrat einhellig über den vom Planungsreferat vorgelegten »Isarplan der Verwaltung«. Kritik regt sich nur deshalb gegen den Plan, weil die Wildflußlandschaft künstlich angelegt werden sollte. Zwei Jahre später stellt der »Gemeinsame Arbeitskreis der CSU-Kreisverbände« eine Dokumentation vor und argumentiert auf der Basis der neuen Wassergesetze zugunsten einer besseren Wasserführung für den gesamten Isarlauf zwischen Krün und Landshut. Auf den Auslauf der Betriebserlaubnis für das Kraftwerk »Mühltal« im Jahre 1994 wird in dieser Dokumentation erstmals hingewiesen.

Entsprechend dem Stadtratsauftrag vom 18.02.1987 wird vom Planungsreferat, zusammen mit dem Baureferat und dem Umweltschutzreferat, am 21.07.1987 ein Colloquium zum Isarplan durchgeführt. Aufgrund der Ergebnisse dieses Colloquiums beschließt der Stadtrat am 30.11.1988, die Planungen fortzuführen und der Öffentlichkeit vorzustellen.

Im Juni 1989 richtet Oberbürgermeister Kronawitter eine Bitte an alle Münchnerinnen und Münchner um rege Mitarbeit am bereits weit gediehenen ISAR-PLAN. Denn man will den Bürgern Münchens so die Möglichkeit geben, frühzeitig auf die Planung Einfluß zu nehmen. Das »Münchner Forum« soll nach dem Willen des Stadtrates die Koordination der Öffentlichkeitsphase übernehmen und letztendlich auch das Ergebnis zusammenfassen und dem Stadtrat zur Entscheidung wieder vorlegen. Der Auftakt erfolgt mit einer Sonderausstellung »Leidensweg der Isar«, einer zentralen Ausstellung ISAR-PLAN im Deutschen Museum und einem Einführungsvortrag mit Podiumsdiskussion, ebenfalls im Deutschen Museum. Die Sonderausstellung

»Leidensweg der Isar« bereiten vor: die Notgemeinschaft »Rettet die Isar jetzt«, der Bezirksauschuss 5 »Maxvorstadt-Universität« unter Klaus Bäumler sowie der Historiker Reinhard Falter. In den Stadtteilbezirken entlang der Isar wird ebenfalls mit Ausstellungen für eine Beteiligung geworben. Es folgen Fahrradexkursionen und solche zu Fuß, ein Fotowettbewerb wird ausgeschrieben. Die betroffenen Stadtbezirke informieren ihre Bürger mit Einwohnerversammlungen. Die Vorgaben und Leitlinien zur Öffentlichkeitsphase sind präzise vorgegeben und entsprechen schon damals dem später kreierten Leitbild des aktuellen »Isarplan«. Die Belange des Hochwasserschutzes sollen mit der Erholung und des Naturschutzes gegeneinander abgewogen werden, wobei man dem Erhalt von Natur und Landschaft Vorrang einräumt. Die Erholungsnutzung solle besser gelenkt, aber nicht intensiviert werden, Naturschutzgebiete sollen ausgewiesen werden.

Die Beteiligung im Rahmen der Öffentlichkeitsphase stützte sich auf sehr detaillierte Stellungnahmen der Stadtbezirke, auf solche von Vereinen und Verbänden oder Bürgergruppen, die sich zu dieser Aufgabe zusammengeschlossen hatten. Auch die Mitglieder der »Münchner Kajakclubs« Manfred Gruber, Wolfgang Baude und Rolf Renner, hatten sich zu einer »Arbeitsgruppe Isarplan« zusammengeschlossen und verfaßten eine umfangreiche Ideensammlung, die weit über die Isar, als ihr eigentliches Betätigungsfeld, hinausging und auch Fragen des Verkehrs und der Bebauung in Isarnähe beinhaltete.

Insgesamt waren über die Veranstaltungen und Exkursionen bis zu 10.000 Bürgerinnen und Bürger eingebunden.

Das Ergebnis der Bürgerbeteiligung wurde vom »Münchner Forum« zusammengefaßt und aufbereitet. Im Vordergrund der Bürgerwünsche standen eine Verbesserung der Wasserqualität und, damit verbunden, die Forderung, mehr Wasser in die Isar einzuleiten, die einherging mit der drastischen Forderung nach Auflassung der städtischen Kraftwerke, welche nach der allgemeinen damaligen Auffassung wenig zur gesamten Stromproduktion beitrugen. Die Zugänglichkeit der Ufer durch Abflachung auch an der westlichen Isarseite, bei gleichzeitigem Erhalt der Hochwasserwiesen, stand sehr weit oben auf der Wunschliste. Natürlich waren viele der Ideen in sich widersprüchlich oder mit hohen Kosten verbunden. Nicht wenige wünschten, man möge doch die Isar von ihrem Westufer abrücken und ihr in der Mitte zwischen den Hochwasserdämmen ein neues Bett geben.

Gleichzeitig lehnten aber mehrere Stadtbezirke einen Eingriff in die Landschaft des Hochwasserbettes ab und verlangten die »Erhaltung der Hochwasserwiesen in voller Breite«. Forderungen nach einer Erweiterung des

»Isarplans« nach Norden und Süden, über die Stadtgrenzen hinaus, waren ebenfalls auf der Wunschliste wie auch die konsequente Verhinderung von Baumaßnahmen an den Hochufern. Bei Verwendung von Beton sollten Umweltverträglichkeitsprüfungen vorausgehen. Eine Kommerzialisierung der Erholungsfunktionen wollte man nicht zulassen. Verschiedentlich wurde das Bootfahren auf der Isar gewünscht. Ein Bezirksausschuß forderte die Ausweisung eines Naturschutzgebietes zwischen Großhesseloher Wehr und Thalkirchner Brücke sowie die teilweise Auflassung des Golfplatzes. Mehrfach wurde die Verlegung des Campingplatzes an eine Stelle mit besserer Verkehrsanbindung gefordert. Die »Kleine Isar« sollte als Vogelschutzgebiet ausgewiesen werden. Den monotonen Verlauf der Isar im Staubereich des Oberföhringer Wehres wollte man ebenfalls naturnah umgestaltet sehen sowie den Pionierübungsplatz in eine Naturfläche (und zugänglich) umgewandelt.

In der Zusammenfassung stellte das »Münchner Forum« den am Verfahren beteiligten Bürgern ein positives Zeugnis aus und sprach von qualifizierten Beiträgen mit prinzipiellen Vorschlägen für die Zukunft der Isar. »Die sehr rege Beteiligung und die zum Teil umfangreichen, mit großem Zeitaufwand erarbeiteten Äußerungen zeigen das Interesse der Bürgerschaft an der vorliegenden Planung.« Wie aber sollte es weitergehen? Das »Münchner Forum« empfahl eine Weiterführung des Meinungsbildungsprozesses, begleitend mit einer kontinuierlichen Pressearbeit, um eine Grundlage für weitere Beteiligungen der Bürgerschaft an den nächsten Planungsschritten zu schaffen.

Was aber geschah wirklich mit dem Ergebnis der Bürgerbeteiligung? *Es gab in der Folge keine Aktivitäten des Stadtrates, die vielen positiven Beiträge der Bürger verschwanden offenbar in den Aktenschränken des Planungsreferates.* Für viele Bürger und vielleicht auch für einige städtische Behörden war die Zeit für einen Umbau der Isar noch nicht reif. Einen Eingriff in die Hochwasserwiesen konnten sich viele nicht vorstellen. »Dort habe ich schon als Junge gespielt, ich möchte, daß es so bleibt«, war eine oft gehörte Meinung.

Es sollte einige Jahr dauern, bis die Stadt den »Isarplan« erneut aufgriff, in dem sich dann viele der damaligen Vorschläge wiederfanden.

Ein Intermezzo – Die »Initiative Mühlthal« 1990 bis 1995

Das Ende der Betriebserlaubnis des Kraftwerkes Mühlthal und des Ausleitungsbauwerkes Icking Ende 1994 war die erste auslaufende Gestattung aller Kraftwerke an der Isar. Für viele Bürger des Isartals und für verschiedene

Interessensgruppen ging von diesem Datum ein weitreichendes Signal aus, das berechtigte Interessen hervorrief. Bereits mehrere Jahre zuvor hatten Naturschützer auf diesen Zeitpunkt hingewiesen. Als einer der Ersten griff der Historiker Reinhard Falter das Thema auf und gründete die »Initiative Mühlthal«. Politiker aller Parteien, Bund Naturschutz, der Isartalverein und der Bayerische Kanuverband diskutierten über die notwendigen Aktivitäten, um mit einer neuen Konzession möglichst viel für die Isar zu erreichen. An vorderster Stelle rangierte die Restwasserfrage, lediglich 5 m³/s zweigten die Isar-Amper-Werke bisher für das angestammte Flußbett ab.

Die »Initiative Mühlthal« diskutierte kontrovers und zog auch eine völlige Auflösung der Kraftwerksanlage und des neun Kilometer langen Kanals (Nulllösung) in Betracht. Eine Kompensation des Weiterbetriebs von »Mühlthal« gegen eine Auflassung der leistungsschwächeren und »ökologisch schädlicheren« Kraftwerke in Bad Tölz, Höllriegelskreuth und Pullach wurde aber genauso wenig weiterverfolgt wie die Nulllösung. Man einigte sich dann auf das Wesentliche und Machbare: Erhöhung des Restwassers, Umgestaltung des Flußbettes, Zulassen der Seitenerosion und Verbesserung der Geschiebeführung. Die Forderungen der Initiative führten Mitte 1990 zu einer Anfrage an das Innenministerium und zu einer Petition an den Landtag.

In der Folge ging die »Initiative Mühlthal« an die Öffentlichkeit, mit Podiumsdiskussionen, gezielter Öffentlichkeitsarbeit erreicht sie nicht nur Zustimmung sondern auch Kritik. Es zeigte sich, daß bei den Anwohnern des Isartals, und auch bei einzelnen Bürgermeistern, Vorbehalte gegen jegliche Veränderungen an der Isar bestanden, man wollte auf keinen Fall das Isartal touristisch aufwerten und noch mehr Münchner anlocken. Die Süddeutsche Zeitung und der Münchner Merkur berichteten in rascher Folge und sehr kompetent. Die Initiative nahm direkten Kontakt mit den Isar-Amper-Werken auf und präsentierte ihre Forderungen. Überraschenderweise stieß sie zunächst auf keine grundsätzliche Ablehnung. In einem eindringlichen Brief appellierte Reinhard Falter an die Werksleitung der IAW, um über eine gemeinsame neue Bewußtseinsbildung eine Lösung für das Kraftwerk und für die Isar zu finden. Das Gespräch endete mit schrillen Disonanzen. Die Isar-Amper-Werke zeigten keinerlei Kompromißbereitschaft und lehnten jegliche Forderungen nach mehr Restwasser und Renaturierung der Isar ab. Die Presse wendete sich ab von den Forderungen der Initiative und bezeichnet sie als »Radikale«.

Zeitgleich wurden aber auch die Behörden aktiv, so griff das Innenministerium die Forderung nach Renaturierung auf, erteilte aber gleichzeitig einer »Rückentwicklung in den Urzustand« und der völligen Auflassung des

Kraftwerkes Mühlthal eine eindeutige und grundsätzliche Absage. Bei Gesprächen mit der Regierung von Oberbayern und mit dem Landesamt für Wasserwirtschaft, angeregt durch die Initiative, wurden die Notwendigkeiten von Gutachten und Restwasserstudien diskutiert. Abflußversuche und ein landschaftsästhetisches Gutachten sollten die Suche nach der richtigen Restwassermenge erleichtern. Eine Wanderausstellung wurde vorbereitet und sollte in den interessierten Gemeinden im Isartal gezeigt werden. Anläßlich einer Tagung aller »Flußschützer« in der Ökologischen Akademie Linden im November 1992 schlossen sich weitere Organisationen zu einer »Arbeitsgemeinschaft Fließgewässerschutz in Bayern« zusammen und forderten mit der »Lindener Erklärung« das Ende der Wildflußzerstörung.

Diese Arbeitsgemeinschaft Fließgewässerschutz spielte in den kommenden Jahren bei dem heftigen Tauziehen um das verträgliche Maß der Stromerzeugung aus Wasserkraft und Mindestwassermengen, die in den bis dahin trockenfallenden Flußbetten verbleiben sollten, jedoch keine besondere Rolle. Mit der neuen Diskussion wurde die Renaturierung ganzer Flußlandschaften zum Thema und weit über die Isar hinaus zum Dauerbrenner. Mit der Gründung der »Isar-Allianz«, gestützt auf eine hauptamtliche Einbindung dieser Allianz in den Landesbund für Vogelschutz, wurde sie die bestimmende Kraft, um die eigenen Anliegen und Vorstellungen gegenüber den Behörden glaubhaft zu vertreten.

Weitere Ausführungen zu den Themen dieses Artikels sowie zum innerstädtischen Isarabschnitt, im Zuge der Renaturierung, sind umfangreiche Themenfelder. Sich dazu zu äußern, bleibt daher weiteren möglichen Artikeln in der Reihe »Die neue Isar« vorbehalten.

Rolf Renner, derzeitiger Koordinators der Isar-Allianz

Die Urheberschaft des Isarplans

Isar – Lust an der Natur

Die Isar beginnt mit vielen Quellen im Hinterautal im Karwendel. Die oberen Quellen versiegen zeitweise und weiter unten kommen noch zwei Seitenbäche dazu. Und welches ist *die* Isarquelle? Ortskundige mit unterschiedlicher Betrachtungsweise finden dazu ganz verschiedene Antworten.

Auch die Renaturierung der Isar begann nach vielen Vorstößen. Gibt es einen Urheber oder einen *Vater des Isarplans*, wie es immer wieder zu hören ist? Gab es hier einen Moment, in dem die Weiche gestellt wurde? Was war, warum, wer hat …? Wie die Isarquellen, die nicht immer an der Oberfläche sichtbar bleiben und in vielen einzelnen Wasseradern für sich die Isar bilden, haben viele Menschen den *Zug* der Isar gespürt und dazu beigetragen, sie wieder zu beleben.

Die Vorgeschichte der 80er Jahre wurde von Rolf Renner, meinem Nachfolger als Koordinator der Isar-Allianz, bereits erzählt. Die Anfänge der Isar-Allianz sind in Band 1 dieser Reihe, »Die neue Isar«, beschrieben, so daß ich den Leser gleich nach München mitnehmen will.

Das Münchner Wasserwirtschaftsamt erstellte schon 1991 ein Gestaltungskonzept (Dr. Wahlis, 1992), das exemplarisch Maßnahmen zur Verbesserung der Hochwassersicherheit der Isar aufzeigte. Als Möglichkeiten dazu bot es eine Erhöhung der Deiche, die Verbreiterung des Mittelwasserbettes und eine Abtragung von Auflandungen im Bereich der Hochwasserwiesen oder eine Kombination aus diesen Maßnahmen an. Mit der großzügigen Aufweitung des Mittelwasserbettes wären allerdings die Breite der Hochwasserwiesen deutlich verringert und die Ufer abgeflacht worden (von manchen stigmatisiert als sog. Kieswüsten). Im Gegenzug könnte mit der Aufweitung des Mittelwasserbettes auf eine Dammerhöhung und zusätzliche Mauern weitestgehend verzichtet werden.

Es war eine behördeninterne Studie und so wurde sie mit der interessierten Öffentlichkeit nicht erörtert. Sie lag in der Schublade (üblicher Sprachgebrauch für behördeninterne Papiere, die damit nicht in den öffentlichen Meinungsbildungsprozeß einfließen).

Wie mir zugetragen wurde, plädierte das Wasserwirtschaftsamt für eine Dammerhöhung mit Aufweitung des Isarbettes, zu Lasten der Hochwasserwiesen, also für eine Lösung *ohne* Mauern auf den Dämmen. Die Stadt wollte jedoch die Hochwasserwiesen erhalten. Das Konzept des Wasserwirtschaftsamtes entsprach damit nicht den Vorstellungen der Stadt München. Die Stadt sprach sich also gegen eine Renaturierung der Isar in München und für Mauern auf den Dämmen aus.

Mauern statt Renaturierung – der Zug fährt in die falsche Richtung

Intern und ohne aktuelle öffentliche Diskussion einigten sich Landeshauptstadt und Wasserwirtschaft nun für die Variante der Dammerhöhung, ohne eine Renaturierung der Isar. Grundlage hierfür bildete auch die Veranstaltung des Münchner Forums, bei der sich beteiligte Münchner noch für den Erhalt der Hochwasserwiesen ausgesprochen hatten, anstelle sog. *Kieswüsten* (wie sie am Flaucher zu finden sind, an dem sich später das Leitbild für die Isar in München orientieren sollte).

Die darauffolgende Planung des Wasserwirtschaftsamtes sah den zusätzlich benötigten Abflußraum über eine Erhöhung der Dämme vor, und wo das nicht ausreichte, sollten zusätzliche Mauern, direkt neben dem Weg auf den Dammkronen, die Isar in Schranken halten.

Die Isar-Allianz arbeitete nach ihren ersten Erfolgen im Mühltal an einem Gesamtkonzept für die Isar und plädierte für die Integration aller Parteien und eine Gesamtbetrachtung mit Hochwassersicherheit, Renaturierung, Geschiebedrift, Freizeitnutzung und Stromerzeugung. Wir arbeiteten hierzu unter Federführung von Franz Mayer (Ingenieurgruppe München e.G. und aktiv beim Bund Naturschutz Bad Tölz) eine Agenda für ein Gesamtkonzept aus. Dieses Ziel haben wir selbst 2011 noch nicht erreicht, auch wenn schon viele Schritte dahin erfolgt sind.

Rückblickend wird klar, daß die staatliche Verwaltung dies registrierte, unsere Themen aufgriff und mit eigenen internen Studien hierzu mögliche Perspektiven ausarbeitete. Von den Behörden war eine Zusammenarbeit mit Verbänden und Initiativen allerdings weniger gewünscht. Die behördeninternen Studien »kamen in die Schublade«. Vielleicht konnte man sich eine Zusammenarbeit auch nur nicht vorstellen. Keiner hatte Erfahrung dabei, keiner kannte einen bewährten Rahmen hierzu, wie so etwas ablaufen könnte. Mittlerweile erfolgen durch die staatliche Verwaltung zukunftsweisende Maßnahmen mit dem Rückbau der kanalartigen Ufersicherung südlich Münchens. Ich meine, für unser ganzes Team sprechen zu können, wenn ich dabei unsere gemeinsame Freude und mein tiefes Glücksgefühl erwähne, so wie ich es erst im März 2011 bei einer Diskussion zu den geplanten Maßnahmen im Landkreis Tölz mit dem Wasserwirtschaftsamt Weilheim erleben durfte. Der Rahmen einer gemeinsamen Projektentwicklung fehlt uns allerdings nach wie vor.

Im Zuge der umfangreichen Diskussionen mit der Wasserwirtschaft und dem Umweltministerium zeigte sich schon 1995, daß es unmöglich ist, einzelne Flußabschnitte isoliert zu betrachten. Fragen der Flußmorphologie und Geschiebedrift, der Erholungsnutzung, der Durchgängigkeit des Gewässers für Fließgewässerorganismen usw. bedingen die Notwendigkeit, den Fluß als Gesamtsystem zu betrachten. Zwischen Behörden und Naturschutzverbänden wurde deshalb die Abhaltung einer »Isarkonferenz« vereinbart. Ziel dieser Konferenz sollte es sein, für das Flußsystem der Isar umfassend die bestehenden ökologischen Defizite aufzuzeigen und mögliche Gegenmaßnahmen zu diskutieren.

Wer stoppt den Zug?

Mittlerweile waren auch die Pläne zur Erhöhung der Dämme in München fertig, stellenweise ergänzt mit zusätzlichen Mauern auf den Dammkronen, ohne Renaturierungsmaßnahmen der kanalisierten Isar.

Ich beobachtete im Frühjahr 1995 an der Wittelsbacher Straße, daß der gute Radweg, den ich immer nutzte, weggerissen worden war, um dann gleich wieder neu angelegt zu werden, nur etwas höher. Ich konnte den Sinn nicht erfassen. So fragte ich die Arbeiter danach. Und diese erzählten mir, daß das mit der Isar zusammenhängen würde. Ich wußte nichts von dem Vorhaben, obwohl ich mich als Koordinator der Isar-Allianz seit Jahren täglich mit diesem Fluß beschäftigte. Das Baureferat hatte also im Mai 1995 begonnen, die erste Dammkrone mit dem Radweg an der Wittelsbacher Straße höherzulegen. In meiner Funktion als Koordinator fragte ich nun nach und bat um einen Termin am Wasserwirtschaftsamt zur Erläuterung der begonnenen Baumaßnahme an der Isar in München. So ein Zufall, wenn diese Zufälle überhaupt Zufälle sind. Ich erlebte immer wieder, daß ich etwas spürte und daß mich eine Unruhe bis zu einem inneren Zerreißen befiel, die mit der Isar und örtlichen Mißständen zusammenhing. Und erst rückblickend konnte ich den Sinn erkennen.

Es waren meine Aufmerksamkeit und auch mein »sich einmischen« in etwas, das mich eigentlich nichts anging, das Wegreißen eines Radweges, die mich auf dieses große und doch noch fast heimliche Vorhaben hinwiesen. Wie würde die Isar in München heute ohne diesen Zufall aussehen? Immer noch wie ein Kanal, von groben Wasserbausteinen eingefaßt, dazu höhere

Dämme links und rechts und darauf, über weite Strecken, Betonmauern isarseitig, direkt neben dem Weg.

Ein Isarplan für München stand als ein neuer Themen-Schwerpunkt ganz frisch für die Isarkonferenz auf unserer Agenda.

Lebensqualität, Freizeitparadies und Sicherheit

Beim Wasserwirtschaftsamt wurden wir nicht abgewiesen, wie es zu dieser Zeit häufig bei Behördenanfragen geschah. Wir hatten das Gefühl, daß der neue Amtsleiter, welcher zuvor am Ministerium das Ringen um die Renaturierung der Isar von der anderen Seite aus miterleben konnte, gewisse Sympathien gegenüber unserem Engagement hatte. Wir bekamen bei dem Termin das Vorhaben der Hochwassersicherung durch Dammerhöhung erläutert und Einsicht in die behördeninternen Pläne »aus der Schublade« hierzu. Die ebenso behördeninterne Studie von Dr. Wahlis (1992), mit den Möglichkeiten einer Verbesserung der Hochwassersicherheit durch Renaturierung, blieb jedoch weiterhin in der Schublade. Diese sah ich erst Jahre später, als ich den alten Plan mit den Betonmauern auf den Dammkronen einsehen wollte und man mir im Amt (stattdessen) dieses Papier zum Studium bereitstellte.

Dabei darf ich ein kleines Kompliment an die stets freundlichen, hilfsbereiten und zuvorkommenden Leute bei der Stadt und dem Freistaat einfügen und mich bedanken, ohne einzelne Namen zu nennen. Trotz ihrer vielseitigen Aufgaben, trotz Personaleinsparung und Ämterverlagerung haben sie sich immer wieder geduldig Zeit genommen für die Sache, für Fragen und Anliegen. In vielen kleinen Schritten sind wir gemeinsam ein großes Stück weitergekommen. So manche Chance wurde allerdings auch übergangen oder verkannt und ist vorüber.

In allerletzter Minute stießen wir also auf die Pläne, deren Umsetzung schon begonnen hatte. Wir hatten weder eine Einladung zur Beteiligung noch einen Auftrag für eine Kampagne erhalten. Nur unser Bauchgefühl animierte uns, dranzubleiben.

Zurück zu der Besprechung im Wasserwirtschaftsamt München. Diese fand statt am 27.6.1995 mit Herrn Karl Hafner, dem Amtsleiter, seinem Mitarbeiter Tilmann Zinsser und uns, von der Isar-Allianz, mit Franz Mayer, Fritz Huber und mir, als Koordinator und Sprecher. Wir hatten sogleich während der Besprechung – ohne das Gestaltungskonzept des Wasserwirtschaftsamts von Dr. Wahlis mit den möglichen Varianten zur Verbesserung der Hochwassersicherheit zu kennen – die Chance einer Renaturierung über die ohnehin notwendigen Maßnahmen zur Hochwassersicherheit erfaßt. Als mögliche Alternative zu Mauern auf den Dämmen (2) brachten wir sogleich als ästhetisch vorteilhafte und ökologisch zeitgemäße Variante eine Aufweitung des Flußbettes mit Renaturierung (1) und eine Absenkung des Hochwasserbettes (3) ins Gespräch.

Maßnahmen zur Verbesserung des Hochwasserschutzes
① Aufweitung des Mittelwasserbettes (Hauptmaßnahme)
② Deicherhöhung (Nebenmaßnahme)
③ Abtrag der Auflandungen in den Hochwasserwiesen (Nebenmaßnahme)

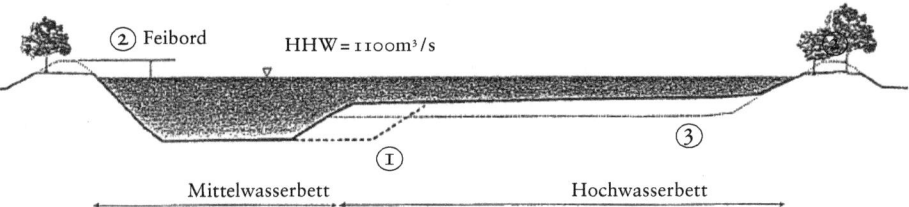

Abb. 15: Prinzipquerschnitt der Isar
Quelle: »Isarplan«, 1998, Kurzfassung der Vorplanung, »Maßnahmen zur Verbesserung des Hochwasserschutzes«, S. 25

Für eine Änderung des Vorhabens war es aber quasi zu spät: Die Ausführungspläne waren fertiggestellt, die ersten Baumaßnahmen in Ausführung. Man macht sich keine Freunde, wenn man Vorhaben während der Bauphase grundlegend in Frage stellt oder sogar stoppt. Sollten wir überhaupt noch? Wie würde das Amt darauf reagieren?

Wie oft hatte ich schon bei Diskussionen an der Isar erlebt, daß Ideen, und damit bin ich gesegnet (und gestraft zugleich), gar nicht erwünscht sind. Wie oft bin ich angeeckt, als ich auf Notwendigkeiten hingewiesen habe, die zu berücksichtigen unerwünscht war. Wie oft hatte ich vorausgedacht, im entscheidenden Moment ein Konzept präsent gehabt und immer wieder die Weichen für die Renaturierung der Isar stellen können. Und wie viele Chancen für mehr Natur und Leben an der Isar wurden andererseits ausgeschlagen! Bei aller Freude blutet mir auch das Herz, wenn ich an der Isar entlanggehe, vorbei an vielen vertanen Chancen und vorbei an Jahren, in denen die Isar täglich in mir präsent war.

Sätze wie »So vui Natur meng ma ned«, »nein, da ändern wir jetzt nichts mehr« oder »wir wollten es ökologisch, aber die Stadt wollte nicht und damit ist die Entscheidung gefallen« mußte ich mir nicht nur einmal anhören. Das bildete immer wieder eine schwer verrückbare Entscheidungsgrundlage. Und dahinter stand eine Grundhaltung, bei der ich mich oft als Gegenüber sah und nicht als Partner. Machen Änderungen Angst?

Die »Renaturierung Mühltal« wurde gegen erhebliche Widerstände, mit Ausdauer, Hartnäckigkeit und Kompetenz, gegen die Interessen der Kraftwerkslobby durchgesetzt. Als Koordinator der maßgeblichen Isar-Allianz und Mitglied des Naturschutzbeirats war ich beharrlich und habe den Mund aufgemacht, als andere es vorzogen, sich zurückzuziehen. Ich stand politischen Interessen im Weg und wurde als Koordinator und Sprecher der Isar-Allianz abgestraft und kaltgestellt – zumindest vorübergehend.

Karl Hafner und Tilmann Zinsser vom Wasserwirtschaftsamt waren nicht grundsätzlich ablehnend gegenüber unserer Idee. Allerdings brachten sie Bedenken bezüglich einer technischen Realisierbarkeit und bezüglich der höheren Kosten vor. Sie wiesen vor allem auf die mangelnde Akzeptanz der Landeshauptstadt München als grundsätzlichen und vorrangig auszuräumenden Hinderungsfaktor hin. Und sie hatten Sorge, daß diese großen Bau- und Umgestaltungsmaßnahmen an der Isar bei den Münchnern wenig Zustimmung finden könnten.

Ich wollte mich nicht von diesen äußerst geringen Erfolgsaussichten abschrecken lassen. Die Vorstellung, daß die Isar in München für die kommenden Jahrzehnte ein Kanal bleiben – und das Geld für neue und noch höhere Dämme sowie Betonmauern oben drauf ausgegeben werden sollte, war entsetzlich, sie tat mir richtig weh. Das wäre nach dem ersten Erfolg im Mühltal auch ein herber Rückschlag gegenüber unseren Ideen für ein ökologisches Gesamtkonzept gewesen. Eine kleine Chance, das gemeinsame Ziel zu erreichen, sahen wir jedoch. Fritz Huber und ich arbeiteten mittlerweile schon seit zwei Jahren für eine naturnahe Isar, Franz Mayer war später dazu gestoßen und gehörte mittlerweile zu unserem Kernteam. Nach diesem Termin fühlten wir uns einen kleinen Schritt weiter. Gingen die Türen auf? Wir waren hier zumindest nicht auf Ablehnung gestoßen. Unsere Vision zog uns.

Wir erkannten, daß wir mit jener Führung des Wasserwirtschaftsamts München eine nicht selbstverständliche gute Basis hatten. Noch ein Jahr vorher, beim alten Chef …! Die Hoffnungen von Franz Mayer und mir sowie die Einschätzung von Fritz Huber, der aus einer Behörde kam, zu der Frage, wieviel Beteiligung mit unseren Behörden möglich wäre, gingen allerdings weit auseinander.

Fritz bremste mehrfach unsere Vorstellung der Partizipation oder der Bürgerbeteiligung. Für ihn als pensionierten Polizisten und geschäftsführenden Vizepräsidenten des Fischereiverbandes Oberbayern war klar, daß Behörden ihre eigene Planung erstellen und uns nur darüber informieren würden. Vielleicht könnten wir dann mit viel politischem Geschick noch das eine oder andere vorbringen und ergänzen, allerdings nichts Grundlegendes.

Ähnlich hatten wir es von Umweltminister Thomas Goppel bei einem Gespräch zur Einbindung in die Planungen der Renaturierungsmaßnahmen in Mühltal gehört. Information zu den Vorhaben: ja; Beteiligung bei der Plangestaltung: nein. Tatsächlich brachte Thomas Goppel die Geschichte vom Schweinsbraten – von seiner Frau zubereitet, gewürzt und serviert – und er darf sagen, ob er ihm schmeckt. Ein anderes Zitat aus dem Ministerium wurde mir zugetragen, daß die Isar-Allianz so überflüssig sei wie ein Kropf.

Ein offenes Ohr, einen Sinn für die Isar und die Richtung stimmt: »Naturnah« hat Zukunft

Ob wir die Behörden – und für die Isar in München brauchten wir die Stadt *und* den Freistaat – von einer Renaturierung überzeugen könnten, hing nun maßgeblich von der Haltung der Landeshauptstadt hierzu ab.

7.8.1995: und noch die Stufen hoch zum oberen Gang des Oberbürgermeisters und Klopfen am Zimmer Nr. 293 bei Frau Rauch. Fritz Huber kennt Frau Rauch. Beide lieben die Fischerei und sie sind Nachbarn. Ob der Termin so schneller zu Stande kam mit der ersten freien Lücke im Terminkalender? Wir werden hineingebeten zum Oberbürgermeister Christian Ude. Frau Losewitz (Planungsstab des OB), Herr Hofmann und Herr Urban (Planungsreferat) sind schon anwesend.

Wir informieren die Runde über das positive Gespräch am 27.6.1995 mit dem Wasserwirtschaftsamt und darüber, daß es nun von der Stadt abhängen würde, was mit der Isar passiert. Wir äußern unser Unverständnis zu den geplanten Mauern auf den Dämmen, wo man jetzt noch ungestört gehen und radeln konnte – so eine Verschandelung der Isar, die den Münchnern doch so am Herzen liegt! Und wir zeigten als mögliche Alternative die Chance einer Hochwassersicherung durch Renaturierung auf.

Die Gesprächs-Atmosphäre war gut. Unser OB Christian Ude hat einen Sinn für die Natur und ein Herz für die Isar. München und die Isar würden unglaublich gewinnen, wenn sich das Flair des Flauchers bis mitten in die Stadt hinein ziehen würde. »Der OB steht dem Vorhaben grundsätzlich positiv gegenüber und hat die Verwaltung um eine Stellungnahme gebeten. Zu prüfen ist insbesondere, in welchem Rahmen im Zusammenhang mit den Planungen des Wasserwirtschaftsamtes eine Renaturierung der Isar im Stadtgebiet Münchens möglich wird.« (Auszug aus dem Gesprächsprotokoll von Franz Mayer)

Wir suchten nun Gleichgesinnte bei den städtischen Referaten und der Naturschutzbehörde sowie weitere Kooperationspartner. Im Herbst 1995 wurde eine kleine Planungsgruppe »Isarplan« zwischen Freistaat und Landeshauptstadt gegründet. Sie sollte Planungsvarianten entwickeln, prüfen und, darauf aufbauend, einen Grundsatzbeschluß vorbereiten. Hier ging es erst einmal um grundsätzliche Fragen der Zusammenarbeit mit Zuständigkeiten und Kosten sowie um mögliche Varianten.

Die Prüfung einer Koppelung von Hochwassersicherung mit Freizeit und Erholung sowie einer Renaturierung hatten wir erreicht. In der Arbeitsgruppe »Isarplan« war die Isar-Allianz jedoch außen vor. So konnten wir immerhin von außen mit den Referaten den Kontakt pflegen, den Parteivertretern im Stadtrat unsere Vorstellungen näherbringen und das Thema am Kochen halten, so daß es in der politischen Diskussion blieb.

Das erste und themenübergreifende Isarseminar fand mit dem Titel »Isar – Problemfluß oder Lösungsmodell« vom 30.9. bis 1.10.1996 in Wolfratshausen statt. Hier wehte wieder ein anderer Wind. Veranstalter war die Bayerische Akademie für Naturschutz und Landschaftspflege zusammen mit Verbänden der Stromindustrie. Als Koordinator der Isar-Allianz hatte ich auf die Veranstaltung gedrängt und war mit einem Vortrag beteiligt. Unsere Isarausstellung zur Pupplinger Au neben den Werbeausstellungen und Präsentationen von Kraftwerksplanern wurde von der Veranstaltungsleitung untersagt. Wer zahlt, schafft an, war der kurze Kommentar zur Ablehnung. Erst nach der geschlossenen Intervention der Naturschützer durfte zur Halbzeit doch aufgebaut werden.

Isar-Allianz und die neu gegründete Inn-Allianz luden am 21.6.1997 in den Ehrensaal des Deutschen Museum zu einem Symposium mit Referenten aus Wissenschaft, Wirtschaft und Politik ein. Führungen und Vorträge bei der Volkshochschule boten die Möglichkeit zur Information und Diskussion. An Münchner Hochschulen fanden Seminare und Vorlesungen zu unterschiedlichen Isarthemen statt. Daneben erfolgte eine rege Medienarbeit. Filmbeiträge, Isar-T-Shirts mit unseren Slogans »Isar, Fluß voller Leben« und »Isar, Lust an der Natur« und das Kochbuch »Essen für die Isar« mit Rezepten prominenter Münchner ergänzten die Aktivitäten.

Leider konnten wir das Münchner Forum noch nicht gewinnen, über neue Veranstaltungen mit an einem Strang zu ziehen und sich für die Renaturierung der Isar zu engagieren, auch wenn eine grundsätzliche Zustimmung und Bereitschaft herauszuhören war. Das Münchner Forum hatte sich gegen eine Renaturierung zu Lasten der Hochwasserwiesen ausgesprochen. Es befürwortete, sich beziehend auf eine Veranstaltungsreihe von 1989, die Hochwasserwiesen zu erhalten und nur die Unfallgefahren am kanalisierten Ufer zu beseitigen.

Arbeitsgruppe »Isarplan« und »Isar-Allianz« arbeiteten an der Meinungsbildung der Bevölkerung und des Stadtrates zu dem Vorhaben. Ziel war ein grundsätzlicher und positiver Stadtratsbeschluß für die Umgestaltung der Isar mit gleichzeitiger Renaturierung und Ertüchtigung des Hochwasserschutzes. Die Vorlage für den Stadtratsbeschluß wurde von der Arbeitsgruppe »Isarplan« vorbereitet.

Endlich: Weg frei für den Isarplan

Die Meinungsbildung band unsere Kapazitäten über mehrere Jahre. Noch war nicht klar, wie der Stadtrat dazu stehen würde und ob eine Akzeptanz bei den Münchnern vorhanden wäre.

Der Stadtrat beschloß – sehr allgemein gefaßt – mit dem Stadtratsbeschluß vom 16.7.1998, also drei Jahre später, erforderliche Maßnahmen zum Hochwasserschutz an der Isar in München gekoppelt mit Renaturierung und Verbesserungen für Freizeit und Erholung. Hiermit war ein Meilenstein für die Isar und die Bewegung der sich mittlerweile bildenden Fluß-Allianzen erreicht, welcher in den folgenden Jahren für viele Metropolen zum bewunderten Modellvorhaben wurde.

Unser Motto »Isar, Fluß voller Leben und Isar, Lust an der Natur« sollte ins Schwarze treffen. Der Weg war frei für den »Isarplan München« und damit beginnt ein neues Kapitel.

29.3.2011: Wir gehen wieder im prachtvollen Rathaus am Münchner Marienplatz in den zweiten Stock, dort, wo die Räumlichkeiten des Oberbürgermeisters liegen. Heute sind wir nicht bei Hep Monatzeder. Uns hatte die fehlende Badewasserqualität der Isar 1998 zusammengebracht. Wir gehen die Stufen höher und klopfen wieder am Zimmer Nr. 293.

Frau Rauch arbeitet noch immer hier. Wir haben ein gutes Gefühl. Wir sitzen wie damals vor 16 Jahren in dem Erker neben der Statue des Oberbürgermeisters. Sie ist gar nicht älter geworden, die Statue. Fritz Huber ist heute nicht mehr dabei, er ist mittlerweile gestorben. Franz Mayer hat sich anderen Themen zugewandt. Er hatte den treffenden Eindruck, daß die Behörden uns am langen Arm verhungern lassen. Stiftungen und mögliche Geldgeber signalisierten uns schon zu Beginn das fehlende Interesse der Behörden an einem gemeinsamen Gesamtkonzept. Das alte Zitat eines Ministerialbeamten zur Isar-Allianz, »überflüssig wie ein Kropf«, fällt mir wieder ein. Welche Vor-

stellung von Demokratie hatte dieser Mann? Er ist mittlerweile pensioniert.
 Heute ist Ralf Sartori, mein Partner im gemeinsam gegründeten »Forum neue Isar« und Herausgeber dieser Buch-Reihe, im Team.

Der »Isarplan« ist nahezu fertig, für den 6.8.2011 wird schon das Abschlußfest vorbereitet. Wir werden in das Büro von Christian Ude gebeten. Wir bedanken uns dafür, mit uns die Weichen gestellt zu haben für den Isarplan München.
 16 Jahre war es her, und ich lege das alte Protokoll vom 7.8.1995 auf den Tisch: »Der OB steht dem Vorhaben grundsätzlich positiv gegenüber ...« Ohne sein Zutun hätten wir es nicht geschafft, die Weichen zu stellen. Die Isar wäre heute immer noch kanalisiert und hinter noch höheren Dämmen mit Mauern oben drauf verschwunden.

Die Isar und Menschen kommen in Bewegung

Historische Landkarten und alte Luftbilder der Isar von 1927 liegen auf dem Tisch: Aumühle, Schäftlarn, Mühltal: Die Isar ist darauf noch traumhaft. Daneben verläuft schon damals der Kanal. Ein Nebeneinander von der Isar mit großen Kiesflächen, den sogenannten Umlagerungsstrecken, und dem Kanal der neuen Technik des beginnenden 20. Jahrhunderts ist zu sehen, beides muß sich nicht ausschließen. Als Symbol der Beherrschung der Natur wurde damals die Isar ohne Not kanalisiert. Geht es hier leichter, die Isar wieder zu renaturieren, als in München, ohne Konflikte mit dem Hochwasser? Nein.
 Die alten Flußrinnen sind wie feine Adern im Auwald noch zu erkennen, der Freiraum für die Isar ist auch noch vorhanden, ohne Konflikte mit anderen Nutzungen. Christian Ude kennt die Isar südlich von München, und damit natürlich auch Schäftlarn und die Aumühle, so wie es heute dort aussieht. Diese eindrucksvollen Luftbilder kannte er noch nicht.
 Wir reden über nächste Schritte an der Isar. »Hier bin ich nicht zuständig«, entgegnet Christian Ude sogleich. Das weiß ich natürlich, und wir spüren, er steht für die Isar. »Helfen Sie uns wieder, die nächsten Weichen zu stellen?« »Gerne – nach der Entscheidung zur Olympiade ...«
 Das freut mich. Bis heute setze ich mich dafür ein, daß alle Parteien von Anfang an mit am Tisch sitzen und ihre Kompetenzen für die beste Lösung einbringen können. Das ist mir die Isar wert.

Nico Döring, Gründer, Sprecher und ehem. Koordinator der Isar-Allianz

Interview mit Winfrid Jerney, Landschaftsarchitekt

Interview-Abschnitt I (Architekten-Portrait)

R. S.: Haben Sie, abgesehen von Ihrer Beteiligung am Projekt »Isarplan« in München, derzeit noch andere Isar-Projekte in Vorbereitung oder Planung?
 W. J.: Meine Arbeit als Landschaftsarchitekt an der Isar erstreckte sich über rund sieben Jahre, von Februar 2000 bis Januar 2007. Im Februar 2000 erreichte mich wenige Stunden vor dem Abflug in den Urlaub ein Anruf des damaligen Leiters des Baureferats Wasser- und Brückenbau: »Wir würden gern Ihre Meinung zu der eben begonnenen Isar-Baustelle hören – hätten Sie morgen Zeit?« – Ich hatte. La Palma ragt noch länger aus dem Meer – die Chance, am »Isarplan« mitzuarbeiten, gab es nur jetzt.
 So wurde ich im Auftrag der LH München vom Februar 2000 bis April 2004 »Bau- und landschaftsplanerischer Berater der Bauoberleitung« für die Renaturierung der Isar vom Großhesseloher Wehr an der südlichen Stadtgrenze bis hinein in die Innenstadt zur Braunauer Eisenbahnbrücke. Als solcher betreute ich vor Ort die gestalterische Umsetzung der wasserbaulichen Ingenieursplanung des Büros »Dr. Blasy und Mader« bei den vier Bauabschnitten, die jeweils zur Zeit des winterlichen Niedrigwassers, in der Regel von Dezember bis Mai, ausgeführt wurden.
 R. S.: Sie waren also bereits in die südlichen Abschnitte der Isar-Renaturierung eingebunden. Können Sie erzählen, wie dies ablief, besonders die Zusammenarbeit mit dem Büro Dr. Blasy und Mader?
 W. J.: Das Ingenieurbüro Dr. Blasy und Mader hatte eine wasserbaulich-technische Planung für die Isar-Renaturierung erarbeitet sowie einen Landschaftspflegerischen Begleitplan mit Bestandsaufnahmen der vorhandenen Tier- und Pflanzenwelt. Die Oberbauleitung lag beim WWA München mit Herrn Kirner – dem ich für eine sehr gute Zusammenarbeit in diesen Jahren danken möchte –, die wasserbaulich-technische Bauleitung beim Büro Dr. Blasy und Mader, bzw. in späteren Abschnitten beim Ingenieurbüro EDR-GmbH. Ich selbst hatte die gestalterische Bauleitung. Dies sah so aus, daß die wasserbauliche Planung in Abstimmung mit den anderen Beteiligten bereichsweise vor Ort detailliert, verfeinert und teils auch leicht geändert wurde.

Die Ausgangssituation: Innerstädtischer Abschnitt der »Isarplan«-Strecke, vor Beginn der Renaturierungs-Maßnahmen (Quelle: »Neues Leben für die Isar« WWA-München)

Zuerst wurde eine »Teststrecke« von 200 m Länge am Marienklausensteg gebaut, um dem Stadtrat zu zeigen, wie eine »naturnahe« Isar aussehen könnte. Nach einem positiven Stadtratsbeschluß konnten dann über die nächsten vier Jahre hin vier weitere Abschnitte realisiert werden: nach Süden bis zum Großhesseloher Wehr und vom Marienklausensteg stadteinwärts.

R. S.: Und wie ging es dann stadteinwärts von der Braunauer Eisenbahnbrücke weiter? Auf diesen Abschnitt bezog sich ja der Internationale Wettbewerb 2003.

W. J.: Für den innerstädtischen Abschnitt von der Braunauer Eisenbahnbrücke bis zum Deutschen Museum lobte die Stadt München im Jahr 2003 einen internationalen Wettbewerb aus, zu dem mehrere Teams, jeweils bestehend aus Landschaftsarchitekten, Hydraulikern, Wasserbauingenieuren und Architekten eingeladen wurden. Mit dem Team »Landschaftsarchitekt Winfrid Jerney – IfH Prof. Dr. Bechteler – EDR-Gmbh – Architekten Victor Lopez-Cotelo und Stefan Zehl« konnte ich bei diesem Wettbewerb den 2. Preis gewinnen, und nach einem Mediationsverfahren, das auf Betreiben von Bezirksauschüssen und Isar-Allianz zustande kam, wurde mein Team zusammen mit dem Team des 1. Preisträgers für den Teilabschnitt »Weideninsel« weiter in die Planungsarbeiten eingebunden.

R. S.: Da Sie ebenfalls zu dem Personenkreis gehören, der einen bleibendprägenden Einfluß auf städtische Isar-Abschnitte ausübt, möchte ich hier auch Ihnen, im Rahmen des Buches zum diesjährigen Abschluß des »Isarplan«, diese Bühne anbieten, um sich und Ihre Projektarbeit an – und mit der Isar, in Form eines Interviews, und in Verbindung mit einem kurzen Architekten-Portrait, vorzustellen. Beginnen wir beim Grundlegenden: Was genau bedeutet die Isar Ihnen persönlich? Stehen Sie mit diesem Fluß in einem nahen Verhältnis? Verbinden Sie besonders intensive und unvergeßliche biographische Momente mit der Isar? Welche Spuren hat dieser Fluß in Ihnen hinterlassen, schon bevor Sie begonnen hatten, an – bzw. mit ihm zu arbeiten?

W. J.: Flüsse – und besonders die Isar! – faszinieren mich seit meiner Kindheit. In den Ferien war der Oberrhein bei Speyer mit seinen Altarmen und Auen für mich Abenteuerspielplatz, Schwimm-Herausforderung und Ort naturkundlicher Beobachtung. Als ich 1957 nach München kam, erlebte ich die Isar vor dem damaligen »Neuen Realgymnasium« in der Eduard-Schmid-Straße: die sich stets wandelnde Flußlandschaft, die gefährliche und imponierende Wucht der Hochwasser, gleichzeitig die bereits damals als trostlos empfundene technische Verbauung des Übergangs von der Großen in die Kleine Isar. Nach einigen Jahren zog das »Neue Realgymnasium« um nach

Harlaching und wurde zum »AEG«, dem »Albert-Einstein-Gymnasium«. Die Freizeit spielte sich bei akzeptablem Wetter zu einem großen Teil an den Isarufern und den Hochufern in Harlaching und Grünwald ab. Heute kommt es mir so vor, daß meine Freunde und ich Pioniere der damals noch seltenen Grillfeuer waren.

R. S.: Bei landschafts-architektonischen Planungen geht es ja immer um eine notwendige Synthese von Natur und Stadtlandschaft, bzw. neuzugestaltender Natur und neuzubildender Landschafts-Architektur. Je nach Persönlichkeit und Naturell des Architekten findet bei dieser Synthese-Leistung eine unterschiedliche Gewichtung der betreffenden beiden Grund-Pole statt. Ihr mit dem 2. Preis prämierter Entwurf wurde ja als eher naturnah eingestuft. Wo würden Sie selbst nun, auf einer entsprechenden Skala, Ihren Platz sehen?

W. J.: Ich würde meine Position nicht so auf einer Entweder-Oder-Skala zwischen »Naturnah« und »Architektur« oder zwischen »handwerklich-technischem« und »künstlerischem« Wirken sehen, sondern als ein »Sowohl als auch«: Obwohl der Entwurf unseres 2. Preises »naturnah« wirkt, ist inmitten einer Stadt kein Raum, um dem Fluß die für Umlagerungen – welche zu einem »Wildfluß« gehören – nötige Breite zu geben. Ich habe daher – ebenso wie dies bereits in den südlichen Abschnitten geschehen war – zusammen mit meinem Team versucht, die unverzichtbare technische Verbauung in einer möglichst landschaftlich wirkenden und für die Freizeit nutzbaren Ufergestaltung mit vielen flachen Kiesufern und abschnittsweise großzügigen Blocksteintreppen unterzubringen. Am Absturz von der Großen zur Kleinen Isar sollte das in der Natur vorkommende Element von Flußeinmündungen mit Katarakten und Inseln gestalterisch überhöht und mit den technischen Anforderungen an Stabilität, jahreszeitlich schwankende Abflußmengen und dennoch einem permanent durchströmten Fischaufstieg verbunden werden. Dies war das Motiv für das »Insel-Delta« am Deutschen Museum, das allerdings nicht gebaut wurde. Insgesamt ist der Wettbewerbs-Entwurf des 2. Preises geprägt von einem »Spannungsbogen Natur – Architektur«: Am Ostufer mit seinen landschaftlichen Parks und der Kleinen Isar überwiegt eine landschaftliche Gestaltung der Ufer und des Vorlandes – am Westufer wurde die notwendige »architektonische« Verbauung mit Steinböschungen und Kaimauern belassen. Das der Innenstadt nahe Hochufer darüber wollten wir aufwerten zu einem Grünzug »Europa-Promenade«. Dies wurde aber noch nicht realisiert.

Prinzipiell sehe ich drei Pole für jede Planung: Sie muß gestalterisch überzeugen, die »Natur« bzw. ökologische Zusammenhänge und Naturgesetze berücksichtigen und den Bedürfnissen der Nutzer entgegenkommen. Letzteres bedeutet hier in der Stadt Freizeit und Erholung für alle, von Kindern bis zu älteren Menschen. (Vgl. auch hierzu die Veröffentlichung von Prof. Günther Grzimek/Rainer Stephan im Auftrag der Bayerischen Rückversicherung »Die Besitzergreifung des Rasens – Folgerungen aus dem Modell Isar Süd«, Callwey-Verlag 1985, zu der ich als Mitarbeiter beigetragen habe.)

R. S.: *Betrachten Sie Ihre Arbeit als ein vorrangig handwerklich-technisches oder mehr künstlerisches Wirken?*

W. J.: Bei der Polarität »handwerklich-technisch« oder »künstlerisch« würde ich mich als Landschaftsarchitekt vielleicht eher »handwerklich-technisch« gestaltend sehen, mit einer sehr wichtigen sozialen Komponente: Die Menschen müssen sich wohlfühlen können. Für dieses Wohlfühlen ist auch eine formale Stimmigkeit von Dimensionen, Farben, Materialien, Linienführung, Raumbildung nötig. Wenn Sie unter »künstlerisch« das individuelle Ego oder eine aktuelle Mode verstehen, dann würde ich mich da weniger sehen. – Das heißt aber nicht, daß ich nichts von »Kunst« wissen will, im Gegenteil. Als Student, und verstärkt wieder in den letzten Jahren, habe ich mich sehr intensiv mit abstrakten Aquarellen und mit chinesisch-japanischer Tuschmalerei beschäftigt. Aber diese Bilder hängt man sich ins Wohnzimmer, die Isar ist prägend für das Leben einer Stadt.

R. S.: *Wie stehen Sie zu der These, daß jegliche gestalterische Tätigkeit ein Akt der wechselseitigen Beziehung zwischen »Künstler« und Sujet ist? Inwieweit bedarf es für Sie des Aufbaus einer persönlichen Beziehung zu einem Ort, den Sie beplanen möchten, um diesen, für Sie auch stimmig, gestalten zu können, bis Sie das Gefühl haben, mit der Planung wirklich beginnen – und auch dem Ort, seinem besonderen Wesen und Geist, dabei gerecht werden zu können?*

W. J.: Ihre Frage nach dem »genius loci« gilt meiner Meinung nach grundsätzlich für jede »öffentliche« Gestaltung, egal ob Landschaft, Städtebau, Architektur: Man gestaltet nicht für sich persönlich, um eine »Idee« zu realisieren, sondern für die Öffentlichkeit oder einen privaten Bauherrn. Man muß sich auf das Sujet »einlassen« und meiner Ansicht nach auch »Moden« hintanstellen. Es geht bei der Gestaltung von Landschaft nicht darum, ein losgelöstes Artefakt zu schaffen, sondern die Lösung muß aus der Landschaft, der Umgebung, heraus entwickelt werden. Das heißt in der Planungspraxis: Man muß auf alle Fälle den Ort und seine Umgebung intensiv besichtigen und analysieren. Das bezieht auch die Vegetation, die Fauna und die Menschen ein, die dort leben. Beim Isar-Wettbewerb waren meiner Frau und mir bei der ersten Besichtigung zum Beispiel sofort klar: Die den Fluß-

und Stadtraum prägenden alten Weiden müssen erhalten bleiben, die nötige Abflußaufweitung erreichen wir über einen Nebenarm: So entstand die Idee zur »Weiden-Insel«.

R. S.: *In welcher Form tragen Sie Ihren Teil zum Entstehen einer solchen Beziehung bei? Wie weitgehend, würden Sie sagen, bringen Sie sich dabei selbst, auch umfassend als Person, in den Gestaltungs-Prozeß mit diesem Ort ein? Wie sehr öffnen Sie sich diesem Ort?*

W. J.: Ich will nicht »mich« als Person einbringen, sondern meine Erfahrung und Kenntnis über die vielfältigen Möglichkeiten, die sich in der Vergangenheit bewährt haben. Bei der Planung eines Gartens oder Parks setzt dies voraus, daß ich auch über historische und aktuelle Modelle der Gartenkunst, in Europa und möglichst weltweit, Bescheid weiß – auf die Landschaft bezogen heißt das, man muß heimische und auch fremdländische Landschaften kennen und analysieren können.

R. S.: *Wenn Sie jedoch der Idee grundsätzlich zustimmen, daß es zu einem Austausch kommt zwischen Gestalter und dem zu Gestaltendem, welche gestalterischen Spuren hat dann die Isar während der langjährigen Arbeit mit ihr innerhalb des Projekt-Rahmens »Isarplan«, oder im Rahmen anderer Isar-Projekte, in Ihnen persönlich hinterlassen?*

W. J.: Vor allem in den vier Jahren der »Gestaltung vor Ort« von 2000 bis 2004 habe ich erfahren, daß es – gerade bei der Auseinandersetzung mit etwas Lebendigem, Dynamischem wie einem Fluß – oft mehr bringt, nur einen Plan mit allen technischen Vorgaben zu haben, der noch etwas Spielraum für die Detailgestaltung läßt – und die genaue Ausprägung von steileren oder flacheren Ufern, Steinstufen, Sohlrampen, Bepflanzung etc. direkt vor Ort zu entscheiden. Das ist allerdings eine Arbeitsweise für Landschaftsarchitekten, die heutzutage immer seltener möglich ist, weil für die Ausschreibungen möglichst jedes noch so kleine Detail vorab auf dem Papier festgelegt, mit unterschiedlichsten Stellen diskutiert und mit Kosten kalkuliert zu sein hat. Von daher muß ich sagen, daß die Isarbaustelle 2000 bis 2004 und einige ähnlich abgewickelte Bachrenaturierungen in der Stadt München für mich sehr schöne Projekte waren.

R. S.: *Was reizt Sie vor allem an den mit den Isarprojekten verbundenen besonderen Herausforderungen des Flusses? Und welche sind dies, z. B. gegenüber anderen Projekten?*

W. J.: Die Arbeit an der Isar hat mir deutlich gemacht, daß der Begriff »naturnaher« Wasserbau sehr verschieden definiert sein kann. In der freien Landschaft – so z. B. bei der Renaturierung der Loisach zwischen Garmisch und Eschenlohe – hat man trotz der Zwänge aufgrund von Gasleitungen, manchmal skurrilen Eigentumsverhältnissen etc., wesentlich mehr Spielraum als im städtischen Bereich. Bei der Isar in München gab es vielfältigste Anforderungen, die sozusagen »unter einen Hut gebracht« werden mußten: Es gibt bei der Isar-Renaturierung hier einen »Gradienten« von eher naturnaher zu eher städtisch-architektonischer Gestaltung. In den ersten Bauabschnitten zwischen Großhesseloher Brücke und Flaucher hatten wir an beiden Ufern wesentlich mehr Platz, um das Flußbett aufzuweiten und so auch eine gewisse Dynamik mit Kiesumlagerungen zuzulassen. In diesem Bereich konnten sogenannte »versteckte« Ufersicherungen eingebaut werden, bis zu denen Uferanrisse durch Hochwasser zulässig waren. Im innerstädtischen Bereich war dies wegen Platzmangel nicht möglich. Die Hochwasserschutzdämme sind überall entsprechend den hydraulischen Berechnungen erhöht bzw. verstärkt worden. Bei den neu gestalteten Dammböschungen im Süden wurden kräuter- und blumenreiche Wiesen angesät. Zur Innenstadt hin ist das »städtische« Westufer traditionell befestigt und geprägt durch eine mächtige Baumkulisse vor den Häusern. Die »Renaturierung« konnte sich hier also im wesentlichen nur am Ostufer abspielen. Und hier wiederum stand nur ein Teil des Vorlandes zwischen Deichen und Fluß zur Verfügung, weil bereits in der Vorbereitungsphase der Isar-Renaturierung die Stadt München forderte, daß ein Großteil der flachen Wiesen für Spaziergänger mit und ohne Hund, für Ballspiele, Sonnenbaden und Picknick erhalten bleiben müsse. Die Vorgeschichte, die Herr Binder in Band 1 »Die neue Isar« des Nymphenspiegels erläutert hat, führte zu diesen Vorgaben. Doch trotz aller sicherungstechnischer Zwänge, die der städtische Wasserbau nun einmal hat, kann man auch hier versuchen, das Erscheinungsbild natürlichen Verhältnissen anzunähern.

Gerade die Isar als dealpiner Fluß hat eine immense Dynamik und ein stets wechselndes Flußbild. Je nach Jahreszeit und Wassermenge verändert sie sich: Bei klarstem, geruhsamem Niedrigwasser ist sie an manchen Stellen überschreitbar, und wir haben hierfür auch gezielt stellenweise Trittsteine eingebaut. Andere Abschnitte sind schneller und tiefer. Und dann gibt es den alles mit sich reißenden, gefahrvollen, »wilden« Fluß bei Hochwasser. Und nach jedem höheren Wasserstand sehen die Ufer wieder etwas anders aus. Das finde ich faszinierend.

Und schließlich ist die Münchner Isar »Fluß in der Stadt«, das heißt, das Flußbild prägt die Stadtlandschaft. Der Fluß ist öffentlich verfügbar und hat so eine sehr hohe soziale Komponente. Er schafft verschiedenste Erholungsmöglichkeiten für alle, von Kindern bis zu älteren Menschen, und ist z.B. auch noch für Rollstuhlfahrer bis zu Kajakfahrern als etwas Lebendiges, bei dem immer etwas »passiert«, erlebbar, z. B.: Die Sohlschwellen, die eine weitere Eintiefung der Isar verhindern, haben aufgrund von Empfehlungen des Kajakverbandes niedrige Gassen innerhalb der Steinbögen, die mit den Kajaks überfahren werden können. Bei unserem Wettbewerbsentwurf wurde z. B. auch darauf geachtet, daß im Bereich der Reichenbachbrücke das Ufer für Rollstuhlfahrer zugänglich und der Fluß so noch intensiver betrachtbar ist.

R. S.: *Herr Jerney, wie verlief Ihre Ausbildung zum Landschaftsarchitekten und wessen Einfluß war hier für Sie, rückblickend betrachtet, am prägendsten?*

W. J.: Ich habe an der TU München-Weihenstephan Landschaftsarchitektur studiert, mit intensiven ökologischen Grundlagen bei Prof. Haber und anderen. Im Wahlfach »Wasserbau« hat Prof. Scheuermann die landschaftsprägende Kraft verschiedener Flußabschnitte vom Oberlauf bis zum Unterlauf beeindruckend vermittelt. Grundlegend geprägt hat mich sicher Prof. Günther Grzimek, der Landschaftsarchitekt des Münchner Olympiaparks, der besonders die stadtplanerische und soziale Funktion der Landschaftsarchitektur betonte.

R. S.: *Wie gestaltete sich Ihr bisheriger beruflicher Werdegang?*

W. J.: Nach dem Studium holte mich Prof. Grzimek in sein Büro Grünplan-GmbH in Freising, wo ich in verschiedene Projekte, vor allem in die Planungen der Flughafenlandschaft MUC II, eingebunden war, und danach als wissenschaftlichen Assistenten an den Lehrstuhl in Weihenstephan.

1985 machte ich mich in München selbständig und bearbeitete anfangs kleinere Projekte und Wettbewerbe. 1988 begannen mehrere größere wasserbauliche Projekte. Eines der wichtigsten war die Aufgabe, in Kinsau am Lech für die Lechstaustufe 8a Kinsau eine komplett neue Flußlandschaft zu bauen. Die alten wasserbaulichen Standards wurden verlassen und neuartige Ziele gesetzt, in enger Zusammenarbeit mit dem Bayerischen Landesamt für Wasserwirtschaft, der Höheren Naturschutzbehörde und auch mit Fachbiologen für Fauna und Vegetationskunde. Das Planungsgebiet am Lech wurde nicht als statisch begriffen, sondern als eine sich entsprechend den Standortbedingungen entwickelnde und verändernde Landschaft mit nur geringen menschlichen Pflegeeingriffen. Es wurden verschiedene abiotische Standorte hergestellt, auf denen sich selten gewordene Tier- und Pflanzenarten und -gesellschaften dealpiner Flußlandschafen im Zuge der natürlichen Sukzession über mittlerweile rund 15 Jahre von selbst entwickeln und etablieren konnten. Mittlerweile wurde dieser »neue« Talraum bei Kinsau als Naturschutzgebiet ausgewiesen.

Seit den 90er Jahren war ich an mehreren wasserbaulichen Projekten beteiligt – wie z. B. an Renaturierungsmaßnahmen an der Loisach, an der Vils im Allgäu und an der Vils in Niederbayern. Daneben gab es einige Landschaftspläne, u. a. für Bad Birnbach. Und als zweiten Schwerpunkt habe ich verschiedene Objektplanungen für die Landeshauptstadt München bearbeitet: vom Stadtteilpark bis zur Dachbegrünung – sowie mehrere Umgestaltungen im Olympiapark. Im Frühjahr 2010 bin ich mit meiner Frau umgezogen nach Bad Griesbach im Rottal. Wir sind momentan dabei, noch letzte Planungsprojekte abzuwickeln, und daneben bereite ich meine erste Kunstausstellung abstrakter Aquarelle vor, die im Herbst stattfinden wird.

R. S.: *Mit wem arbeiteten Sie bei Ihren Projekten besonders eng zusammen? Und welche konkrete Zusammenarbeit empfanden Sie dabei am innovativsten und persönlich bereicherndsten?*

W. J.: Ich habe je nach Schwerpunkt des Projekts mit verschiedensten Fachleuten und Behörden zusammengearbeitet. Besonders wichtige Impulse haben mir Herr Binder und Herr Gröbmaier vom damaligen Bayerischen Landesamt für Wasserwirtschaft, mittlerweile Umweltministerium, gegeben, die schon zu Zeiten der Lechstaustufe Kinsau den »naturnahen Wasserbau« vertreten haben. Meine engste Mitarbeiterin war und ist seit Beginn meiner selbständigen Tätigkeit im Jahr 1985 meine Frau.

R. S.: *Sicherlich hat sich bei Ihnen über die Jahre hinweg so etwas wie eine unverwechselbare planerisch-ästhetische, gestalterische Handschrift entwickelt. Wie würden Sie diese charakterisieren? Worin besteht Ihr besonderer Stil heute?*

W. J.: Ich würde sagen: Ich versuche eine Synthese zu finden aus einer optimalen Benutzbarkeit für die Menschen, der Förderung von Tier- und Pflanzenwelt und formaler Stimmigkeit – wobei je nach Aufgabe diese Faktoren verschieden zu gewichten sind.

Interview-Abschnitt II
(Projekt und Realisierungs-Wettbewerb)

R. S.: *Herr Jerney, die folgenden Fragen beziehen sich auf Ihre Beteiligung am Projekt »Isarplan« mit einleitender Kurz-Darstellung der Ausgangs-Situation:*

Die Vorgaben dieses Wettbewerbs an die Teilnehmer waren laut offiziellem Wettbewerbsprotokoll des Baureferats zur Sitzung des Preisgerichtes am

Plan-Entwurf des 2. Preisträgers«

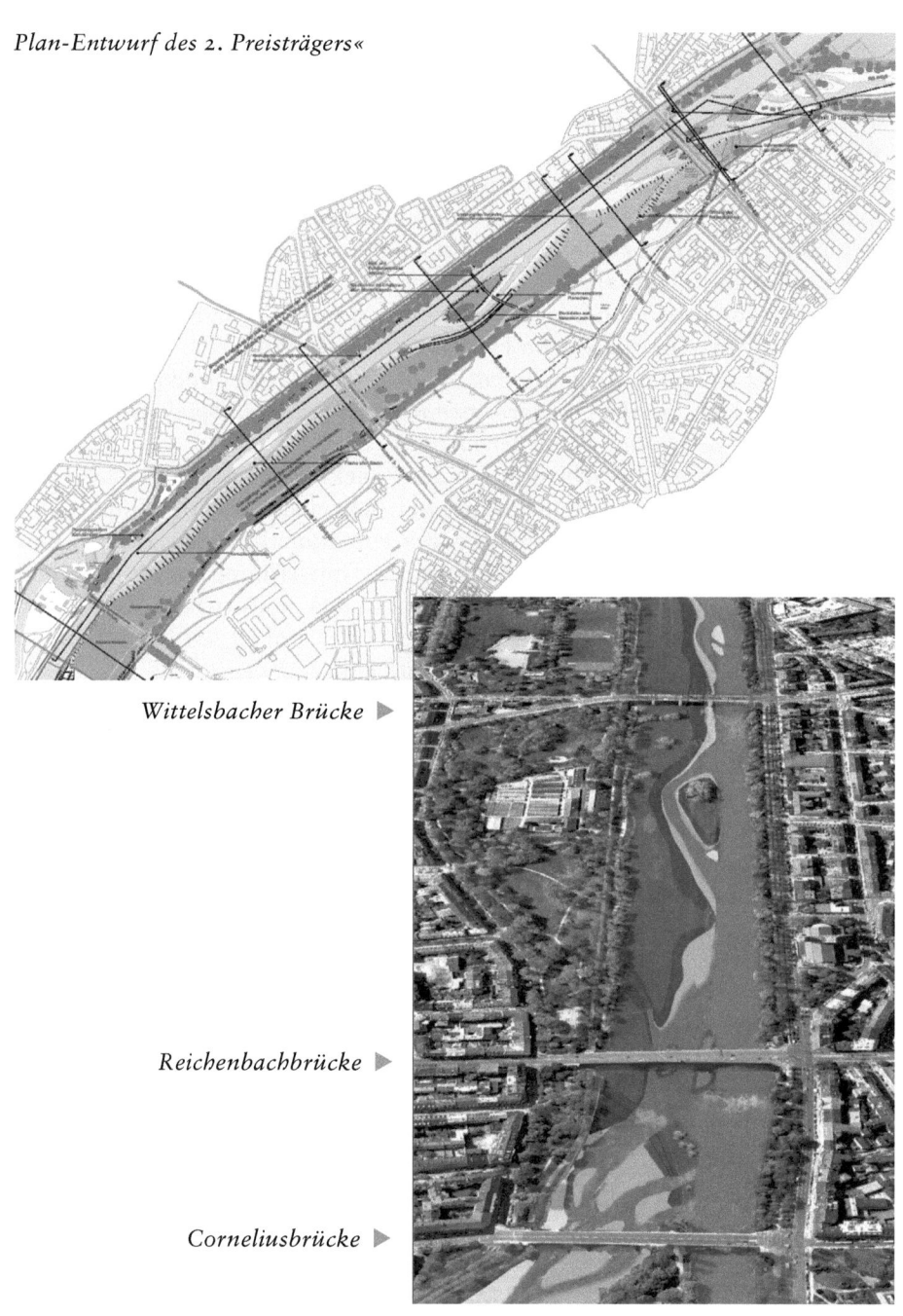

Wittelsbacher Brücke ▶

Reichenbachbrücke ▶

Corneliusbrücke ▶

Quelle: »›Isarplan-Beteiligungsverfahren‹, WWA-München

3.4.2003 *folgende:* »*Verbesserung des Hochwasserschutzes und naturnahe Umgestaltung der Isar unter Berücksichtigung der Erholungsnutzungen zwischen Braunauer Eisenbahnbrücke und Museumsinsel. Unter den erstaunlich unterschiedlichen Lösungsvorschlägen gewannen den ersten Preis Irene Burkhardt und Johannes Mahl-Gebhard, Landschaftsarchitekten, mit dem Ingenieurbüro SKI + Partner und den Architekten Matthias Reichenbach-Klinke und Hans Schranner.*

Der zweite Preis erging an Sie sowie Wilhelm Bechteler, EDR GmbH, Victor Lopez Cotelo und Stephan Zehl.

Auf Platz drei folgen Agence Ter.de GmbH mit Hans Helmut Bernhart.«

Die ersten drei Preisentwürfe wurden hierbei wie folgt charakterisiert:
Erster Preis/Der Entwurf des Büros Burkhardt/SKI: »*Linear geprägte Flußlandschaft mit städtischen Elementen, eindeutiger Übergang vom Landschaftsraum zum Stadtraum. Urbane Lösung.*

Zweiter Preis/Naturnahe Umgestaltung mit Inseldelta und Promenade am Deutschen Museum. Landschaftlich geprägt.

Dritter Preis/Allmählicher Übergang vom naturnahen Flußraum zum Stadtfluß. Mit Fußgängersteg im und am Fluß.«

Nach dieser Jury-Entscheidung des Preisgerichts erreichten »*Isar-Allianz*« *und BAs auch prompt die Rücknahme dieser eigentlich verbindlichen Preis-Entscheidung mit Preisgeld und Zusage der Umsetzung für den ersten Preisträger. So etwas war zuvor noch nie da gewesen. Nur unter Schwierigkeiten konnte, mittels eines Mediationsverfahrens, ein Kompromiß-Vorschlag gefunden werden, aus dem dann ein Kompromißplan zwischen den Plänen des 1. und des 2. Preisträgers erarbeitet werden mußte. Auf diese Entscheidung des Preisgerichtes, die daraus entstandenen Konsequenzen und die dadurch in Folge eröffneten Themenfelder beziehen sich die nun kommenden Fragen.*

R. S.: *Sie sind in die Arbeitsgruppe* »*Isarplan*« *auf Grundlage Ihres 2. Preis-Entwurfes beim* »*Realisierungswettbewerb Isar-Plan*« *eingebunden. Ihr Entwurf erhielt gleich schon zu Beginn das Etikett:* »*Naturnahe Umgestaltung*«*, womit er sich ja deutlich mehr im Einklang mit den Wettbewerbszielen befunden haben dürfte als der Entwurf von Irene Burkkhardt und SKI, welcher den 1. Preis erhielt. Wie erklären Sie sich dennoch die für viele so überraschende Entscheidung der Preisrichter?*

W. J.: Ein Wettbewerb ist ein Wettbewerb. Die verschiedenen Entwürfe werden von der Jury in geheimer Sitzung begutachtet. Mancher mag von einer

Wettbewerbsentscheidung überrascht sein, da ist der Isar-Wettbewerb sicher nicht der einzige. Aber das ist eben das Unwägbare eines solchen Verfahrens. So habe ich das auch nach der Entscheidung gesehen. Als dann nachträglich die Diskussionen in der Öffentlichkeit und in den Gremien der Stadtteilpolitik begannen, war das für alle Beteiligten eine recht nervenbeanspruchende Angelegenheit. Nach Abschluß meiner Arbeiten am Wettbewerbs-Abschnitt kann ich nur sagen, ich bin froh, daß, trotz aller Auseinandersetzungen Dritter um die Sache, die Zusammenarbeit mit dem Team von Irene Burkhardt gut funktioniert hat, und daß am Ende eine Lösung herausgekommen ist bzw. im letzten Abschnitt 2011 wohl noch herauskommen wird, die München auch in der Stadtmitte eine wertvolle naturnahe Erholungslandschaft beschert und zu einer Aufwertung des Bereichs am Deutschen Museum führt.

R. S.: Wie genau entstand der Kompromißplan? Welche Abstriche mußten Sie dabei an Ihrem Entwurf hinnehmen? Was hingegen wurde davon übernommen? Welche Elemente übernahm man aus dem Entwurf des 1. Preisträgers? Und welcher der beiden Entwürfe überwiegt heute, Ihrer Meinung nach, in der nun beinahe abgeschlossenen Umgestaltung der innerstädtischen Isar zwischen Braunauer Eisenbahnbrücke und dem Deutschen Museum?

W. J.: Es hat mich gefreut, daß recht wesentliche Teile des landschaftlichen Konzepts unseres 2. Preises umgesetzt wurden. Auf unser »Inseldelta« am Absturz zur »Kleinen Isar« wurde verzichtet.

R. S.: In welcher Weise erarbeiteten Sie Ihren Plan-Entwurf gemeinsam mit Ihren Partnern Wilhelm Bechteler, EDR GmbH, Victor Lopez Cotelo und Stephan Zehl? Das heißt, wie entsteht ein solcher Entwurf eigentlich überhaupt, bei dem es ja sicherlich auch nötig sein dürfte, wasserbauliche und ingenieurstechnische Fragen und Problemstellungen zu berücksichtigen oder gar zu lösen, die durch die eigene Planung aufgeworfen werden?

W. J.: Den Wettbewerbsentwurf konnte ich aufgrund meiner wasserbaulichen Erfahrungen – auch aus den bis dahin realisierten Isarbaustellen – zu einem recht großen Teil selbständig entwickeln und detaillieren. Das landschaftliche Konzept, die Überlegungen zum »Funktionieren« z. B. des Inseldeltas mit Fischaufstieg und schließlich eine gestalterische Linienführung sind eben auch primär Aufgaben für Landschaftsarchitekten. Aber auch andere Beteiligte unseres Teams, Wilhelm Bechteler, EDR GmbH, Victor Lopez Cotelo und Stephan Zehl, steuerten wesentliche Ideen, Fachbeiträge und teilweise viel Arbeit bei. Mein besonderer Dank gebührt hier vor allem dem Wasserbauer Herrn Prof. Dr. Rapp, den ich seit dem Kinsau-Projekt kenne, sowie Herrn Prof. Dr. Bechteler und seinem Mitarbeiter Herrn Dr. Broich, und nicht zuletzt meiner Frau.

R. S.: *Inwieweit verlangten die Wettbewerbskriterien, in den eingereichten Entwürfen auf diese technischen Aspekte überhaupt einzugehen? Oder brauchten diese Entwürfe jeweils nur gestalterische Konzepte zu sein?*
W. J.: Der Wettbewerb verlangte hydraulische Berechungen, die durch Prof. Dr. Bechteler und Dr. Broich erfolgten, sowie eine Kostenberechnung, die das Büro EDR-GmbH erstellte.
Man stellt sich in der Öffentlichkeit kaum vor, wie viel Arbeit und damit auch Kosteninvestition ein Wettbewerbsentwurf erfordert. Hat man Glück und gewinnt, wird das Preisgeld auf das Honorar angerechnet.
R. S.: *Arbeiten all diese Partner auch heute noch in Ihrem Team mit, innerhalb der Arbeitsgruppe »Isarplan«? Und wenn ja, wie sind dann deren Aufgaben hierbei verteilt?*
W. J.: Mit dem Entwurfsbeitrag zur »Weideninsel« hatte ich im Januar 2007 meinen Auftrag erfüllt. Wenn ich die Isar heute betrachte, fällt mir auf, daß sich, je mehr die flußdynamischen Kräfte gewirkt haben und die Vegetationsentwicklung fortgeschritten ist, der Fluß mit seinen Ufern immer schöner entwickelt. Gerade im südlichen Abschnitt ist dies zu sehen. Und es freut und befriedigt mich, daß ich von der südlichen Stadtgrenze bis fast zum Deutschen Museum zu einem Projekt beitragen konnte, das vielleicht weltweit einmalig ist als ein naturnaher Erholungs- und Badefluß mitten durch die Stadt. Was ich mir noch wünschen würde: Wenn einige der Ideen aus unserem Wettbewerbsentwurf des 2. Preises doch noch aufgenommen und realisiert würden: so z. B. die »Europa-Promenade« entlang des Westufers mit Ausblicken auf das Wasser, ein Fluß-Café am Deutschen Museum (ich weiß aktuell nicht, ob etwas Ähnliches an der Brücken-Kanzel nicht schon in der Diskussion oder Planung ist); die Aufwertung des Zugangs zum Deutschen Museum; im Bereich der »Weideninsel« ein Fußgängersteg von der Innenstadt hinüber ans »grüne« Erholungsufer; und zur Entlastung von Anwohnern und Parkplatzsituation ein Shuttle-Bus, der am Westufer von der U-Bahn Thalkirchen zum Deutschen Museum fährt und am Ostufer wieder zurück, das Ganze in den Haupt-Erholungszeiten in einem sehr engen Takt.
R. S.: *Lieber Herr Jerney, ich danke Ihnen für dieses aufschluß- und detailreiche Gespräch, das sicherlich für viele Leserinnen und Leser beitragen wird, weitere Einblicke in eine solch komplexe Planung und Organisation zu erhalten, wie sie das Projekt »Isarplan« erforderlich werden ließen. Ich wünsche Ihnen und Ihrer Frau, noch viele Flußabschnitte erfolgreich zu renaturieren.*

Winfried Jerney, Ralf Sartori

»Plan-Entwurf der 1. Preisträgerin«

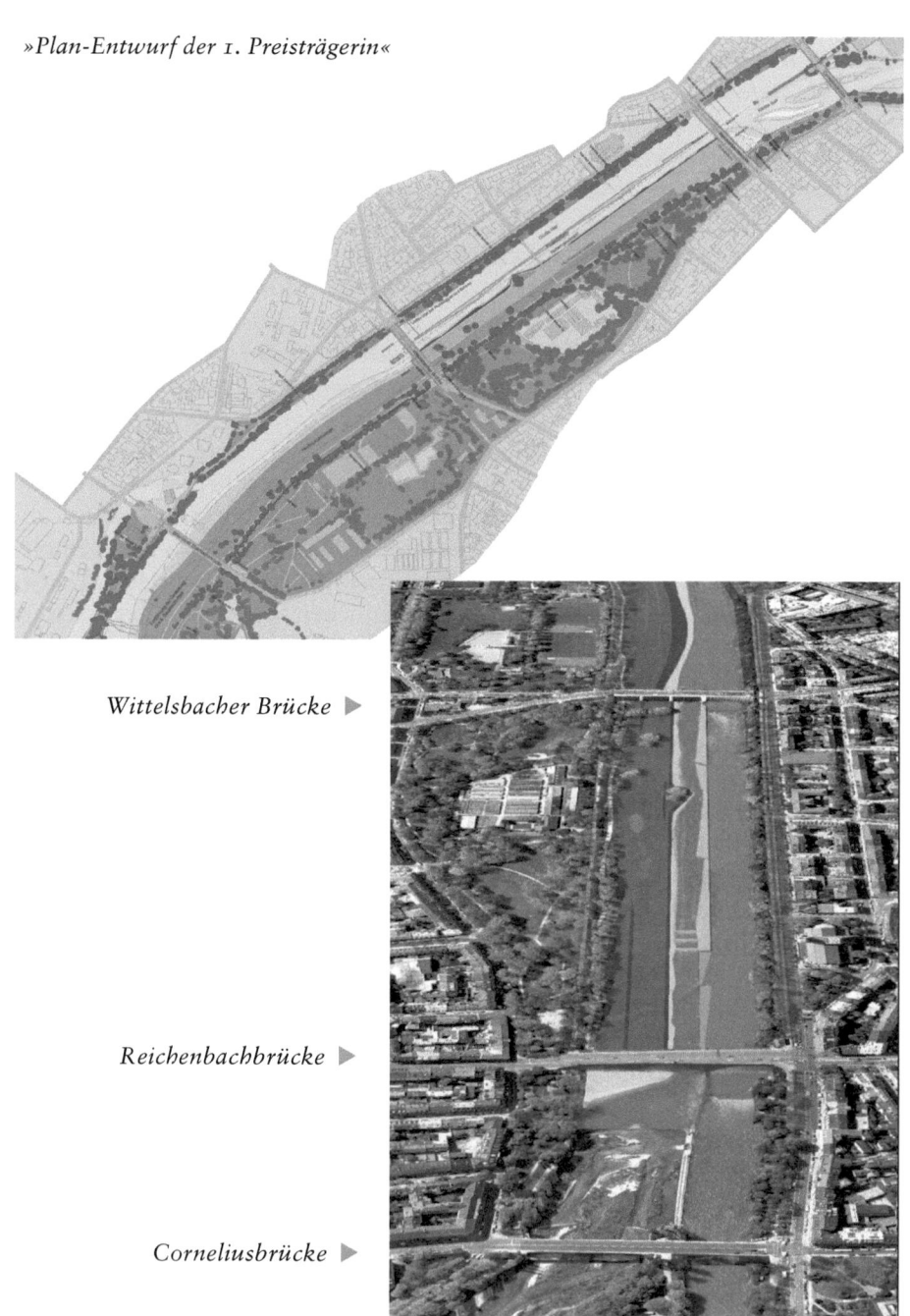

Wittelsbacher Brücke ▶

Reichenbachbrücke ▶

Corneliusbrücke ▶

Quelle: »›Isarplan-Beteiligungsverfahren‹«, WWA-München

Interview mit Irene Burkhardt, Landschaftsarchitektin, unter Mitwirkung des Landschaftsarchitekten Oliver Engelmayer,

Interview-Abschnitt I (Architektinnen-Portrait)

Ralf Sartori (R. S.): Sie planen derzeit, mit dem »Werkbund«, bei dem Sie im Vorstand sind, ein stadtplanerisches Isarprojekt in Landshut, an der sog. »Mittleren Isar«, zu beginnen?

Irene Burkhardt und Oliver Engelmayer/in Folge abgekürzt als (I. B.): Bei dem Projekt »Bewegende Begegnung Isar« möchte der Werkbund mit Ausstellungen und Installationen, Stadtspaziergängen, Vorträgen und Diskussionen und nicht zuletzt mit dem Werkbundtag 2011 das Thema »Fluß und Stadt« in Landshut in das öffentliche Bewußtsein bringen. Es sollen laufende Projekte unterstützt und neue angestoßen werden, hoffentlich auch beispielgebend für andere Städte an der Isar sowie anderen Flüssen Bayerns.

R. S.: Haben Sie darüber hinaus, abgesehen von Ihrer Beteiligung am Projekt »Isarplan«, derzeit noch andere Isar-Projekte in Vorbereitung oder Planung?

I. B.: Im Bereich der Reichenbachbrücke in München planen wir derzeit die Wiederherstellung der vom Bau des Spartentunnels betroffenen, denkmalgeschützten Grünanlagen am Isarhochufer für das Baureferat München. Hier sind durch die Umsetzung des »Isarplan« auch neue Sicht- und Wegebezüge entstanden, die in die bestehenden Anlagen mit ihrem hervorragenden Baumbestand zu integrieren sind.

R. S.: Was genau bedeutet die Isar Ihnen persönlich? Stehen Sie mit diesem Fluß in einem nahen Verhältnis? Verbinden Sie mit ihr besonders intensive und unvergeßliche biographische Momente? Welche Spuren hat sie in Ihnen hinterlassen, schon bevor Sie begonnen hatten, an – bzw. mit ihr zu arbeiten?

I. B.: Als Münchnerin gehört die Isar für mich zur Stadt wie die Frauentürme. Die lebendige Flußader Isar bestimmt auch die Kultur der Stadt. Insofern ist es eine Ehre, dieses kulturelle Gut mitgestalten und prägen zu dürfen. Ich wuchs in Pasing auf, wo ich heute auch wieder lebe. Von daher sind Kindheits- und Jugenderinnerungen eher mit der Würm verknüpft, die ja einen ganz anderen Charakter hat als die Isar, grün, schattig und verträumt mit alten Weiden, die sich schräg über das Flußbett strecken.

Bevor der »Isarplan« umgesetzt wurde, erstellten wir, Ende der 90er Jahre, als Zuarbeit zu den südlichen Abschnitten, Bestandsaufnahmen sowie Pflege- und Entwicklungspläne für die Vegetationsbestände zwischen Corneliusbrücke und Stadtgrenze im Süden. Das Flußtal dort mit den hohen Leiten und Nagelfluhabbrüchen zeigt dramatisch und hochromantisch die natürliche Entstehungsgeschichte der Landschaft. Besonders schätze ich auch den Abschnitt vom Deutschen Museum und Müllerschen Volksbad, an Landtag und Praterinsel vorbei, bis zum Friedensengel. Dort führe ich gerne auswärtige Besucher hin, wenn ich ihnen Münchens schönste und vielfältigste Seiten zeigen will. Hier ist die Isar wunderbar abwechslungsreich, städtisch und wilde Natur zugleich. Die Kraft des Wassers ist an den Wehren und Wasserfällen zu spüren wie sonst selten in München.

Ein langjähriges, umfangreiches Projekt wie der »Isarplan« wird natürlich auch von mehreren Mitarbeitern mitgestaltet und geprägt, von denen jede/r sein persönliches Verhältnis zur Isar besitzt und dieses auch in die Arbeit einbringt.

Für die Au-Haidhausener unter uns ist die Isar die wichtigste Grünfläche direkt vor der Haustür, der Ort, wo man fast täglich spazierengeht, joggt, liest oder badet und, vor allem, den Sommer genießt. Auch vor dem Umbau war die Isar hier ein schöner Ort, vor allem die verborgenen, eingewachsenen Stellen am Ufer, von denen aus man im gleichmäßig fließenden, tiefen Wasser wunderbar baden konnte, aber auch die Hochwasserwiesen mit ihrer grün wogenden, landschaftlichen Weite. Hier sind durch den Umbau, der eine neue spannende landschaftliche Situation geschaffen hat, dennoch auch Qualitäten verlorengegangen!

Die »neue« Isar zieht weit mehr Leute an, Momente der Einsamkeit und das Gefühl, fernab vom Trubel der Stadt zu sein, sind eher selten geworden.

Die langjährige Beschäftigung mit dem Fluß über das Isar-Projekt hat die Beziehung vertieft, man beobachtet und reflektiert die Entwicklung der bereits gebauten Abschnitte intensiv, insbesondere wie sich der Fluß bei unterschiedlichen Wasserständen verhält und sich mit jedem Hochwasser verändert. Es ist auf jeden Fall etwas ganz besonderes, an einem Projekt zu arbeiten, dessen gebautes Ergebnis man auch selbst so gerne und häufig nutzt. Die vielen schönen Sommerabende mit Freunden auf den Sitzstufen an der Wittelsbacher Brücke im ersten Sommer nach der Fertigstellung gehören daher zu den intensivsten Erinnerungen.

R. S.: *Ihre beiden Planungsbüros gründeten Sie 1990 (in Freising) und 1994 (in Leipzig). Das Freisinger Büro zog 2001 nach München um. Sicherlich hat sich bei Ihnen über die Jahre hinweg so etwas wie eine unverwechselbare planerisch-ästhetische, gestalterische Handschrift entwickelt. Bei landschafts-architektonischen Planungen geht es ja immer um eine notwendige Synthese von Natur und Stadtlandschaft, bzw. neu zu gestaltender Natur und neu zu bildender Landschafts-Architektur. Je nach Persönlichkeit und Naturell des Architekten findet bei dieser Synthese-Leistung eine unterschiedliche Gewichtung der betreffenden beiden Grund-Pole statt. Wo würden Sie nun, unabhängig vom »Isarplan«, auf einer entsprechenden Skala Ihren Platz sehen?*

I. R.: In unserer dicht besiedelten Kulturlandschaft ist jede Landschaft gestaltet, eine vom Menschen unabhängige Natur existiert so gut wie nirgends. Die Polarität »gestaltete Natur« und »Landschafts-Architektur« sehe ich daher in dieser Eindeutigkeit nicht.

Als Büro sind wir stark in der Planung von Landschaft verankert: Ausgleichsflächen, Renaturierungsmaßnahmen und auch großmaßstäbliche Konzepte für den Schutz und die Entwicklung von Landschaft im Zusammenhang mit der Siedlungsentwicklung sind, neben der Freiraumgestaltung im Siedlungsbereich, ein wichtiger Teil der Arbeit.

Bei unseren Projekten ist mir wichtig, daß Landschaft vor allem über räumliche und ortsspezifische Bezüge, Topographie und Vegetation entsteht und nicht über rein gestalterisch motivierte Statements architektonischer Art. Dies bedeutet für mich aber auch, daß dort, wo bauliche und technische Strukturen eine Landschaft mit definieren, diese als eigenständige Elemente harmonisch gestaltet und eingebunden, und nicht nur kaschiert werden.

Dies gilt auch für den »Isarplan«: Rahmenbedingungen wie der beengte Flußschlauch zwischen den Kaimauern und Deichen, das über den Sylvensteinspeicher und die Bachausleitungen hochgradig geregelte Abflußregime der Isar oder die vielen Brücken und Leitungsquerungen führen dazu, daß der Fluß in der Stadt ein vom Menschen stark reguliertes, überwiegend künstliches System bleibt, das ohne einen gebauten Rahmen gar nicht mit der bis an den Fluß rückenden Bebauung vereinbar wäre.

In diesem Rahmen gibt es dennoch – unbedingt zu nutzende – Spielräume für eine natürliche, sich selbst überlassene Entwicklung. Hochwertigste Habitate befinden sich an der Isar, oft auch an gebauten Dämmen und Deichen, an Kolken unterhalb der Wehre und nicht nur dort, wo der Fluß sich frei umlagern kann. Eine naturalistische Formensprache in der Gestaltung der umfangreich notwendigen Verbauung bedeutet nicht automatisch auch einen höheren ökologischen oder landschaftsgestalterischen Wert. Letztlich ist die Verwendung von grobgespaltenem Kalk aus der fränkischen Alb für Uferbefestigungen und Störsteine dem Landschaftsraum Isar vielleicht sogar fremder als der im 19. und frühen 20. Jahrhundert an den Wehren und Kaimauern allseits verwendete Waschbeton mit Kies aus dem Flussbett selbst, der ja den Nagelfluhbänken der Isarleiten nachempfunden wurde.

R. S.: *Wie stehen Sie zu der These, daß jegliche gestalterische Tätigkeit ein Akt der* wechselseitigen *Beziehung zwischen* »Künstler« *und Sujet ist? Falls Sie dem grundsätzlich zustimmen, welche gestalterischen Spuren hat dann die Isar während der langjährigen Arbeit mit ihr innerhalb des Projekt-Rahmens* »Isarplan« *oder im Rahmen anderer Isar-Projekte, in Ihnen persönlich hinterlassen? Betrachten Sie Ihre Arbeit als ein vorrangig handwerklich-technisches oder mehr künstlerisches Wirken?*

I. R.: Heutzutage lassen sich große Landschaftsprojekte meist nicht mehr mit künstlerischen Ansätzen allein erfassen – auch die Zeiten absolutistischer Gesamtkunstwerke sind vorbei. Bei jedem Projekt ist eine Fülle von Ansprüchen ökologischer, technischer, politischer und ökonomischer Art, zu einem tragfähigen Konzept zu vereinen und in eine gesamtheitliche Gestaltung zu übersetzen. Dies ist immer ein zeitintensiver Prozeß, der von vielen Beteiligten geprägt wird. Er gelingt umso besser, je tiefer und breiter das Verständnis für die Charakteristik einer Landschaft, ihre Geschichte und die aktuellen gesellschaftlichen Anforderungen ist.

Insofern hat auch die Arbeit am »Isarplan« nicht nur die Isar selbst als Sujet, sondern auch die oft weit auseinandergehenden Vorstellungen zum praktischen Nutzen, den Sehnsüchten und Bildern, die die Öffentlichkeit und die unterschiedlichsten Beteiligten von der Isar haben. Die wenigen grundsätzlichen gestalterischen und wasserbaulichen Prinzipien, auf die sich alle einigen konnten, mußten deutlich herausgearbeitet und in den verschiedenen Umsetzungsphasen über die Jahre hinweg auch beibehalten werden. Bei einem so großen, kontrovers diskutierten Projekt bleibt dadurch leider wenig Raum für Details. Unser Anliegen ist es, eine möglichst klare und einfache, nachhaltige Gestaltung sowie eine hochwertige, qualitätvolle Ausführung zu erreichen. Es ging uns darum, zusammen mit den Ingenieuren die weitreichenden wasserbaulichen Maßnahmen und die vielfältigen baulichen Zwangspunkte wie zum Beispiel die Überbrückung der Fernwärmeleitung in ein landschaftliches Gesamtkonzept zu überführen. Gewachsen ist die Lust, zu mehr »Auswilderung« der Isar in ihren oft auch eintönigen Abschnitten beizutragen, vor allem im Norden der Stadt, andererseits den Menschen Gelegenheit zu geben, die Isar in ihrem unmittelbaren Wohnumfeld von beiden Ufern aus intensiv erleben zu können.

R. S.: Inwieweit bedarf es für Sie des Aufbaus einer persönlichen Beziehung zu einem Ort, den Sie beplanen möchten, um dessen besonderen Wesen und Geist dabei gerecht werden zu können? In welcher Form tragen Sie Ihren Teil dazu bei und wie weitgehend, würden Sie sagen, bringen Sie sich dabei selbst als Person in den Gestaltungs-Prozess mit diesem Ort ein?
I. B.: Eine persönliche Beziehung und Einschätzung eines Orts entsteht unmittelbar und rasch – es ist eine der schönen Seiten unseres Berufs, daß man über die Arbeit so viele verschiedene Orte gut kennenlernt. Wir besichtigen daher Orte möglichst oft und immer wieder im Verlauf einer Planung, um unsere Ideen zu überprüfen und weiterzuentwickeln. Dies ist meist ein langer Prozeß, bei dem man in den Ort immer weiter eintaucht, dabei stets neue Aspekte gewinnt und weitere Lösungen entdeckt.
Im Fall der Isar ist das für uns als ortsansässiges Büro natürlich leicht möglich gewesen. Zum Ort gehören dabei immer auch die Menschen, die ihn nutzen oder sich ihm zugehörig fühlen. Mein Wunsch ist es, in einem unaufgeregten Sinne, schöne und harmonische Orte zu schaffen. Dazu gehört ein umfassender Blick, der auch Ränder und Randbereiche einbezieht.
R. S.: Was reizt Sie persönlich an einem Fluß-Projekt im Vergleich zu anderen?
I. B.: Ein Fluß ist immer ein besonderer Ort! Mich reizen die technischen und gestalterischen Herausforderungen, insbesondere bei der Übersetzung der wasserbaulichen Maßnahmen in »Landschaft« und die durch die Dynamik des Flusses erzeugten immer wieder wechselnden Landschaftsbilder. Der Wasserspiegel, gerade der Isar, schwankt sehr stark, dadurch sieht sie immer wieder anders aus. Selbst in den wenigen Jahren seit Fertigstellung der von uns mitgeplanten Abschnitte haben sich der Lauf des Wassers, die Kies- und Sandbänke wie auch die Vegetation mehrmals sehr stark verändert – manchmal so, wie man es in der Planung vorausgesehen hat, teilweise aber auch ganz anders. Ich bin mir sicher, daß sich bereits in wenigen Jahren viele Bereiche, die jetzt noch »neu« und etwas roh aussehen, ganz selbstverständlich entwickeln werden. Als der Abschnitt der Weideninsel 2009 bis in den Sommer hinein gebaut wurde, war es sehr spannend zu beobachten, wie intensiv die Bevölkerung bereits die Baustelle in Besitz nahm: In dem für den Bau angelegten Staubecken wurde gebadet, Kinder spielten auf den Kieshaufen und der Wasserstrahl der Pumpen wurde als Fontäne zum Spiel mit dem Wasser genutzt. Für einen kurzen Sommer entstand dort eine ganz eigene Landschaft mit einer Atmosphäre, wie wir sie uns bei der Erarbeitung des Wettbewerbsbeitrags vielleicht unwillkürlich erträumt hatten.
R. S.: Frau Burkhardt, Sie studierten Landespflege an der TU München-

Weihenstephan. Bei wem haben Sie dort vorwiegend studiert, wie verlief Ihre Ausbildung zur Landschaftsarchitektin und wessen Einfluß war hier für Sie rückblickend betrachtet am prägendsten?
I. B.: Prof. Grzimek, dessen Arbeit am Olympiapark jedem ein Begriff ist, mit seinem Assistenten Dr. Henze, Prof. Haber und dann auch Prof. Valentien sowie Prof. Latz waren für mich prägende, jede für sich sehr charakteristische Persönlichkeiten, über die ich meinen eigenen Standpunkt entwickelt habe.
R. S.: Anschließend arbeiteten sie am »Lehrstuhl für Landschaftsökologie an der TU München-Weihenstephan«, im »Referat für Stadtplanung und Raumordnung der LH München«, und waren dem »Lehrstuhl für Städtebau und Regionalplanung an der TU München« und der Fachhochschule in Weihenstephan lange verbunden. Wie würden Sie Ihre Tätigkeit an diesen Institutionen, kurz zusammenfassend, beschreiben?
I. B.: Bei meiner Tätigkeit als wissenschaftliche Assistentin an der TUM in Weihenstephan habe ich insbesondere über die Betreuung von Seminararbeiten die Breite des Berufsfeldes erfahren und selbst aktuelle Fragestellungen aufgespürt. So konnte ich einen gesamtheitlichen landschaftlichen Ansatz entwickeln. Beim Referat für Stadtplanung und Bauordnung der Stadt München war ich an der Konzeption für den neuen Stadtteil Messestadt Riem unter dem umfassenden Gesichtspunkt der Nachhaltigkeit beteiligt. An den Lehrstühlen versuche ich, Erfahrungen aus der planerischen Praxis zu vermitteln und weitergehende Fragen und Themen anzuregen.
R. S.: Unterhalten Sie zu diesen Lehrstühlen auch heute noch einen intensiven beruflichen Kontakt? Tauschen Sie sich mit ihnen immer wieder aus oder arbeiten zusammen? Und welche konkrete Zusammenarbeit empfanden Sie dabei am innovativsten und persönlich bereicherndsten?
I. B.: Die Kontakte sind nach wie vor intensiv, beruflich und persönlich. Über die Bayerische Architektenkammer, den Bund Deutscher Landschaftsarchitekten (BDLA) und den Verein der Freunde der Landschaftsökologie stehen wir in der Diskussion über zukunftsweisende Themen unseres Berufsstandes.
Mit dem mittlerweile verstorbenen Prof. Reichenbach-Klinke vom Lehrstuhl für Städtebau und Regionalplanung haben wir den Wettbewerbsentwurf für die Isar entwickelt. Gemeinsam mit Prof. Pauleit von der TUM Weihenstephan arbeiten wir für die Stadt Leipzig an dem Projekt »Urbaner Wald« und für die EU sind wir an dem Forschungsprojekt PLUREL über nachhaltigen Städtebau in Europa und China beteiligt.

Interview-Abschnitt II
(Projekt und Realisierungs-Wettbewerb)

R. S.: *Zu Ihrer Beteiligung am Projekt »Isarplan« mit Fragen zum »Realisierungswettbewerb« des letzten innerstädtischen Teilabschnittes:*

Ihr Entwurf erhielt schon innerhalb des Wettbewerbes das Etikett: »Urbane Lösung mit linear geprägter Flußlandschaft«, weshalb die Preis-Entscheidung der Jury zu Ihren Gunsten heftige Kontroversen ausgelöst hatte. Ein Kompromißplan wurde erforderlich. Wie entstand dieser, welche Abstriche mußten Sie dabei an Ihrem Entwurf hinnehmen, was wurde davon übernommen und welche Elemente übernahm man aus dem Entwurf des 2. Preisträgers?

I. B.: Zum Thema »Wettbewerbsbeitrag« möchte ich gerne vorausschicken, daß ich hoffe, daß sich die Gemüter nach nunmehr acht Jahren beruhigt haben und man sachlicher und offener diskutieren kann, als es 2003 möglich war. So interessant der Rückblick auf die Wettbewerbsideen sein mag – wir haben jetzt ein nahezu fertig gebautes Ergebnis, das in einer umfassenden Abstimmung entwickelt wurde und das sich jetzt in der Realität bewähren muß. Die Frage, was Naturnähe beim Fluß in der Großstadt bedeuten und wie sie aussehen kann, bleibt weiterhin, auch bezüglich der Isar, hochinteressant. Allen Beteiligten ist die Sehnsucht nach einer möglichst »natürlichen« Isar gemeinsam, auch wenn die Rahmenbedingungen das weitgehend ausschließen. Der Auftraggeber hat hausintern für den Kompromiß einen Vorentwurf erarbeitet, der in seiner Linienführung sehr stark auf dem Entwurf des 2. Preisträgers beruhte und insbesondere die Weideninsel im mittleren Abschnitt übernahm. Unser Beitrag bestand im folgenden in einer gestalterisch und hydraulisch begründeten Vereinfachung der Linienführung und Profilierung, angelehnt an die Gestaltungsprinzipien des Wettbewerbsentwurfs. Dieser Ansatz wurde auch unterstützt von den Erfahrungen mit dem Hochwasser 2005, dem viele kleinteilige Strukturen und Bauweisen der vorherigen Abschnitte nicht standgehalten hatten.

R. S.: *Wie wurden denn beide Planungsbüros in eine gemeinsame Umsetzung des Kompromiß-Entwurfes eingebunden? Und wie genau gestaltet sich dabei vor allem die Kooperation und Zusammenarbeit mit dem Planungsbüro des 2. Wettbewerbspreisträgers?*

Wie sind hier zwischen den beiden Büros die Zuständigkeiten, vor allem deren konkrete Aufgaben, verteilt? Wer bearbeitet wie welchen Schwerpunkt, bzw. Isar-Teilabschnitt?

I. B.: Die Erarbeitung des Kompromißentwurfes für den Gesamtabschnitt erfolgte in mehreren gemeinsamen Workshops mit den beiden Arbeitsgemeinschaften und dem Auftraggeber. Die Zeichnungen wurden von uns zusammengeführt. Eine Aufteilung in drei Abschnitte, als einzelne Projekte mit Bearbeitung durch die jeweiligen Büros, erfolgte erst nach der Genehmigungsphase für die Ausführungsplanung. Die Zusammenarbeit mit den Büros der anderen Preisträger funktionierte sehr gut, aufgrund der beiderseits vorhandenen persönlichen Bereitschaft und geistigen Offenheit gegenüber unterschiedlichen Gestaltungsansätzen. Wir lagen in Fragen der Ausgestaltung des Gesamtabschnittes weit weniger auseinander, als das von außen jetzt erscheinen mag. Von den zu Beginn an der Ausarbeitung beteiligten Büros sind allerdings das Landschaftsarchitekturbüro Mahl-Gebhard und Reichenbach-Klinke-Schranner Architekten einvernehmlich aus unserer Arbeitsgemeinschaft ausgetreten, da sie innerhalb der gestalterischen und architektonischen Anteile der sehr reduzierten Aufgabenstellung des Kompromißentwurfes keine Notwendigkeit für eine weitere Beteiligung mehr sahen. Auch das Büro Jerney hat *seinen* Abschnitt nicht zu Ende geführt, im Rahmen der letztendlichen Genehmigung und Ausführungsplanung haben wir – wiederum einvernehmlich – diesen Abschnitt als Subunternehmer für die ARGE (Arbeitsgemeinschaft) des 2. Preises übernommen. An der letztendlichen Umsetzung im Rahmen der Bauleitung waren keine Büros mit originär gestalterischer oder landschaftsarchitektonischer Qualifikation mehr beteiligt.

R. S.: *Mit welchen Personen und konkreten Aufgaben ist Ihr Team heute in der Arbeitsgruppe »Isarplan« insgesamt eingebunden, auch in bezug auf die Aufgaben und Zuständigkeiten der staatlichen und städtischen Projektpartner? Und wo liegen die Abgrenzungen zu jenen der anderen Beteiligten? Wie funktionieren gegenseitige Abstimmung und die nötigen interdisziplinären Entscheidungsfindungs-Prozesse innerhalb der Planungsgruppe?*

I. B.: Die Arbeitsgruppe »Isarplan« wurde im Rahmen der Entwurfsplanung in sogenannten »Expertenworkshops« beteiligt. Im späteren Planungsverlauf wurden wesentliche Planungsstände in sogenannten »Expertengesprächen« diskutiert, *diese zumeist ohne unsere Beteiligung*.

Wir erarbeiteten in Arbeitsgemeinschaft mit SKI die Genehmigungs- und Ausführungsunterlagen für den Abschnitt Süd, den Abschnitt Mitte (Teilbereich 1) sowie den Abschnitt Nord. Nach Ausstieg des Büros Jerney haben wir – wie bereits erwähnt – als Subunternehmer für das Ingenieurbüro EDR weiterhin die Genehmigungs- und Ausführungsunterlagen für den Abschnitt Mitte (Teilbereich 2) erarbeitet. In Arbeitsgemeinschaft mit den Ingenieuren entwickelten wir die Planung und Gestaltung in sehr enger, kontinuierlicher Zusammenarbeit gemeinsam. Ingenieurbau und Landschaftsarchitektur geben sich wechselseitig die Stichworte und Ansätze, die Gestalt des Flusses entsteht so aus den gemeinsamen Entscheidungen der beiden sehr unterschiedlichen Disziplinen. Das ist ja auch das Spannende daran.

Die Planungen wurden meist vom Auftraggeber mit weiteren Fachbehörden und politischen Gremien abgestimmt, wir waren hier nur fallweise beteiligt.

R. S.: *Es gibt ja auch, wie ich hörte, nicht entscheidungsberechtigte Partner, die nur etwa ein- bis zweimal jährlich zu Fachgesprächen eingeladen wurden, denen aber kein Mitspracherecht eingeräumt wurde, wie die BAs oder die Isar-Allianz. Ist das so richtig wiedergegeben? Wie werden in der Arbeitsgruppe »Isarplan« die Ergebnisse dieser sog. »Expertengespräche« in die Planungen einbezogen? Werden sie wirklich herangezogen?*

I. B.: Die Bezirksausschüsse haben natürlich ein Mitspracherecht. Dies gilt im Rahmen der Genehmigungsverfahren, die für jeden der Abschnitte jeweils zum Entwurf wie auch für die Ausführungsplanung stattfanden – insgesamt also achtmal –, auch für die Isar-Allianz *im Rahmen der Beteiligung der Öffentlichkeit*. Die Anregungen und Bedenken wurden laufend abgewogen und – sofern realisierbar – eingearbeitet und allen genannten Beteiligten erläutert. Eine Abwägung war jedoch unumgänglich, da die Wünsche und Anregungen der verschiedenen Träger öffentlicher Belange sich nicht immer in Einklang bringen ließen, sowohl untereinander als auch mit den technischen und ökonomischen Vorgaben für das Projekt. Zum Beispiel machte es gerade in den letzten beiden Abschnitten wenig Sinn, naturschutzfachlich hochwertige Vegetationsbestände etablieren zu wollen, da diese dem Ansturm der Erholungsuchenden ohnehin nicht gewachsen wären. Das hat sich angesichts der bereits eingetretenen intensiven Nutzung schon bewahrheitet. Bestimmte Strukturen zur Verbesserung der Lebensräume für Wassertiere wie Totholz stellen für Badende eine Gefahr dar und konnten daher nicht überall eingebracht werden, wo es aus fischbiologischer Sicht vielleicht wünschenswert gewesen wäre. Brückenpfeiler und unterirdische Leitungen müssen baulich geschützt werden.

Es ist übrigens normal, daß im Rahmen solcher Verfahren zunächst von allen Seiten Maximalforderungen gestellt und dann Kompromisse gefunden werden müssen.

R. S.: *Worin könnten Ihrer Ansicht nach Zusammenarbeit und Abstimmung mit all den anderen Partnern noch verbessert werden?*

I. B.: Die Zusammenarbeit war in der aufgeheizten Stimmung nach dem Wettbewerbsentscheid für alle nicht einfach. Eine weitergehende Beteiligung der Öffentlichkeit und der Verbände ist natürlich immer wünschenswert, aber auch zeit- und kostenintensiv. Man darf dabei nicht übersehen, daß dieser Abschnitt des »Isarplan« mit den einzuhaltenden, gar nicht so hohen Baukosten über einen Zeitraum von acht Jahren ein relativ *günstiges* Projekt ist.

R. S.: *Konnten Sie die Argumente sowie den förmlichen Aufruhr, den die Entscheidung der Jury hervorgebracht hatte, damals nachvollziehen? Waren Sie überrascht, daß sich ein solch heftiger Widerstand gegen die Umsetzung Ihres Entwurfes in der Öffentlichkeit formierte?*

I. B.: Das Ziel des Isarplans, die Isar »naturnah« zu entwickeln, ist in der Wettbewerbsauslobung sehr ausführlich beschrieben. Sie macht das Leitbild »Natur und Landschaft, Ökologie« zu einer wesentlichen Grundlage der Planung, differenziert und ergänzt es aber auch für den letzten, im Wettbewerb zu bearbeitenden Abschnitt: »Gesucht werden alternative Ideen und Möglichkeiten, die die in diesem Bereich besonders hohen Anforderungen an den Stadt- und Flußraum aus Sicht der Erholung, des Stadt- und Landschaftsbildes, der Ökologie, des Denkmalschutzes und des Wasserbaus sowie der Hydraulik in ein tragfähiges Gesamtkonzept umsetzen.« Grund für den Wettbewerb war ja nicht zuletzt die Erkenntnis, daß man zur Innenstadt hin einen – nicht nur gestalterisch, sondern auch wasserbaulich nicht ganz einfachen – Übergang finden muß zwischen dem Leitbild einer möglichst wenig regulierten Isar im Süden des Stadtgebiets und der Isar im Bereich der Innenstadt mit einem deutlich verengten Flußraum von nur circa 150 m Breite. Zum anderen sollte die »urbanere« Gestaltung die prägenden Bauten im Fluß wie das Corneliusstreichwehr oder die Sohlschwellen an den Brücken einbinden und Raum für die vielen Erholungssuchenden schaffen. Dies nicht zuletzt, um andere Flußabschnitte, in denen eine viel konsequentere Deregulierung möglich ist als hier, vom Erholungsdruck zu entlasten. Insgesamt wurden über sieben Kilometer Flußstrecke der Isar renaturiert, bei der ganzen Diskussion ging es um die letzten 700 m, in denen das Leitbild »Deregulierung und Naturnähe« schon aus Hochwasserschutz- und anderen technischen Gründen nicht lupenrein umgesetzt werden konnte. Das hochkarätig besetzte Preisgericht war ja durchaus der Meinung, daß unser Entwurf diesen Aufgaben im europaweit ausgeschriebenen Wettbewerb am besten entsprochen hat! Dessen räumliche Klarheit hätte zu einer naturnahen Entwicklung im Detail keinen Widerspruch dargestellt. Die reizvollsten Stellen der Isar in München leben von solchen Kontrasten. Hier wurde vieles vorschnell verurteilt und an dem Totschlagwort »Beton« festgemacht.

Im letzten Abschnitt sind die baulichen Anforderungen für den Hochwasserschutz enorm hoch, vor allem an den Brücken, den querenden Leitungen und im Übergang zum Corneliuswehr ist ein ungeregeltes Fließen der Isar nicht umsetzbar. Hier mußte schon aufgrund der notwendigen Steuerung der aufzuteilenden Wasserabflüsse in die Große und die Kleine Isar ein Übergang gefunden werden zwischen den weniger regulierten Abschnitten weiter südlich und dem vollständig mit Mauern und Wehren gefaßten Flußlauf im Bereich der Museumsinsel. Der Umfang der notwendigen Verbauung beziehungsweise der tatsächlich freifließenden Abschnitte der Isar wäre daher letztlich für alle Entwürfe ziemlich gleich geblieben. Die jetzt realisierte Lösung ist ebenso stark verbaut und auch im Detail nicht mehr oder weniger künstlich/natürlich als der damalige Entwurf. Allerdings präsentieren sich die Uferlinien, die Lage von Tief- und Flachwasserzonen und damit auch die erhofften, sich immer wieder verlagernden Kiesbänke in anderer Gestalt. Eine sachliche Diskussion dieser Aspekte war in der aufgeheizten Stimmung der Öffentlichkeit jedoch leider nicht möglich.

Zunächst waren wir durchaus überrascht von der Heftigkeit der Reaktion, da wir ja mit dem Entwurf die Absicht hatten, das differenzierte Leitbild an die Situation in der Innenstadt angepaßt umzusetzen, nicht es »auszuheben«. Warum dies nicht so verstanden wurde, haben wir erst mit der Zeit besser nachvollziehen können.

R. S.: *Was hatte Sie eigentlich veranlaßt, trotz der Vorgabe einer naturnahen Beplanung des innerstädtischen Isarbereichs, einen betont* urban-architektonischen *Entwurf einzureichen?*

I. B.: Dealpine Flußlandschaften sind mit ihrer natürlichen Verzweigung linear geprägt, das ist ihre Natur. Auch der Verlauf der Isar ist relativ gerade gestreckt. Dies wurde auch bei den Renaturierungsstrecken, z. B. südlich der Tierparkbrücke, so nachempfunden. Wir empfinden diese Abschnitte als sehr gelungen und hatten sie, neben anderem, als »Ideal« bei unserem Entwurf im Kopf. Wo an der Isar Verzweigungen vorkommen, haben diese allerdings eine Maßstäblichkeit, die im eng zusammengeschnürten Flußbett im Innenstadtbereich überhaupt nicht unterzubringen gewesen wäre. »Urban« heißt im Wortsinn »städtisch«, »zur Stadt gehörend« – so haben wir die Wortwahl der Jury interpretiert –, natürlich ist die Isar in diesem Abschnitt in jenem Wortsinne urban, was ja nicht ausschließt, daß sie gleichzeitig auch naturnah sein kann. Das im Wettbewerbsentwurf dargestellte Leitbauwerk aus »künstlichen Kiesrippen« erscheint tatsächlich nicht naturnah im landläufigen Sinne. Es hätte in der Überarbeitung detailreicher und damit »naturnäher« gestaltet werden können, ohne das räumliche und hydraulische Konzept in Frage zu stellen. Die Durchgängigkeit wurde nachweislich hergestellt und damit der Gewässerrahmenrichtlinie entsprochen. Ein unabhängiges Gutachten des Büros Dr. Schober stellte für die Wettbewerbsbeiträge des 1. und

2. Preises eine gleiche ökologische Wertigkeit fest. Ausdrücklich formulierte Aufgabe des Wettbewerbs war es, das Leitbild in der besonderen Situation im innerstädtischen Bereich zu interpretieren und anzupassen. Daß es über den Hochwasserschutz hinaus dafür eine Notwendigkeit gibt, zeigt die intensive Nutzung der bereits gebauten Abschnitte. Südlich der Wittelsbacherbrücke, und erst recht der Braunauer Brücke, ist es relativ geräumig. Landschaftlicher Charakter und Freizeitnutzung lassen sich hier gut in Einklang bringen und es ist auch noch genug Platz da, daß sich, selbst in der kurzen Zeit, auf den Wiesen sehr schön blühende, artenreiche Bestände haben entwickeln können. Nördlich der Wittelsbacher Brücke ist an sonnigen Tagen und warmen Abenden jedoch so viel los wie in vermutlich kaum einer anderen städtischen Grünfläche Münchens – selbst in den meisten Freibädern nicht. Was an den Stufen am Ufer passiert, ist urbanes Leben, hier verbringen Leute ihre Mittagspause, lesen für eine Stunde die Zeitung, treffen sich mit Freunden auf eine Flasche Wein. Abends spielen Musikanten unter der Brücke, und Publikum sowie Stimmung unterscheiden sich sehr deutlich von der Situation am Flaucher mit Lagerfeuer und Grillparties.

R. S.: War Ihnen der von den Kritikern so empfundene Gegensatz Ihres Plan-Entwurfes zum Isar-Leitbild, zumindest in diesem Ausmaß, also vorher nicht bewußt? Mir scheint, Sie empfinden Ihren Entwurf eher falsch interpretiert, daß man das natürliche Potential darin nicht sehen wollte, bzw. es den Opponenten eben nicht ausreiche?

I. B.: Wir haben versucht, einen für die innerstädtische Situation stimmigen Entwurf zu entwickeln – aus unserer Sicht eben durchaus in Übereinstimmung mit dem formulierten differenzierten Leitbild. Daß der Wettbewerbsentscheid als so konfliktträchtig empfunden werden könnte, hat wohl niemand wirklich vorausgesehen, zumal die vorherigen Abschnitte von der Bevölkerung allgemein sehr positiv aufgenommen worden waren.

R. S.: Waren die Münchner Bürger denn aus Ihrer heutigen Sicht angemessen an der Entscheidungsfindung beteiligt?

I. B.: In der Schweiz werden bei Planungswettbewerben die Bürger oft an der Jurierung beteiligt. Hierzulande ist dies nicht üblich, vermutlich wegen der deutlich längeren und kostspieligeren Planungs- und Entscheidungsprozesse. An der Wettbewerbsvorbereitung waren die Bezirksausschüsse und die Verbände »in enger Zusammenarbeit« beteiligt, so steht es zumindest in der Auslobung. Sie waren als Sachpreisrichter auch Teil des Preisgerichts.

Fach- und Sachpreisrichter sind stimmberechtigt. In die letztendliche Entscheidungsfindung waren die Münchner Bürger dann sogar sehr unmittelbar eingebunden. Denn schließlich setzte sich der Teil der Öffentlichkeit, welcher sich gegen den Entwurf gestellt hatte, ja umgehend durch. Bei anderen Projekten ziehen sich solche Prozesse oft über viele Jahre hin. Es ist auch nicht richtig, die Isar-Allianz grundsätzlich mit den Münchner Bürgern gleichzusetzen, sie ist eine unabhängige Interessenvertretung. Andere Bürgervereinigungen formulieren ganz andere Ziele (hier seien zum Beispiel Urbanauten, Münchner Forum und Surfer genannt). Bei der Ausarbeitung hat sich zudem gezeigt, daß auch die Bezirksausschüsse und die Isar-Allianz sich keineswegs bezüglich aller Fragen der planerischen Ausgestaltung einig waren.

R. S.: *Wäre es womöglich besser gewesen, keinen einstufigen Planungswettbewerb, noch dazu einen mit Umsetzungsgarantie, auszuloben, sondern vielleicht erst einmal einen Ideenwettbewerb, bei dem man auch die Bevölkerung in direkterer Weise hätte einbinden können?*

I. B.: Planungswettbewerbe bieten eine hervorragende Möglichkeit, Ziele und Leitbilder in räumliche Vorschläge umgesetzt präsentiert zu bekommen und diese diskutieren zu können. Gerade auf diese Weise werden einem doch immer wieder auch selbst die Augen geöffnet für Lösungen, die man sich bislang »nicht denken« konnte. In diesem Prozeß des Sehens und Abwägens können eigene Standpunkte modifiziert und weiterentwickelt werden.

Offensichtlich waren festgesetzte Erwartungshaltungen bei vielen Engagierten im Vorfeld und eine nicht mehr sachliche Diskussion und Vertiefung der Aspekte im Nachgang hinderlich.

Die Frage, was »Naturnähe« bei einem Fluß mitten in der Stadt, in Verbindung mit den vielfältigen weiteren Nutzungsinteressen, bedeutet und wie diese »Naturnähe« – notwendigerweise gestaltet – aussehen kann, hätte wohl bereits im Vorfeld vertieft werden sollen. Auch heute noch stehen unterschiedliche Vorstellungen nebeneinander. Insofern ist diese Diskussion sowohl unter den »Experten« als auch in einer breiten Öffentlichkeit weiterzuführen. Bei den komplexen technischen und hydraulischen Sachverhalten ist allerdings zu berücksichtigen, daß diese einer besonderen Aufbereitung und Begleitung bedürfen.

R. S.: *Wäre es nicht sinnvoll, einen Planungs-Auftrag nicht an freie Büros zu vergeben, sondern hierfür Universitäten und die für die einzelnen Teilbereiche des Projekts jeweils geeigneten Lehrstühle heranzuziehen?*

I. B.: Wissenschaftliche Einrichtungen können ohne Frage wichtige Aspekte untersuchen, neue Fragestellungen aufbereiten und Ideen einbringen. Aus eigener Erfahrung möchte ich aber darauf hinweisen, daß Lehrstühle samt der ihnen anvertrauten Studenten in der Regel nicht die personelle Ausstattung aufweisen, um komplexe Planungsaufgaben mit einem engen Zeit- und Kostenrahmen angemessen zu bewältigen.

Abgesehen davon gibt es für die Vergabe von Planungsaufträgen der öffentlichen Hand klare Richtlinien, die ein solches Vorgehen im allgemeinen ausschließen. Aufträge der öffentlichen Hand müssen nach bestimmten Regeln vergeben und nach der Honorarordnung für Architekten und Ingenieure (HOAI) abgerechnet werden. Auf diese theoretische Weise »sehr viel kostengünstiger« zu planen, ist eine Fehlannahme.

R. S.: Inwiefern waren die Juroren kompetent für die Aufgabenstellung einer mit dem Planentwurf verbundenen Isar-Renaturierung? Wie waren diese zuvor hinsichtlich dieser Anforderungen sowie auf die möglichen Bedürfnisse der Münchner eingestimmt worden?

I. B.: Preisgerichte bereiten sich sehr gründlich auf solche Aufgaben vor, und zwar unter Beteiligung von Sachpreisrichtern aus der örtlichen Politik und Verwaltung, die die Bedürfnisse vor Ort in der Regel sehr gut kennen. Das Wettbewerbsprogramm wird unter allen Beteiligten sorgfältig abgestimmt – was nicht ausschließt, das manche Differenzen erst anhand der Beurteilung der tatsächlichen Entwürfe offen zu Tage treten.

Das Wettbewerbssystem in Deutschland und insbesondere in Bayern funktioniert seit Jahrzehnten sehr erfolgreich auf diese Weise, auch in München.

R. S.: War Ihnen eigentlich vorab schon bekannt, wer sich in der Wettbewerbs-Jury befinden würde?

I. B.: Wer in der Jury sitzt, ist über die Auslobung jedem vorab bekannt. In Wettbewerben kann man meiner Erfahrung nach allenfalls mit Entwürfen, von denen man selbst überzeugt ist, auch andere überzeugen.

R. S.: Ist der Kompromißplan nun die zukunftsfähigere Lösung? Sind Sie mit ihm zufrieden oder würden Sie, auch aus heutiger Sicht, lieber noch ihren urbaneren Entwurf umgesetzt sehen?

I. B.: Der von uns mit erarbeitete Kompromißplan ist, wie der Name schon sagt, ein Kompromiß. Hier werden viele zum Teil konträre Vorstellungen und Ansätze umgesetzt. Dies mag für manchen weniger spannend als eine andere Nutzungen ausschließende Renaturierung oder eine dominant urban-architektonische Lösung sein. (Wohlgemerkt halten wir unseren Wettbewerbsentwurf nicht für eine einseitg urban-architektonische Lösung.) Offensichtlich sind die bisher gebauten Abschnitte durchaus konsens- und damit zukunftsfähig. Von den Münchnern werden sie jedenfalls sehr gut angenommen und auch über München hinaus positiv wahrgenommen. Dies freut uns sehr. Auch wenn unser ursprünglicher Entwurf Ausgangsbasis für die Ausarbeitung der Planung gewesen wäre, hätte er mit Gewißheit in der Vertiefung und Abstimmung deutliche Umwandlungen erfahren. Das war auch mit dem Kompromißplan so: Aus den detaillierteren hydraulischen Berechnungen und dem Modellversuch, aber auch aus den Hochwasserereignissen, haben sich neue Erkenntnisse ergeben. Jeder gebaute Abschnitt bringt weitere Erfahrungen, die zu einer Anpassung der Planung führten.

Natürlich gibt es Aspekte, die wir nach wie vor kritisch sehen. In einer langfristigen Perspektive hätte uns eine ruhigere, klarere Linienführung, ohne die Weideninsel, auf dem früheren hochgelegenen Niveau der Hochwasserwiesen besser gefallen, auch wenn das Ufer gegenüber der Insel jetzt ein schöner Ort geworden ist und die großen Weiden dem Gebiet gut tun. Das Gebiet hat insgesamt eine gewisse landschaftliche Weite bewahrt, die uns gut gefällt, auch weil der Klenzesteg nicht gebaut wurde. Bedauerlich finden wir vor allem, daß durch die vorangegangenen Konflikte »Gestaltung« und »Landschaft« Reizthemen geblieben sind, die in der Planung und Abstimmung weitgehend vermieden wurden. Es kam nicht zu einer klaren Haltung, die zu einem von allen Beteiligten anzustrebenden Qualitätsstandard geführt hätte.

Befestigte Flächen und Stufenanlagen liegen nur dort, wo es für die Sicherung darunterliegender Bauteile, für die Sicherung des Ufers oder für den raschen Abbau der Höhe zwischen Ufer und Wasserspiegel notwendig war. Dies ist eins der Entwurfsprinzipien der jetzt gebauten Lösung, die wir für gut halten. Allerdings wurde vielfach darauf hingewirkt, das gebaute Ergebnis bewußt möglichst »nicht-gestaltet« und »zufällig« aussehen zu lassen. Insbesondere bei den sichtbaren Steinarbeiten, bei vielen Details und der Begrünung, kam es daher zu Lösungen, die aus unserer Sicht keine besondere Qualität aufweisen. Es fehlt an Bewußtsein, daß eine solche »Nicht-Gestaltung« eben auch eine sehr dezidierte Gestaltungssaussage ist. Hier wurden Chancen verpaßt!

R. S.: Empfinden Sie Art, Formen und Umfang der bisherigen Umsetzung aller flußbaulichen Maßnahmen, die in Ihren Zuständigkeitsbereich fallen, als ausreichend und zufriedenstellend? Oder bleiben hier aus Ihrer Sicht noch letzte Defizite bestehen, die Sie gerne beheben möchten?

I. B.: Insgesamt hat man oft das Gefühl, daß das Gebiet nördlich der Wittelsbacher Brücke dem Ansturm der Menschen so nicht ganz gewachsen ist. Zumindest punktuell wünscht man sich nach wie vor urbanere Angebote, zum Beispiel auch am Westufer, sowie eine hochwertigere Ausstattung, die die landschaftlicheren Bereiche etwas entlasten könnten.

Auch die Anknüpfung an die Wege und Straßen im Bereich der Brücken und auf dem Deich befriedigt nicht. Es ist abzusehen, daß die Zugänge zum Hochwasserbett im jetzigen Zustand nicht ausreichen werden, vor allem gibt es keinen einzigen barrierefreien Zugang. Probleme mit Fahrrädern, Müll und Toiletten müssen gelöst werden, im Hochwasserbett selbst oder auch im

Umfeld. Ob sich in den gebauten Entwurf in der Zukunft eventuell notwendige Anpassungen und Ergänzungen aufnehmen lassen, wird sich zeigen.

Das verwendete Material für die Stufen und Terrassen empfinde ich nach wie vor als zu klobig und rustikal – andere Lösungen waren aber aus finanziellen Gründen nicht denkbar. Es gibt etliche Stellen, wo sich aufgrund der starken Strömung bei Hochwasser die Vegetation nicht gehalten hat und die verdeckte Sicherung jetzt unansehnlich freiliegt. Die vielen Störsteine wirken überdimensioniert und fremd. Es ist auch bedauerlich, daß die Weidenstecklinge am Ostufer sich aufgrund des großen Erholungsdrucks nicht haben etablieren können, wie auch insgesamt die Vegetationsentwicklung nicht überall befriedigt. Viele dieser Dinge können aber im Rahmen von Nachbesserungsarbeiten durchaus behoben werden.

R. S.: Warum ist an der Westseite entlang der Wittelsbacher Straße nichts passiert, wo doch die Frage der Zugänglichkeit der Isar bei der Umgestaltung, unter Berücksichtigung der Erholungsnutzungen, zwischen Braunauer Eisenbahnbrücke und Corneliusbrücke eine der Kernaufgaben darstellte und das ausdrückliche Anliegen der Münchner war, gemäß der Umfrage durch das »Münchner Forum«?

I. B.: Die Vegetation am Westufer ist als Biotop geschützt, Eingriffe waren im Rahmen des Vorhabens daher nicht erwünscht. Aus unserer Sicht wären Verbesserungen am Westufer natürlich wünschenswert, z. B. in Form kleiner »Isarbalkone« und einer Isarpromenade an der Wittelsbacher Straße, für die wir uns sowohl im Wettbewerbsbeitrag als auch in der Entwurfsphase sehr eingesetzt haben. Das jetzt umgesetzte Konzept schließt solche zukünftigen Maßnahmen aber nicht aus.

Frau Burkhardt, ich danke Ihnen für das aufschlußreiche Gespräch und wünsche viel Freude und Inspiration bei Ihrer Arbeit an der Isar.

Schlußbemerkung

Daß nun die Entscheidung der Wettbewerbs-Jury so hohe Wellen geschlagen hatte, ist sicherlich auch vor dem Hintergrund zu betrachten, daß vor Durchführung eines solchen innerstädtischen Großprojekts nur ein *einstufiger* Realisierungswettbewerb *per Einladung* ausgewählter Teilnehmer durchgeführt wurde, bei dem über den Entwurf eines Wettbewerbsgewinners gleich und mit einmaliger Sitzung des Preisgerichtes endgültig sowie mit Umsetzungsgarantie entschieden worden war. Hierzu muß man wissen, daß auch andere

Wettbewerbsarten möglich gewesen wären. Diese sind in den »Grundsätzen und Richtlinien für Wettbewerbe auf den Gebieten der Raumplanung, des Städtebaus und des Bauwesens« verbindlich beschrieben. Die jeweils gewählte Wettbewerbsart wird zwischen dem Auslober und der Architektenkammer abgestimmt. Zur Auswahl stehen aber durchaus *mehrere* Optionen. Zum Beispiel hätte sich gerade hier ein *mehrstufiger* Realisierungs-Wettbewerb angeboten, mit der Möglichkeit, zwischen allen Plan-Entwurfs-Phasen Kolloquien abzuhalten, um diese Stufen öffentlich zur Diskussion zu stellen und dadurch den Wettbewerbsteilnehmern auch Rückmeldungen zu ihren Ideen und ihrer Arbeit zu geben.

Das hätte Dialog bedeutet, die Öffentlichkeit in direkter Weise in eine solch essentielle innerstädtische Gestaltung einbezogen. Und vielleicht auch ein wenig höhere Kosten. Doch bedenkt man, welch richtungsweisendes und globales Vorreiter-Projekt der »Isarplan« darstellt und bezieht man zudem dessen weitreichenden (auch ökonomischen) Nutzen mit ein, dann sind die 35 Millionen Euro ohnehin *geschenkt*. Verglichen mit anderen Bauvorhaben wie dem Tunnel am Mittleren Ring, wo es um ein Vielfaches dieser Summe geht. Zwar kann man diese beiden Projekte in der Sache nicht miteinander vergleichen, sehr wohl aber deren Tragweite und Bedeutung für die Stadt. Dazu kommt, daß eine auf rasche Umsetzung zielende Verfahrensform, wie sie schließlich für den Wettbewerb gewählt wurde, wohl eher dazu führt, daß Entwurfspläne in ihrer Antwort auf die Aufgabenstellung *zugespitzer* ausfallen, wobei es keine Möglichkeit gibt, während der Bearbeitung des Wettbewerbs, Einwände und Anregungen zu diskutieren und aufzunehmen. Dabei hatte eine solche *Allein-Planung* und *Zuspitzung* sicherlich beigetragen, den grundsätzlichen Konflikt zwischen den Verfechtern der am weitestgehenden Renaturierungs-Vorstellungen und den Referaten der LH München offen zu tage treten zu lassen, ohne ihn jedoch bisher *heilen* zu können.

Zwar war die Öffentlichkeit bei der Preis-Entscheidung in Form von sog. Fachpreisrichtern (fachlichen Repräsentanten der Aufgabenbereiche) und Sachpreisrichtern (Vertretern der Bezirksausschüsse, der Stadtratsparteien etc.) proportional vertreten. Doch man hätte dabei wohl besser auch die Münchner Bevölkerung direkter mit einbezogen.

Ralf Sartori

Stadt – Landschaft – Fluß,
Von der »Herrlichkeit des Isar-Stroms« in München

Das Verhältnis von Städten zu ihren Flüssen in einer kulturgeschichtlichen Untersuchung aufzuzeigen, ist ein höchst spannendes Thema. Wie hat sich der Umgang einer Stadt mit ihrem Fluß über die Jahrhunderte verändert? Welchen Stellenwert hat der Fluß im Stadt-Leben und für das Leben der Bürger? Denn nicht nur in der Kategorie »Städtebau und Stadtplanung« zeigt sich die mehr oder weniger große Affinität oder auch die Liebe der Bürger zu ihrem Fluß in der Stadt. Zur Analyse stehen an: Wien und die Donau, Paris und die Seine, London und die Themse, Budapest und die Donau, Hamburg und die Elbe, Frankfurt und der Main, Berlin und die Spree, Köln und der Rhein und hochaktuell: Dresden und die Elbe.

Die erbittert geführte Diskussion um den Bau einer neuen Brücke in Dresden über die Elbe zeigt die besondere Bedeutung eines Flusses für das Bild einer Stadt, eingebettet in eine von Menschen über Jahrhunderte geprägte Kultur-Landschaft. Durch die Entscheidung der UNESCO, der Stadt Dresden die Auszeichnung als »Weltkulturerbe« zu entziehen, zeigt sich der besonders hohe Stellenwert, der einem Ensemble von Stadt – Landschaft – Fluß von diesem hochrangig besetzten Fachgremium zugemessen wird.

Wie steht es um das Verhältnis der Münchner zu ihrer Isar? Die Münchner hören es gerne und sind auch geschmeichelt, wenn ihre Stadt als »Isar-Metropole« bezeichnet wird. Aber es fehlt auch nicht an kritischen Stimmen der Besucher Münchens, die sich einen klaren Blick bewahrt haben und diesen in deutliche Worte umsetzen.

So schreibt der englische Autor Samuel Beckett, der im März 1937 auf seiner legendären Deutschland-Reise München besuchte, in einem Brief: »Die Isar ist im Vergleich zum lyrischen Main in Würzburg und zur heroischen Donau in Regensburg ... nur eine Pißrinne, und die Museumsinsel aus Stahlbeton macht's auch nicht besser. Wie versenkt man eine Insel?«[1] Welche Bereiche der Isar in München Samuel Beckett bei seinem scharfen Urteil im Auge hatte, ist nicht überliefert. Das Betonkorsett der Isar, begin-

◀ *Innerstädtischer Abschnitt der »Isarplan«-Strecke, noch mit Baustelle am Übergang von der »Kleinen –« zur »Großen Isar«. Das Bild zeigt die beinahe fertige Umsetzung des »Kompromiß-Plans« mit Weideninsel.*

nend in Großhesselohe, und die sog. Rest-Isar, reduziert durch die Ausleitung des Werkkanals, machen so harsche Kritik nachvollziehbar. Der Umbau der Isar, vom wild- und freifließenden Gebirgsfluß, der nicht von ungefähr als »Isara rapidus« bezeichnet wurde, zur sog. Pißrinne, um bei Beckett zu bleiben, geht unmittelbar zurück auf Carl Friedrich von Wiebeking, der in der Nachfolge von Adrian von Riedl mit dem bayerischen Wasser- und Brückenbau betraut war. Zwischen Bogenhausen und Ismaning begradigte und verengte Wiebeking durch die sog. Isar-Korrektion ab dem Jahr 1806 den breit aufgefächerten Lauf der Isar, schützte so den Englischen Garten vor Überschwemmungen, gleichzeitig aber auch das Areal des Landschaftsparks des Grafen Montgelas, den sich dieser durch Friedrich Ludwig von Sckell bei Bogenhausen in den Isarauen anlegen ließ.

Wiebeking, von seiner Leistung als Wasser- und Brückenbauer überzeugt, suchte auch die internationale Anerkennung auf europäischer Ebene. So besuchte 1811, exakt vor 200 Jahren, der russische Ingenieur-Oberst Graf Jeroslav Potockij Bayern und ließ sich von Wiebeking dessen neueste Wasserbau-Projekte vorstellen. Die Reiseberichte Potockijs haben sich im Russischem Staatlichen Historischem Archiv in St. Petersburg erhalten und sind eine ergiebige Quelle für die Geschichte der Wasserbautechnik. Anerkennend schrieb Potockij in seinem ersten Bericht vom 20. Juni 1811: »... Der unordentliche Lauf (der Isar) konnte nur durch sehr solid gebaute Faschinen-Werke abgeändert werden, indem die große Geschwindigkeit eines der schnellsten Bergströme von Europa genau berechnete Anlagen erforderte; welche auszuführen viele Schwierigkeiten machte.«[2]

So kann im Jahr 2011 die Frage gestellt werden: Wie würden heute Samuel Beckett und Graf Potockij die Isar in München und den Umgang der Münchner mit ihrer Isar sehen? Auch heute besuchen Fachleute aus aller Welt die Isar-Metropole, um sich über Einzelheiten der weltweit einzigartigen »Wiederbelebung« und »Renaturierung« eines urbanen Flusses im Zentrum einer Millionenstadt zu informieren.

Johann Lachner schreibt noch 1961, sicher nicht zu Unrecht, in seinem Isar-Buch: »Es gibt Städte, die sind mit Flüssen verheiratet ... Nichts dergleichen ist im Verhältnis zwischen der Isar und München zu finden.«[3] Aber im Jahr 2011, fünfzig Jahre später, ist es unverkennbar: Das Verhältnis der Isar-Metropole zu ihrer Isar hat sich enorm gewandelt. Die Isar im Herzen Münchens als stadtnaher Lebens- und Erholungsraum hat nach und nach eine Spitzenstellung im politisch-administrativen Handeln erlangt. Dies gelang über Parteigrenzen hinweg als gemeinsames Ziel von Stadt- und Landespolitik. In geschickter Weise wurden staatliche und städtische Interessen verknüpft und umgesetzt. Gemeinsam haben Stadt und Freistaat, initiiert und unterstützt durch engagierte Bürger, ein großes Werk geschaffen, dessen vorläufiger Abschluß im August 2011 gefeiert werden kann.

Vor mehr als 25 Jahren im Jahr 1985 brachte der Münchner Stadtrat parteiübergreifend das Großprojekt »Isarplan« auf den Weg. Initialzündung war der Stadtratsantrag der CSU vom 30.6.1984 Nr. 282. Die Voraussetzungen für politisch-administratives Handeln waren günstig. Die staatlichen Belange des Hochwasserschutzes wurden gewahrt und gleichzeitig intensivierte die naturnahe Gestaltung des Flußlaufs die Erholungs- und Erlebnisqualität zu jeder Jahreszeit, verknüpft mit einer optimalen Einbindung des Flusses in die Stadt-Landschaft. Von der Großhesseloher Brücke bis zum Deutschen Museum wurde ein zu Fuß und mit dem Fahrrad leicht erreichbarer Erholungsraum wiederbelebt, der München heute wieder zu Recht den Ehrentitel »Isar-Metropole« verschafft.

Weltweit einzigartig ist die Wasserqualität der Isar mitten in der Stadt. In Kooperation zwischen der Stadt München und dem Freistaat Bayern ist es gelungen, die Qualität des Isar-Wassers derart zu verbessern, daß die Isar die hohen Standards der EG-Richtlinie für Badegewässer erfüllt[4]. Dies war nicht selbstverständlich. Die Regierung von Oberbayern hat Anfang der 80er Jahre die Isar in München noch als sog. sommerkühles Fließgewässer betrachtet, das deshalb zum Baden nicht geeignet und damit nicht als Badegewässer im Sinne der EG-Richtlinie einzustufen war. Erst nachdem die EG-Kommission, angerufen durch den Bezirksausschuß Maxvorstadt-Universität, ein Vertragsverletzungsverfahren nach Art. 169 des EWG-Vertrags eingeleitet hatte, kam ein Umdenken auf[5]. Durch aufwendige technische Maßnahmen im Rahmen der Stadtentwässerung ist es gelungen, die unmittelbare Einleitung von Abwasser aus der Kanalisation bei Starkregen erheblich zu reduzieren[6].

Grundlage war der am 30.7.1980 vom Stadtrat in der Ära von Oberbürgermeister Erich Kiesl beschlossene Generalentwässerungsplan, der einen Zeitraum von 40 Jahren, von 1980 bis 2020, abdeckt und ein Investitionsvolumen von zwei Milliarden DM vorsah. Um die Badewasser-Qualität in der Hauptbadezeit zu gewährleisten, wird seit einigen Jahren das gereinigte Abwasser der Kläranlagen an Isar und Loisach südlich und nördlich Münchens mit UV-Strahlen behandelt. Damit ist gefahrloses Baden auch in unmittelbarer Nähe der Abläufe von Kläranlagen möglich. Viele Metropolen, deren Trinkwasser aus dem Uferfiltrat der Flüsse gewonnen werden muß, beneiden die Münchner darum, daß sie mitten in ihrer Stadt einen naturnahen Badestrand haben mit einer Isar, deren Wasser nahezu wieder Trinkwasser-Qualität hat.

»Die Herrlichkeit des Isar-Stroms«

Wer heute von der Großhesseloher Brücke den Blick nach Süden und nach Norden genießt, erkennt, welche großartige Leistung hier von Stadt und Staat gemeinsam vollbracht wurde. Auch die sog. Restwasser-Problematik im Bereich der Münchner Süd-Isar wurde zu Lasten der Stadtwerke München angegangen. Es ist heute fast nicht mehr vorstellbar: Der vor über 100 Jahren erteilte wasserrechtliche Bescheid für die Ausleitung der Isar in den städtischen Werkkanal hatte keine in der Isar zu belassende Restwassermenge festgesetzt. Von Oktober bis April blieb das städtische Isarwehr hermetisch geschlossen, so daß die Süd-Isar in den Wintermonaten nur von Grundwasser gespeist wurde. Nur in den Monaten von Mai bis September wurden der Süd-Isar über das Großhesseloher Wehr 2–3 m^3/s zugeführt. Erst 1985 verpflichtete der Stadtrat die Stadtwerke, in Großhesselohe ganzjährig 5 m^3/s in das Stammbett der Süd-Isar abzugeben (Beschluß des Werksausschusses vom 5.2.1985, CSU-Antrag Nr. 419 vom 26.11.1984).

Unter dem Arbeitstitel »Die Herrlichkeit des Isar-Stromes« trafen sich daher Münchner Isarfreunde 1984 auf Einladung des CSU-Ortsverbands Maxvorstadt-Universität zu einer Erkundungsfahrt an der Isar von der Mariannenbrücke bis nach Großlappen, um eine politisch-administrative Agenda zur »Wiederbelebung« der Isar vorzubereiten. Dabei sollte durchschaubar gemacht werden, wer den damaligen desolaten Zustand der Isar zu verantworten hatte und wo der »Spieß des Bürgers« anzusetzen war. Der hintergründige Doppelsinn des Arbeitstitels beruhte auf dem Bedeutungswandel des Begriffs »Herrlichkeit« in Verbindung mit dem Wort »Strom«. Die alte Bedeutung des Wortes »Herrlichkeit« ist weithin vergessen. Im Zusammenhang mit der Isar erscheint aber der ursprüngliche Sinn sehr passend. Denn die bayerischen Landesherrn hatten sich jahrhundertelang in bezug auf den »Isar-Strom« gegenüber den Münchner Bürgern »die Superiorität und Oberherrlichkeit« vorbehalten[7]. Und über Jahrzehnte bestimmte die Nutzung der Wasserkraft unter Vorrang der Ökonomie, zu Lasten der Ökologie, das Bild der Isar, nicht nur im Münchner Bereich.

Der wortgewandte Helmut Seitz durchschaute den Doppelsinn des Arbeits-

titels nicht, rügte die Verwendung des Wortes »Herrlichkeit« in Bezug auf die Isar und machte sich in der Süddeutschen Zeitung »einen Vers darauf«:
»Wer hier so große Worte spricht, soll doch den Fluß beäugen.
Ein Strom ist unsere Isar nicht –
man zapft sie an, nimmt sie in Pflicht
und läßt sie Strom erzeugen.«

Bayernwerk, Isar-Amper-Werke und die Stadtwerke München hatten die alten Privilegien zur Nutzung der Wasserkraft der Isar ohne Rücksicht auf fundamentale ökologische und naturräumliche Aspekte erlangt. Um die Erhöhung der Restwassermengen in den Ausleitungsstrecken entbrannte daher ein hartes Ringen, denn jeder Kubikmeter Isarwasser, das nicht mehr durch die Turbinen lief, sollte entschädigt werden[8].
Ein großer gemeinsamer Erfolg übergreifender Initiativen zur »Wiederbelebung der Isar« war die Novelle zum Bayerischen Wassergesetz, die 1988 in Kraft trat. Damit wurde es möglich, die »Heiligen Kühe«, nämlich die alten Energiegewinnungsrechte der Kraftwerkbetreiber, zu Gunsten der Isar weitgehend entschädigungslos »anzumelken«.
Schon 1974 hatte der Münchner Umweltbeauftragte (Stadtratdirektor Fischer) einen organisatorischen Zusammenschluß der »Isar-Freunde« auf regionaler Ebene vorgeschlagen, damals ohne Erfolg.
1985 gründeten die CSU-Kreisverbände München-Schwabing, Freising und München-Land eine partei-interne Isar-Allianz in Form des »Gemeinsamen Arbeitskreises Isar«, dem Kommunalpolitiker aller Ebenen aus den Gemeinden zwischen Schäftlarn und Moosburg angehörten. Langfristiges Ziel war es, Wasserführung und Wasserqualität der Isar nachhaltig zu verbessern.

König Max II. – ein königlicher Isar-Freund. Isar-Fest zu seinem 200. Geburtstag

Im Jahr 2011 ist an den 200. Geburtstag von König Max II. zu erinnern, der ein besonderer Freund der Isar war. Mitte des 19. Jahrhunderts öffnete König Max II. durch seine Planungen die Stadt München zur Isar hin und verknüpfte die Stadt mit der Flußlandschaft.
Die Isar zwischen Deutschen Museum und dem Oberföhringer Wehr ist nicht in die Aktivitäten des »Isarplans« einbezogen, weil hier ein vordringlicher Handlungsbedarf zu Recht nicht gesehen wurde. Im Bereich von Praterinsel und Schwindinsel zeigt sich die Isar in ihrer ganzen »Herrlichkeit«,

hier im Sinne von Schönheit gemeint. Auch wenn sie in Kaimauern eingezwängt ist, Wehre und Kaskaden vorhanden sind.

Nur in diesem Bereich der nördlichen Kleinen Isar erinnert das Erscheinungsbild der Isar noch an das Münchner Sprichwort, dessen ursprünglichen Sinn Lorenz Westenrieder überliefert: »Er trägt Wasser in die Isar, heißt, er bemühet sich vergebens oder um eine überflüssige Sache.« Hier an der Maximiliansbrücke macht die Isar ihrem lateinischen Namen »Isara rapidus« noch alle Ehre.

Von der Maximiliansbrücke, von den ufernahen Spazierwegen der Maximiliansanlagen, von den Uferkai-Wegen entlang der Widenmayerstraße und vor allem auch von der Prinzregentenbrücke aus fügen sich die rauschenden und gischtenden Kaskaden, eingebettet in das Grün der Schwindinsel und der Maximiliansanlagen, in eine stadtbildprägende Vedoute der »Isar-Metropole«.

In der Zusammenschau von Maximilianeum, Maximiliansbrücke, Maximiliansanlagen, dem Grün der Schwindinsel und der über die Kaskaden rauschenden Isar hat sich hier ein Ensemble erhalten, in dem geplante und gebaute Stadt, die gestaltete Natur-Landschaft und das Wasser der Isar in einmaliger Weise vereint sind. Diese großartige städtebauliche Entwurfsidee geht unmittelbar auf König Max II. zurück, der bereits als Kronprinz die Einmaligkeit der Chance erkannt hatte, über eine neue Straßenachse die Stadt mit der Isar zu verbinden und darüber hinaus das östliche Hochufer der Isar durch ein »Athenäum« einzubeziehen. Daß Max II. sich für die Natur und insbesondere das Grün im urbanen Raum Münchens besonders engagierte, wird mehr und mehr bekannt. Max II. war von Jugend auf der Natur und auch der Isar in besonderer Weise verbunden. Er kann für sich in Anspruch nehmen, daß er als erster bayerischer Prinz, mit dem Floß aus dem Oberland kommend, im September 1839 an der damaligen Floßlände im Bereich der heutigen Steinsdorfstraße anlegte.

1853 holte König Max II. den preußischen Gartenkünstler und Stadtplaner Peter Joseph Lenné nach München und beauftragte ihn mit der Erstellung eines »Schmuck- und Grenzzügeplans« für München. Der von Lenné 1854 erstellte Plan kann aus heutiger Sicht als erster Stadtentwicklungsplan für die Stadt München bezeichnet werden. Schmuck- und Grenzzüge sollten die Stadt im Westen, Norden und Osten umfassen. Lenné schlug vor, das östliche Isarhochufer im Bereich des Maximilianeums als öffentliche Grünanlage auszugestalten.

Ausgehend von dieser Planung beabsichtigte König Max II., auch die gesamte Praterinsel als öffentliche Grünanlage zu gestalten. Die königliche Konzeption für dieses Ensemble wirkt bis heute nach. Als die Schwindinsel nach dem Tod von König Max II. ins Eigentum der Stadt München überging, war die königliche Verwaltung sehr weitsichtig. Durch eine Dienstbarkeit zu Gunsten der Stiftung Maximilianeum wurde abgesichert, daß die Stadt München als neue Eigentümerin ohne Zustimmung der Stiftung eine bauliche Nutzung der Insel nicht vornehmen darf. Diese im Grundbuch bis heute fortwirkende Bindung führte dazu, daß die Stadtwerke München ihre ursprüngliche Planung, das neue Praterkraftwerk im Bereich der Schwindinsel einzubauen, aufgeben mußten.

Der Konflikt zwischen Wasserkraftnutzung und historischem Grün war schon 1895 beim Bau des ältesten städtischen Kraftwerks in den unmittelbar benachbarten Maximiliansanlagen am Auer Mühlbach zu bewältigen. Der Architekt Karl Hocheder bewies beim Bau des sog. Maxwerks große Sensibilität. Das Kraftwerk am verlängerten Auer Mühlbach wurde mit Rücksicht auf die exponierte Lage in dieser bedeutenden Grünanlage im Stil eines barocken Gartenschlößchens errichtet. Um die Gartenanlage und das Wegenetz am Fuß des Maximilianeums nicht zu zerschneiden, wurde die durch den Bau des Kraftwerks notwendige Verlängerung des Auermühlbachs auf nahezu 400 m unterirdisch als Betonröhre ausgeführt.

Der Betrieb des neuen Praterkraftwerks wird künftig im Bereich der Maximiliansbrücke der Isar eine erhebliche Menge des bisher frei abfließenden Wassers entziehen und hat damit unmittelbare Auswirkung auf das Erscheinungsbild der direkt angrenzenden Maximiliansanlagen. (siehe Bild S. 67 unten)

Die Freunde der Residenz München, die sich in einer Zeit größter wirtschaftlicher Not nach dem Ende des 2. Weltkriegs zusammenfanden, um den Wiederaufbau der Münchner Residenz durchzusetzen, sahen es als ihre Aufgabe an, sich an diesem wasserrechtlichen Verfahren zu beteiligen. Denn heute ist es insbesondere Aufgabe des Vereins, Instandsetzung, Instandhaltung und Verschönerung wichtiger Bauten und Anlagen im Bereich der Bayerischen Verwaltung der staatlichen Schlösser, Gärten und Seen zu fördern und gleichzeitig vor Beeinträchtigungen zu bewahren. Zu diesen Anlagen gehören auch die Maximiliansanlagen. Wie sich der Betrieb des neuen Praterkraftwerks auf das Erscheinungsbild der Kaskaden in der Kleinen Isar und damit auf dieses einzigartige Ensemble auswirken wird, ist noch offen. Die letzte Entscheidung, welche Wassermenge bei welchem Wasserstand der Isar durch die Kraftwerksturbine – und damit nicht über die Kaskaden – fließt, ist beim Referat für Gesundheit und Umwelt noch nicht getroffen.

Bleibt zu hoffen, daß für das Bürgerengagement in diesem wichtigen Bereich nicht das alte Münchner Sprichwort »Er trägt Wasser in die Isar, heißt, er bemüht sich vergeblich« Realität wird.

Klaus Bäumler

Quellen:

1. Samuel Beckett an Thomas McGreevy, 7.3.1937, in: Steffen Radlmaier, Beckett in Bayern, Bamberg 2011, S. 55.
2. Sergej G. Fedorov, Carl Friedrich von Wiebeking und das Bauwesen in Russland, München/Berlin 2005
3. Johann Lachner in: Jo von Kalckreuth, Die Isar, München 1961
4. Richtlinie 76/160 EWG; Neufassung: Richtlinie 2006/7/EG).
5. Schreiben der EG-Kommission, Generaldirektion vom 5.10.1987 Nr. XI/00853 an den Vorsitzenden des BA Maxvorstadt-Universität Klaus Bäumler
6. Hierzu in der Gesamtschau bis zum Stand 1990: Peter Münch, Stadthygiene im 19. und 20. Jahrhundert, Schriftenreihe der Historischen Kommission bei der Bayer. Akademie der Wissenschaften, Bd. 49, Göttingen 1993, S. 308 ff.
7. Confirmation der Münchner Privilegien durch Kurfürst Max Emanuel vom 7.11.1724, Georg Karl Mayr, Sammlung der Kurpfalz-Bayerischen Landesverordnungen, Bd. 4, München 1788, S. 968, 970.
8. Zum folgenden: Klaus Bäumler, Heilige Kühe für die Isar anmelken. Materialien zur Novelle des Bayer. Wassergesetzes, München 1987.

»Die neue Isar«

»Fluß und Landschaft« – als strukturelle Vorbilder

Ursprünglich war dieser Text einmal als Prolog vorgesehen. Verdrängt durch einen kurz entschlossenen Hechtsprung in die Isar an anfänglicher Stelle, Flüsse sind und bleiben in ihren *Umlagerungen* eben unberechenbar, ist daraus nun aber ein kurzer Epilog für dieses Kapitel geworden, was in Anknüpfung an die vorherigen Beiträge wiederum in sich stimmig erscheint.

Mit der Buchreihe »Die neue Isar« wurde durch Herausgabe deren ersten Bandes im Herbst 2010 ein weiteres »Nymphenspiegel«-Projekt begonnen, eines, das den Fluß »Isar« von Ausgabe zu Ausgabe möglichst umfassend spiegelt und immer weiter spiegeln wird; dies im Grunde in unendlicher Folge, fließend: Anfänglich nur als Trilogie angelegt – doch die *Drei* hat es, wie wir wissen, in sich. Bei den Taoisten, für die das fließende Wasser schon immer eine ganz besondere Rolle spielt, gibt es den tiefsinnigen Spruch, daß die Eins die Zwei gebiert, mit der Zwei dann die Drei entsteht; und die Drei: *Sie* bringt all die *zehntausend Dinge* hervor. Und schon sind wir wieder beim Fluß, dem Unendlichen. Daher stellte der Schritt von der dreibändigen Isar-Ausgabe zur fortlaufend fließenden Buchreihe, angesichts all der vielen mit der Isar verbundenen Themenflüsse, eine Versuchung dar, welcher kaum zu widerstehen ist. Und gerade die Isar, die Reißende, besitzt vielfach kräftige Strömungen, die einen auch leicht forttreiben können.

Um also den gedanklichen Faden wieder aufzunehmen: Diese Reihe dokumentiert und begleitet, als einen wichtigen Themenpunkt, die Isar-Renaturierung und unterstützt, zusammen mit dem »Forum neue Isar«, in vielfältiger Weise weitere Maßnahmen dazu.

Außerdem wird darin nicht nur über flußrelevante – sondern auch über zahlreiche im Zusammenhang mit der Isar stehende gesellschaftliche Themen berichtet. Wir gehen in diesem Zusammenhang auch davon aus, daß die Politik die Zeichen der Zeit erkannt hat und weiter erkennt: ein Prozeß, den wir gerne unterstützen.

Zu den Inhalten des Buches: Band 2 »Die neue Isar« enthält nicht nur Beiträge der am Projekt »Isarplan« beteiligten Behörden, es klingen darin auch weitere Perspektiven von Isar-Renaturierungsmaßnahmen an. Ausführlich werden diese aber erst in Band 3 thematisiert.

Und neben einer Vielzahl an fluß-fachlichen Artikeln enthalten alle Bände dieser Reihe auch immer einige literarische und essayistische Beiträge.

In Band 1 wurde erstmals und ausführlich die ganze Geschichte der Isar-Renaturierung erzählt, ausgehend von der Umweltbewegung der 80er Jahre, aus der die Isar-Allianz hervorging. Diese setzte Mitte der 90er Jahre im Mühltal, südlich Münchens, im Zusammenhang mit fällig gewordenen Neu-Konzessionierungen von Wasser-Kraftwerken, unter großen Widerständen seitens Politik, Verwaltungen und Betreibern, die ersten Renaturierungs-Maßnahmen in diesem Abschnitt durch. Später brachten Vertreter jener Allianz das Isar-Renaturierungsprojekt für München, zu dem dort bereits erste Vorüberlegungen und eine allgemein formulierte Stadtratsentscheidung bestanden hatten, nach langer Zeit des Stillstandes wieder auf die Agenda und wirkten als die eigentlich initiierende und treibende Kraft seiner Umsetzung. Band 1 erläutert detailliert diese Maßnahmen, wie es schrittweise dazu kam, und läßt dazu ganz unterschiedliche kompetente Autor(inn)en zu Wort kommen, wie z. B. von offizieller Seite Walter Binder, ehemals Landesamt für Umwelt, den Soziologen Georg Jochum, der im Deutschen Museum arbeitet, die Ethnologin Julia Düchs und vor allem den Biologen Dr. Nico Döring, Mitbegründer, Sprecher und ehem. Koordinator der Isar-Allianz. Jener erzählt darin die Geschichte der Isar-Renaturierung von deren Anfängen bis etwa zum Stand von 1995.

Band 2 der Isarbuchreihe knüpft mit einer Darstellung des nun abgeschlossenen Projekts »Isarplan« an dessen Ausführungen an. Und beide Bände gewähren den Blick hinter die Kulissen der offiziellen Renaturierungs-Darstellung. Ein einmaliges, nun schon zweibändiges Standardwerk für alle Isar-Liebhaber und die ersten beiden Bände einer die weiteren Entwicklungen begleitenden »Isar-Buchreihe«.

Denn so, wie auch ein Fluß beständig fließt und keinen Augenblick derselbe ist, werden sich hier immer wieder neue kompetente Autor(inn)en zu Isar-Themen äußern. Und das wird natürlich in guter »Nymphenspiegel«-Tradition erfolgen: mittels einer Komposition aus naturwissenschaftlichen Beiträgen, geschichtlichen wie soziologisch-philosophischen Essays, den unterschiedlichsten Erfahrungs-Berichten langjähriger *Isar-Praktiker,* erzählerischer oder lyrischer Kurz-Prosa und in Formen der Lyrik.

Abgesehen von einem solchen *Flußkonglomerat* verschiedenster Text-Arten, unterschiedlichster individueller Erlebnis-Hintergründe, *fachlicher Brillen und Filter,* persönlicher Sichtweisen und Ausdrucks-Stile, welches diese Buchreihe als Ganzes darstellt, vereint sie auch in interdisziplinärer Weise angelegte wissenschaftlich-akademische Blickwinkel mit Berichten praktischer Umsetzung, bzw. Arbeit an der Isar sowie künstlerische wie essayistisch-literarische Betrachtungen zu ihr.

Ausgangsüberlegung bei dieser in Verlagswesen und Buchmarkt ganz unüblichen Herangehensweise ist, daß man, um sich einem Phänomen maximal anzunähern, am besten versucht, es möglichst umfassend und ganzheitlich zu beleuchten. Das wiederum verlangt, es durch *alle* denkbaren *Fenster* zu betrachten und sich dafür sämtlicher zur Verfügung stehender Textformen zu bedienen. Denn die Isar-Wirklichkeit eines jeden Autors ist, abhängig von seinem persönlichen Hintergrund, seinem konkreten Betätigungsfeld und -Motiv, wiederum eine ganz andere. Alle persönlichen Wirklichkeitsauffassungen zusammen kommen der wirklichen Isar dabei sicherlich näher als nur eine einzige, sei sie auch noch so fundiert.

Doch wie oft hatten sich schon Buchhändler, zum Glück auch manchmal eher scherzhaft, beklagt: »Wir wissen einfach nicht, in welchem Regalfach oder Sortiment wir Ihre Bücher anbieten sollen, unter Belletristik, Lyrik, bei Natur-, Geschichts- oder Geisteswissenschaften!« Und ich lasse mich dabei immer wieder gerne zu dem Vorschlag hinreißen, sie doch einfach überall hineinzustellen, damit sie auch alle gut finden können, die eine solche Art von Buch schätzen. Dabei fordert, wie jeder weiß, die heutige Vermarktungsmaschinerie eigentlich paßgenaue Ware für relativ klar umrissene Schubladen: Spezialisierung, mit dem Ziel leichterer Vermarktbarkeit. Gefragt ist dort *schneller Durchlauf,* etwa wie bei einem Bach, der in eine Kanalröhre verlegt wurde. Doch die Buchreihe »Die neue Isar« betritt die öffentliche Bühne eher mit einem ganzheitlich-künstlerischen Anspruch, als mit jenem, die Welt noch mit einem weiteren stromlinienförmigen Konsumartikel zu beglücken.

Laut einem alten arabischen Sprichwort sind Bücher Gärten, die man in der Tasche tragen kann. Der »Nymphenspiegel«, unter dessen Dach die Isarbücher firmieren, ist bereits von Anfang an eine solche Hommage an diesen universalen Ansatz gärtnerischer Synthese, aus einer Vielheit eine neue kontrastreiche Einheit zu erschaffen. Geduldiges Etablieren (bzw. *Anpflanzen*), Kultivieren, Entwickeln und Pflegen – Tugenden von Bauern und Gärtnern – stehen hier höher im Kurs als die der monetären Profitmaximierung. Und ich finde, es ist eine schöne Arbeit.

Wo zudem nicht immer wieder die Anstrengung unternommen wird, dem

147

drohenden Auseinanderfallen der Teil-Aspekte unserer Wirklichkeiten, deren neuerliche Zusammenschau und Rückbindung aneinander zu versuchen, verlieren wir doch immer mehr das Gespür für die lebendige Ganzheit unseres Daseins, ohne welche die Vielheit letztlich tot und zusammenhangslos erscheint. Auch hier ist die Natur Vorbild: Hochdifferenziert, tritt sie uns doch immer als Ganzheit gegenüber – in unendlich variierenden Kompositionen.

Mehr als Bücher

Diese Synthese-Leistung setzt sich auch über den *Buchrand* hinaus fort. So nehmen die Bände von »Die neue Isar« nicht nur entsprechende Themen und Inhalte aus den äußeren Fluß-Wirklichkeiten in komprimierter Weise auf – sie setzen sich wiederum auch in diese hinein fort, beispielsweise mit Isar-Fachveranstaltungen.

Das aktuelle Programm

Gerne können Sie in diesem Zusammenhang den kostenlosen Newsletter anfordern, der z. B. über Isar-Führungen informiert.

Bei Interesse sende ich Ihnen gerne auch meinen über diese Isar-Themen hinaus erweiterten Rundbrief digital zu, der dann ebenso die Künstler- und Maleratelierfeste sowie diversen Offenen Salons des »Nymphenspiegel Kulturforum München« mit ankündigt. Newsletter und weitere Auskünfte bei Ralf Sartori unter Tel. 089 / 56 48 37, Mail: nymphenspiegel@aol.com.

Ralf Sartori

Der Fluß ist auch noch da, nachdem sich das Wasser daraus zurückgezogen hat ▶

Weitere
Fluß-, Lebens-, Zeit-Linien

Wenn ich an München denke denk ich an die Isar

Wenn ich an München denke
denk ich an die Isar
und wenn ich an die Isar denke
denk ich an Kindsein und spielen und Sommer
vor allem an Sommer
Ich hab den Winter einfach ausgeklammert aus meiner Erinnerung
um auch genug Platz zu lassen
für Wärme und Geschrei
Geschrei vor allem um den Fluß zu übertönen
lauter Momentaufnahmen
Standbilder
Alles auf ein paar tausend Quadratmeter Kieselsteine begrenzt wo man leichtfüßig drüberwegflog
Ich allerdings
schon damals etwas behäbiger als alle andern
war schon immer ein schwerer Junge
Begrenzt durch die Bäume auf der anderen Isarseite wo's nach Haidhausen geht
Feindesland
wir lieferten uns prächtige Prügeleien
Begrenzt auch durch den Wasserfall
früher war da noch ein Damm
und die Kenner wußten ganz genau wo man reinhechten mußte um heil zwischen die Felsen tauchen zu können

Die Fremden schlugen sich oft die Schädel auf
da kamen wir dann recht zum Retten
mit unseren Lebensretterhöschen und Lebensretterkappen
wer den DLRG Grundschein nicht hatte brauchte sich sowieso nicht sehen zu lassen
auf der Schtoanse
schtoanse von steinig

unser Lehel-Lido
an der vormals grünen Isar
Jetzt machen sie ihr schon bei Bad Tölz den Garaus
und wenn sie durch die Stadt durch ist
bei Freising etwa
schau sie lieber nicht mehr an
du glaubst München hätte sich ausgekotzt
Nur damals war noch kein Denken dran
daß man dieser flußgewordenen Lebensfreude mal ein Leid antun könnte
und so hat der Fluß mein Leben geprägt

Du gibst ihm einen Namen
betrachtest ihn
und keinen Augenblick ist er derselbe
Andauernd zieht was Andres, Neues an
dir vorbei denn das Sein eines Flusses ist sein Werden
und so wollt ich mich auch immer neu entwickeln
Die liebe Isar
und der Urwald beim Flaucher
und der Grand Canyon hinter Grünwald
und die Isarfeste an der Isarlust
und natürlich die Spitzbande
gefährliche Burschen
ich hab immer tief und ehrfürchtig gegrüßt
wenn sie knastblaß und federnd an mir vorbeitigerten
Die Spitzbande
das war einfach alles was man selbst nicht war
Sex und Crime und Anarchie
das war die heißersehnte Wirklichkeit
Männerfreundschaft und Bizepskult
Dahin zog's mich
wenn ich an Frühlingstagen zum Physiksaalfenster
hinausträumte wenn ich in unserem ehrwürdigen Wilhelmsgymnasium Bakuninthesen an die Toilettentüren nagelte
als Humanist muß man halt alles in einen Vers zwängen ein Leiden dem ich bis heute nicht entrinnen konnte.

Konstantin Wecker

Warnhinweis

Ständig verkürzt das Leben
dessen Erwartung,
seine Dauer,
jeder Augenblick.

Zwar scheint's verkürzt
ein Leben jeder Augenblick –
ob wir ihn leben oder nicht.
in Wahrheit aber
mehrt er unser Leben,
wenn wir ihn leben.

Und falls doch nicht
gerinnt er gleich
zu nichts
als nur vergehender Zeit.

Ralf Sartori

Isar

Wer im Krankenhaus »Rechts der Isar« geboren wurde, für den fließt Isarwasser durch seine Adern, pumpt das Herz Isarwasser durch sein Leben, auch wenn es ihn auf Zeit an die Donau, an Mittelmeer und Atlantik, an die Spree, verschlagen hat.

Der Fluß der Kindheit war wild, er trat über die Ufer, wovon angetriebenes Holz zeugte, das sich im Gebüsch am Ufer verfing.
 Zwei Wasserleichen sah ich, eine war erstochen worden, die andere hatte laut Abschiedsbrief im Isarwasser ihrem Leben ein Ende gemacht.
 Es gab die Isar, an der ich entlangfuhr, wenn ich aus dem Norden und jenseits des Stadtrandes aufbrach ins Zentrum. Sie war grün gesäumt und es leuchtete weiß der Kies, sie war im Herbst mit einer schweren Nebeldecke bedeckt, worin der Blick steckenblieb.
 Die Isar war untrennbar von dem Auwald, dem Englischen Garten, dem Kanal, der den Überschwang der Schneeschmelze und langer Regentage regulierte.
 Die Isar war nicht zu erinnern ohne des Eisbachs Wellenreiter, die Nackten am Ufer, die Schwimmer, die sich treiben ließen. Sie duldete im Oberlauf die Flöße und Flößer, Gesänge und Bier nahm sie hin, nahm sie mit.
 Sie ist nicht tief und nicht besonders breit.
 Keiner, der an ihrem Ufer sitzt, wird von Fernweh, von Sehnsucht nach fremden Welten erfüllt, wie dies der Donau in Wien gelingt, die den Vorstellungen Raum bietet, bis zum Delta und von dort ins Schwarze Meer zu gelangen.
 Die Isar ist ein Fluß, der einen zufrieden macht und mit dem erfüllt, wo man ist und was geschieht. Sie macht nicht viel her, muß sich nicht schminken. Sie steckt nicht wie die Spree in Berlin in einem engen Korsett. Sie sucht keine Konkurrenz zu Nil oder Mississippi, sie weiß um ihre Dimensionen, muß weder schlanker werden noch zulegen. Sie ist ein maßvoller Fluß, der seine Geheimnisse nicht ausplaudert.
 Wenn ich jetzt, fünfzehn Jahre anderswo beheimatet, gegenüber dem Wehr unterhalb der Muffathalle sitze und sehe, wie sich das Rauschen und Schäumen aus dem Wehr mit dem ruhigen anderen Isararm vereinigt, wie der Spiegel, der hinter einer Kiesbank dem Himmel einen Augenschein gestattet,

neben Strudeln und Strömen sein Recht behauptet, wie die Gelassenheit der Weiden und das Gelärm der Grillparty einander nicht ausschließen, dann kommt ein seltsames Gefühl der Verbundenheit auf, das alles Belastende aus der Biographie abstreift und sich zugehörig fühlt zu dem Fluß, der durch meine Vor-Zeit strömte und jetzt in Weißgold leuchtet, bevor die Nacht ihn schluckt und nur das gurgelnde Geräusch zurückläßt.

(Text und Bilder auf S. 153 und 156) Markus Epha

In Isarwellen verwoben – ein Leben mit der Isar und für die Isar

Als ich angeregt wurde, über die Verknüpfung meiner Biographie mit der Isar zu schreiben, begann ich als Entwurf zunächst einmal chronologisch meine Erlebnisse und Bemühungen darzustellen. Dabei tauchten in meinem Gedächtnis immer wieder auch andere wichtige Erlebnisse in meinem Leben auf, die ich, wenn überhaupt, nur streifen durfte. Ich ahnte Bodenlosigkeit, Material für ein ganzes Buch. Außerdem schien mir mein Erzählstrom mit seinen Verästelungen für den Leser zu unübersichtlich geworden zu sein. Ich entschied mich deshalb für eine Abfolge von Kapiteln. Aber letztendlich weist der Text doch wieder nicht wenige »Verwirbelungen« auf. Aber so gehört es sich eigentlich für einen »Wildfluß«: für die Isar und meine Leidenschaft für dieses Wasserweib!

An den Anfang möchte ich Grundgedanken stellen, die mein Leben stark motivieren.

»Motivbilder«

Mitte der 1950er Jahre studierte ich in München – ein Sommersemester in Tübingen – Zoologie, Botanik, Chemie und Erdkunde. Wie viele Biologen, hatte ich eine große Hinneigung zur Bildenden Kunst.

Ich holte mir einen Gasbetonblock vom Schuttplatz und kratzte ein leicht abstraktes Basrelief hinein: Mann und Frau im Kanu auf einem Fluß mit Wellen wie Zähne. Zur gleichen Zeit zeichnete ich mit dicken Tuschelinien ohne Anfang und Ende, teilweise Farbfelder umgrenzend, eine Frau, die mit einem Reiher tanzt. Seltsam: Jahre später verglich mich ein Ornithologie-Kollege scherzhaft mit einem Reiher ... Zum Bild »Mann und Frau im Boot am Fluß« müssen wir uns also noch den Wasservogel dazu denken.

Bis jetzt ist es für mich der höchste Ausdruck von Lebensfreude geblieben, an einem warmen Spätfrühlingstag mit einer Frau im Kanu die Isar hinunterzupaddeln, gemeinsam gefährliche Passagen zu bewältigen, nach den gefährdeten Vogelarten Ausschau zu halten, auf einer Kiesbank Brotzeit zu machen, im recht kalten Wasser zu baden, sich nackt wieder vom Kies und der Sonne aufwärmen zu lassen – und hie und da meine Begleiterin zu umarmen, sie zu umarmen als Wassernymphe, als leibhaftige wellengerundete Isar. Dieser Wunschtraum sollte sich erst verhältnismäßig spät mit meiner »Mondfrau« erfüllen. In unserer Tradition sind ja die Flüsse weiblich. »Mann, Weib, Boot, Fluß, Vogel« ist gleichsam der eine »Archetypus«.

Das Fischboot (1957)

Warte, ich schlitze den schuppigen Bauch auf.
Die Reiher warnen ...
Wirf ihnen die Eingeweide vor!
Wir halten das Fischboot offen mit unserer Liebe.
Setze dich über mein Herz,
ich werde dich wiegen.
Mach deine Haare fest,
die Weidenfinger angeln danach.
Die Wellen biegen dich –
Hüte dich,
der Uferläufer flieht mit deinen hellen Lachtönen,
wenn du nach seinem Flügelschlag tanzest.

Wir halten das Fischboot offen mit unserer Liebe.
Setze dich in mein Herz –
Oft wird das Muttermal an deiner Schulter
aufgehen und verschwinden:
Dein Kleid grenzt mir den Tag und die Nacht!

Der andere »Archetypus« stammt ebenfalls schon aus meiner Studentenzeit. Er wird nicht nur, aber dann am stärksten aktiv, wenn ich schon ab der ersten Morgendämmerung allein im Kajak unterwegs bin. Ich paddle so vor mich hin – plötzlich »wache ich auf« und stelle fest, daß ich, wer weiß, wie lange, das Vogelzählen versäumt habe. Was ist mit mir los gewesen? War es ein ähnlicher Zustand, wie ihn die Inuit bei gleißendem glattem Meer als Einzelpaddler erleben und fürchten? Ich jedenfalls verspüre dann das große Geheimnis hinter der evolutionären Schöpfung sehr stark. In diesem wunderbaren Erleben schwingt die religiöse Theorie des verwegenen französischen »Christozentrikers« und Paläontologen Pierre Teilhard de Chardin mit. Dieser Jesuitenpater verband christliches Gedankengut von Paulus und dem Evangelisten Johannes mit der Evolutionstheorie. Ich möchte zwei kurze Texte von Teilhard sprechen lassen:

»Kraft der Schöpfung und mehr noch der Inkarnation ist hier unten nichts profan für den, der zu sehen versteht. Alles ist im Gegenteil geheiligt für den, der in jedem Geschöpf das Teilchen erwählten Seins unterscheidet, das der Anziehung durch den auf dem Wege der Vollenendung befindlichen Christus unterworfen ist.«

»Gott ist im Lebendigsten und im Inkarniertesten seiner selbst nicht fern von uns außerhalb der greifbaren Sphäre; vielmehr erwartet er uns in jedem Augenblick im Tun, im Werk des Jetzt.« (Aus: P. T. de CHARDIN: An den Geist glauben; Butzon&Bercker, Kevelaer 1977)

Vollendung, nicht Vernichtung ist das Ziel des Kosmos in Evolution. Mit meinem Schaffen, mit meiner Freude, aber auch mit meinem Erleiden trage ich »in Wehen« zur Vollendung bei. Diese erdnahe Mystik begeistert mich ohne Ende. Für den Alltag wünsche ich sie allen Menschen zum Einstecken ins Herztascherl.

Wasserwurzeln in der Kindheit und Jugendzeit

»Einmal sieben, dreimal sieben, siebenmal neun ...« Ein Viertklässler wird von seinem Vater für die Aufnahmeprüfung ins Gymnasium trainiert. Nur mäßig konzentriert auf das Einmaleins schlendert er zusammen mit seiner jüngeren Schwester und den Eltern oberhalb der Leiten vorbei an den kleinen Bauernhäusern »Modl«, »Disl« und »Schwabin« Richtung Isar. Endlich wieder einmal Isar! Unten im flachen Tal glänzt am Rand einer riesigen Silberweide der Reißweiher. Weiter hinten strebt der Moosbachkanal, von der Reißmühle am Baumstammlager vorbei, zur Reißsäge. Hinter dem Kanal erstreckt sich die Feldflur, im Süden begrenzt vom Waldsaum der Isaraue. Jenseits der Isaraue ragt blau und ähnlich einem Spitzmausgebiß die Alpenkette auf.

Hinter der Reißsäge steigt die Familie hinunter zur Klaus'n, wie dieser Moosbachabschnitt bei den Einheimischen heißt. Der Bub möchte wissen, warum er so genannt wird. »Früher war am Steg eine Vorrichtung zum Aufstauen des Baches, die man plötzlich öffnen konnte. Geschah dies, ritt ein auf dem Stau schwimmendes Floß mit der Flutwelle hinaus in die Isar«, erklärte sein Vati. »Dies wäre pfundig«, denkt sich der Bub, »mit meinem kleinen schwimmenden Untersatz da hinauszuschießen.«

Der Bub war ich, der Heri, im Ascholdinger Freizeitparadies mit der Wochenendhütte am Moosbach weiter aufwärts im Ascholdinger Unterdorf.

Diese Hütte, genannt »Moosihäusl«, hatte mein Vater 1942 mit Holz aus unserem eigenen Wald gerade noch bauen können. Später, nach Kriegsende, stiftete er aus Dankbarkeit dafür, daß unsere Familie den Krieg so gut überstanden hatte, einen Baum für den Wiederaufbau des Dachstuhls der Münchner Frauenkirche.

Meine Streifzüge durch die Natur erfolgten schon damals häufig vom Wasser aus. Zusammen mit Bauernbuben aus der Nachbarschaft stakte ich kleine Flöße den Moosbach hinauf und hinunter. Zuerst hatte mir mein Vater ein Floß aus zwei Läden, dicken Brettern, gebaut, nach Kriegsende konstruierte ich selbst ein Floß aus acht Benzinkanistern, die deutsche und amerikanische Soldaten am Straßenrand zurückgelassen hatten.

Nebenbei bemerkt und nicht verwunderlich bei meiner Begeisterung für Wasserfahrzeuge: In München in meiner Schulklasse bin ich der Spezialist für Schiffe der verfeindeten Kriegsmarinen gewesen. Für Regentage lag in Ascholding ein Würfelspiel bereit, bei dem wir mit U-Booten englische Kreuzer versenkten. In Ascholding spielte der Krieg aber zunächst noch keine Rolle. Ich durfte sogar das vertraute »Grüß Gott« sagen und mußte nicht, wie im Münchner Mietshaus, mit »Heil Hitler« grüßen. Mit dem von uns Kindern verlangten »Hitler-Gruß« wollte mein Vater anscheinend in München seine Gegnerschaft zum Dritten Reich verdecken.

Aber nun zurück zur Klause. Über den Klausensteg ging einer unserer Wege in die Isarwildnis. Keine hundert Meter danach stand etwas erhöht eine Hütte, in der eine für mich geheimnisvolle Familie lebte, Menschen mit hellbrauner Haut und schwarzen Haaren.

Als Kinder wollten wir immer schnell hinaus auf die weiten Kiesflächen mit den mehrfach verzweigten Flußarmen und Rinnsalen. Wir sammelten bunte Steine, wie zum Beispiel die »Forellensteine« mit roten Tupfen auf grünem Grund (Granatamphibolitit) und schleuderten ganz flache Steine möglichst flach über die Wasseroberfläche. Wessen Stein die meisten Sprünge machte, hatte gewonnen. Treibholz regte unsere Fantasie stark an. Wir stellten bösartige und brave Wolpertinger einander gegenüber auf. Die meisten »verendeten« später im Lagerfeuer. Ein Feuer bildete aber die Ausnahme. Wo wir damals unser Feuer machten, nämlich auf einer blanken Kiesfläche, steht jetzt »Schneeheide-Kiefernwald« mit Bäumen von 8 m Höhe.

Nach Hochwässern drückten wir mit Begeisterung die Spuren unserer nackten Füße in den nassen Sand. Wir waren mindestens so stolz wie Kolumbus. Ich wußte aus eigener Erfahrung, daß man aber bei Treibsand vorsichtig sein muß. Im Osterurlaub mit meinen Eltern in Lenggries war es passiert:

Ich, noch im Vorschulalter, war mit Stiefeln und langen Strümpfen an Strapsen bis zum Knie im Sand eingesunken.

Meistens fuhren wir mit der Isartalbahn nach Wolfratshausen und gingen dann eineinhalb Stunden zu Fuß nach Ascholding. Sobald der Zug begann, nach Icking den Berg hinunterzurollen, wurde ich unruhig. Ich wollte unbedingt den kurzen Ausblick auf das breite Pupplinger Isarbett bei der Loisachmündung nicht versäumen. Dann auf dem Fußmarsch nach Ascholding schaute ich von der Pupplinger Isarbrücke immer hinunter auf die Pfostenreste einer Vorgängerbrücke. Einmal war dort nämlich fast regungslos ein riesengroßer Huchen gestanden. Die Straße führt einige Kilometer durch den Kiefernwald. Die Bäume waren damals nur halb so hoch und spendeten für die auf der heißen Sandstraße dahin Trottenden noch kaum Schatten. Meine Schwester wurde in einem Wagerl mitgezogen, ich selber hielt die Strapaze immer gut durch. Ich fühlte mich ja als ›Germane‹. Mein Vater erzählte mir, daß zu Beginn des 20. Jahrhunderts Hochwasser der Isar noch den Straßenrand erreicht habe.

Mein Vater stammte aus einer ab etwa 1830 in München ansässigen Familie. Als Bub hatte er schon mit seinen Geschwistern die Ferien beim Pfarreronkel in Ascholding verbracht. Es waren Freundschaften entstanden. Es zog ihn Zeit seines Lebens zur Natur und den Menschen in Ascholding hinaus.

Er benutzte, wohl aus der Münchner Familientradition, noch alte Ausdrücke, wie »Birnbaum und Hollerstaud'n«, »Dunnerkeil und Doria«, »kopernekisch« (verdreht) und »Da kunnst ja glei Greabaumwirt wern«. Die Gastwirtschaft »Zum grünen Baum« stand an der Münchner Floßlände. Dort gab es anscheinend häufig ein gewaltiges Tohuwabohu.

In den letzten Kriegsjahren fuhren wir immer seltener nach Ascholding hinaus. Die Bombenangriffe auf München nahmen zu. Einmal sahen wir von Ascholding aus das bis weit in den Nachthimmel wabernde Rot der Feuersbrunst in München. Brannte auch unsere Wohnung? In Ascholding waren wir selber zwar sicherer, aber im Fall von Fliegerschäden wollten wir lieber nahe unserer Wohnung im Mietshaus sein.

Im Februar 1945 wurde diese durch eine Sprengbombe unbewohnbar. Mein Vater wohnte von da ab bei seiner Schwägerin und kam am Wochenende heraus nach Ascholding zu meiner Mutter und Schwester. Mich hatten meine Eltern schon nach den Weihnachtsferien zur Tante Mariele in die Oberpfalz geschickt. Ich stieß erst im März zu meiner Familie in Ascholding, die in der Stub'n eines kleinen alten Bauernhauses untergebracht war.

Die kriegsbedingten Sonderferien bei meiner Lehrerinnen-Tante waren für mich schön und lehrreich. Sie war es, die mich schon seit mehreren Jahren in die Vogelkunde einführte. Als Achtjährigem schenkte sie mir aus der Inselbücherei »Das kleine Buch der Vögel und Nester«, dessen kolorierte Zeichnungen mich damals schon faszinierten.

Vom Fenster der Schulhauswohnung aus konnte ich im März einen Flüchtlingstreck vorbeiziehen sehen.

Von größerem Interesse wäre für mich allerdings in Ascholding im April ein Spektakel jenseits der Isar gewesen. Dort wurden nämlich die Schießpulverfabriken bombardiert. Ich erhaschte nur den Anfang, dann wurde ich von den Erwachsenen in den Unterstand gescheucht. Auch mein Spielkamerad Kaschpa. »Kappe in Bunka foni!«, rief die Bäuerin.

Wenig später machten deutsche Soldaten kurz Station. Ein Offizier unterhielt sich mit meinem Vater. Ich hörte aus dem Gespräch heraus, daß er die Pupplinger Brücke, meine »Huchen-Brücke«, nicht habe sprengen lassen, weil er es für Unsinn halte.

Schließlich rückten in den ersten Maitagen 1945 die Amerikaner, ohne daß es zu irgendwelchen Kriegshandlungen kam, in das Dorf ein.

Beim »Holzwirt«, unserer Stammwirtschaft, waren Amerikaner einquartiert. Die Nahrungsmittel für unsere Familie wurden knapp. Die gute Holzwirtin und mehrere Ascholdinger Bauernfamilien vergaßen uns aber auch jetzt nicht. Ich durfte dort Verschiedenes zur Aufbesserung unserer Verpflegung regelmäßig abholen.

Wir Nachbarskinder im Unterdorf begannen wieder zwischen den Häusern im Unterdorf, am Bach und in einer kleinen ehemaligen Kiesgrube, zu spielen. Die Kiesgrube war vollständig zugewachsen. Die Elsenbäume (Traubenkirsche) waren stark genug, um Plattformen für uns zu tragen. Am Bach schaute an manchen Stellen Letten (Seeton) heraus. Von deren Herkunft hatte ich damals noch keine Ahnung, ich wußte nur aus eigener schlechter Erfahrung, daß sie sehr rutschig ist. Wir bastelten aus dem Ton kleine Gefäße und Manntschgerl (Männlein). Beim Abfischen des abgesenkten Moosbach-Kanals schaute ich mir die Fischarten genau an. Daß die Rückenflosse des Flußbarsches sehr feste und spitze Flossenstrahlen hat, weiß ich seit jener Zeit, weil mir jemand einen Barsch ans Bein warf. Mein Knie blutete daraufhin.

Im Herbst 1945 konnten wir unsere Wohnung in München wieder beziehen. Im Sommerhalbjahr verbrachten wir viele Wochenenden und den Urlaub meines Vaters im »Moosihäusl«, unserer Wochenendhütte, in Ascholding. Die ersten Nachkriegsjahre waren Hungerjahre. Dankbar erinnere mich daran, wie Ascholdinger Bauern uns mit zusätzlichen Nahrungsmitteln versorgten.

Leider wurde meine Mutter, als die stressigsten Zeiten vorüber waren, krank mit Bronchialasthma. Eine ungeheure Belastung für unsere Familie bis zu ihrem Tod 1953!

1949 war sie aber wie durch ein Wunder vorübergehend wieder gesund. Dies gab Auftrieb! Als Sechzehnjähriger baute ich mir in unserer Stadtwohnung ein drei Meter langes Paddelboot. Jetzt konnte ich das Moosbach-Gewässernetz schneller befahren und noch jemand mitnehmen. Der Isar durfte ich mich immer noch nicht anvertrauen, aber das abenteuerliche Kurven auf den Moosbachschlingen ab dem Eglinger Filz war auch nicht schlecht. Auf die Paddeltouren nahm ich entweder die dunkelhaarige Ungarin Ewa oder die hellblonde Ostpreußin Sabine mit oder auch beide zusammen. Sie waren ja erst zwölf Jahre alt und deshalb noch »leichte Mädchen«.

An die Isar ging unsere Familie eigentlich nur recht selten hinaus. Ein wichtiger Anlaß war die Blühzeit der Arten Stengelloser Enzian, Mehlprimel, Wiarröserl (Heideröschen), Frauenschuh und Fliagn (Fliegen-Ragwurz). Die Namen anderer Arten kannten meine Eltern nicht. Solche Namen, wie Spinne, Händelwurz, Elfenstengel, schnappte ich höchstens aus den Gesprächen von Bergwachtlern auf, die beim Holzwirt zu Mittag aßen. Die Bergwacht war die erste Organisation, die in der Isarau den Pflanzenschutz betreut hat.

Auf den großen weißen Blüten von Doldengewächsen, wie z. B. Laserkraut, krabbelten immer recht viele bizarre Insekten herum. Dies veranlaßte mich, mir ein Insektenbüchlein zuzulegen. Die besonderen Vogelarten an der Isar fanden erst später mein Interesse.

Der Student entdeckt die Leit-Vogelarten an der Isar

In den Pfingstferien 1952, kurz vor dem Abitur, verbrachte ich mit meinem Vater einige Tage an unserem Lieblingsort Ascholding. Am Isarhang über der Moosbachmündung sah ich meine erste ganz schwarze Kreuzotter und konnte sie photographieren.

Im Herbst begann ich dann mein Studium von Zoologie, Botanik und Chemie, abgesehen von einem Sommersemester in Tübingen, an der Ludwig-Maximilians-Universität in München. Später mußte ich für das Lehramt noch Erdkunde dazunehmen.

Zu Beginn des Sommersemesters 1953, als in Ascholding die Grillen zu zirpen anfingen, starb meine Mutter. Ich hatte ein sehr enges Verhältnis zu ihr und erzählte ihr manchmal am Krankenbett den Inhalt von Vorlesungen. Bei akuten Erstickungsanfällen durfte ich ihr vom Arzt aus eine Spritze geben. Nach ihrem Tod weinte ich in vielen Nächten.

Naturerlebnisse in Ascholding und neue Freundschaften verhalfen den schweren seelischen Wunden bei meinem Vater, meiner Schwester und mir allmählich zur Heilung. In München nahm sich eine Frau mit drei Kindern, etwas jünger als wir zwei, unser an. Manchmal verbrachten wir alle zusammen einige Tage im Moosihäusl. Häufig war aber nur einer der Söhne mit dabei, meistens der Klaus. Er wurde mein erster wirklicher Freund. Wir gingen wieder häufiger auf den »Abenteuerspielplatz Isar«. Ich erinnere mich noch an das »Ekstatische Orchester«. Wir hatten uns alle mit geeignet geformten Treibholzteilen versorgt und mimten eine sich windende und stampfende Band:

Hechtballade 1956

Auf Blätterinseln sind Käfer zu Gast.
Der Wind biegt die Tische
und blendet die Fische.
Libellen schießen mit knisternder Hast –
Ein Hecht fällt ins Sonnenboot ...
Auf Blätterinseln machen Käfer Rast,
Libellen lieben mit knisternder Hast –
Der Hecht schlägt die Trommel der Not:
Der Wind biegt die Tische,
verblendet die Fische. –
Abends kentert das Boot.

In der Vogelbrutzeit stieg ich schon in der Morgendämmerung von meinem Stockwerksbett hinunter und verließ leise das Moosihäusl Richtung Isar. Dort querte ich die Kiesbänke und wurde zum »Uferläufer« am Hauptarm. Daß es eine Vogelart namens »Flußuferläufer« gibt, erfuhr ich erst später. Sehr viel später machte ich jenes Gedicht:

Namenstag (2008)

Liebevoll
am Morgen
plötzlich
von meiner Frau
ein Kuß
wie ein Uferläufer
sich vermählt
mit dem Weib
als Luftikus

Die Arten »Gänsesäger« und »Fluß-Seeschwalbe«, die als besondere Kostbarkeiten auf der Isar noch vorkommen sollen, waren mir aber schon aus einer Feldornithologie-Vorlesung von Prof. Dr. Walter Wüst bekannt. Gänsesäger hatte ich bisher nur zwei im Winter erspäht. Aber wo waren die Fluß-Seeschwalben? Zu meiner großen Freude fand ich Mitte der 1950er Jahre tatsächlich auf einer Kiesinsel in der Ascholding Au eine kleine Kolonie mit höchstens zehn Paaren. In der monatlichen Versammlung der Ornithologischen Gesellschaft in Bayern e. V. löste meine Mitteilung einen Begeisterungssturm aus. Ich wurde Mitglied.

Auf Exkursionen von Prof. Wüst in den Nymphenburger Park, in den Englischen Garten und an den Ismaninger Speichersee konnte ich meine Artenkenntnis ständig verbessern. Trotzdem stieß ich an der Isar immer wieder auf mir unbekannte Vogelarten, wie z. B. den Waldwasserläufer, den Kiebitzregenpfeifer und die Zwergammer.

Die Lautäußerung des auffliegenden Waldwasserläufers, eines nicht sehr seltenen Durchzüglers an der Isar, ist wohl der Hintergrund für den früher bei den Flößern bekannten Wassergeist »Tutlipfeiferl«. Sie erschraken, wenn plötzlich aus den Nebelschwaden heraus »Tui't-vitt-vitt« ertönte, sich der Geist eines hochnäsigen Burgfräuleins meldete, das, um ihren glühenden Verehrer zu prüfen, ihren kostbaren Ring in die Isar geworfen hatte. Beim Versuch, ihn heraufzutauchen, ertrank der Unglückliche.

Noch in den 1950er Jahren erweiterten wir unsere Flotte. Mein Vater kaufte einen gebrauchten Canadier und ich später als Referendar ein Klepper-Aerius-Zweier-Faltboot. Im Canadier konnten bis zu vier Personen fahren, der Zweier ermöglichte die Mitnahme von Kindern im Vorschulalter.

Während meines Studiums heiratete mein Vater eine sehr nette Frau vom Untermain, die mit kleinen Booten umzugehen wußte. Im Canadier machten wir mehrmals zu dritt spritzige Fahrten auf der Isar.

Lisbeth, die »Mondfrau«

Meine erste Stelle als Gymnasiallehrer trat ich in einer schwäbischen Kleinstadt an, deren Burgherr um 1500 mit seinem Freund Kaspar Winzerer, der Pfleger in Tölz für den Herzog von Bayern war, ein Sportturnier ausfechtete. Unglücklicherweise fand der Pfleger dabei den Tod. Am Rand der schwäbischen Kleinstadt, unterhalb der Burg, begann jeden Frühling der Radau einer großen Saatkrähen-Kolonie. Auf dem Weg zur Vogelkolonie lag das städtische Schwimmbad.

An Sommertagen sah ich in aller Hergottsfrühe von meinem Zimmerfenster aus immer wieder ein Mädchen, das ins Schwimmbad radelte. Es war genau die gleiche junge Frau, die mir täglich beim Weg zum Mittagessen in der Altstadt entgegenkam.

Als ich für meine wissenschaftliche Arbeit an Köcherfliegen-Larven einen Wärmeschrank brauchte, erhielt ich von einem Schülervater die Erlaubnis, den Schrank im Labor des Kreiskrankenhauses zu benützen. Wer war im Labor bei der Arbeit? Genau die »Mittagspassantin« mit dem Gesicht, das mich an ein Modell des Malers Amedeo Modigliani erinnerte.

Meine Reitlehrerin lud zu einem Sommerfest ein. Mein Freund Klaus, der mich einige Wochen vorher besucht hatte, meinte, ich müßte da schon eine Frau mitbringen. Ich kannte damals schon einige Frauen von meiner Theatergruppe oder der ökumenischen Runde »Aktion 365«, aber mir war sofort klar: Die »Mittagspassantin« aus dem Labor mußte es sein! Sie nahm meine Einladung an und wir gingen gemeinsam auf die Fete. In den Wochen danach machten wir einige Spaziergänge zum Plaudern. Sie kannte sich als gelernte Apothekenhelferin mit Pflanzen gut aus, hatte ein »zwielichtiges Verhältnis« zu einem Hausrotschwanz, dessen Gesang vom Fensterbrett sie immer allzu früh weckte. Sie war nämlich eigentlich eine Langschläferin. Als begeisterte Schwimmerin war sie offenbar mit dem Wasser gut vertraut. Noch dazu hatte sie das Sternzeichen Wassermann. Aber wie verhält sie sich wohl im Boot auf einem reißenden Fluß, wie der Isar? Für mich mußte der Test natürlich auf der Isar stattfinden. Wegen den gut 100 Kilometern bis Ascholding und weil sie mit mir von ihren Eltern aus nicht übernachten durfte, war der Testtag von der Morgendämmerung bis in die Nacht hinein mit Aktionen ausgefüllt.

Mit dem Vespa-Roller fuhren wir um 5 Uhr früh weg nach Ascholding, um dort das Faltboot zu übernehmen und in den Morgen-Bus nach Lenggries einzusteigen. Nach einer stundenlangen wunderschönen Paddeltour landeten wir in Ascholding, stellten das Faltboot wieder ein und sausten mit der Vespa wieder heimwärts los.

Wenn ich allein mit dem Kajak an einem bestimmten Felsen bei der so genannten »Steinrinne«, einem Wasseramsel-Revier, vorbeikomme, muß ich immer wieder einmal daran denken, wie sie sich damals wie eine Nixe mit den Armen auf diesen Felsen aufstützte und ich sie ins Dekolleté hinein photographierte.

In der Adventzeit des gleichen Jahres verlobten wir uns. Im darauf folgenden Jahr, kurz vor den Sommerferien, heirateten wir.

Für meine Frau 1965

Die Hoffnungen jagte der Jäger Orion –
ungestüm ritt er über das Zelt,
über den heißen Dampf unsres Atems
jagte der Winterjäger.

Die Ahnungen feilten die Meisen dann:
die schwellenden Knospen unter der Hand
und die härter werdende Haut.

Auf deiner kalten Nase
jagt nachts noch der Jäger Orion –
Sein Sattel ist jetzt aus Sommersprossen.
In dich hinein
ist ihm die Beute entkommen.

Ich nannte meine dunkelhaarige, breithüftige »Isar-Wasserfrau« auch »Mondfrau«, weil ihre helle Haut mehr mond- als sonnentauglich war. Sie erzählte mir, daß auf offener Straße einmal ein kleiner Bub auf sie zu gelaufen war und sie umarmt hatte mit der Frage: »Bist du das Schneewittchen?«

1965 zogen wir nach Lenggries. Zu unserem Sohn, den wir nach Lenggries mitbrachten, kam noch ein Töchterchen dazu. Ich unterrichtete im St.-Ursula-Gymnasium, einem Mädchengymnasium im Schloß Hohenburg. Für mich erfüllte sich ein Traum: Lenggries als zweiter Stützpunkt an der Isar nahe meiner naturkundigen Tante Mariele, für den Biologieunterricht großartige Exkursionsmöglichkeiten im unmittelbaren Schulumfeld, neue feldornithologische Aufgaben, ein weites Einsatzgebiet für unsere Boote! Ich legte mir sofort ein Polyester-Glasfaser-Kajak zu.

Meine Frau brachte unseren Kindern noch im Kindergartenalter das Schwimmen bei, ich trainierte sie, wie man sich in der reißenden Strömung verhält. Dadurch wurden unsere Kinder, natürlich gesichert mit Schwimmwesten, tauglich für unsere Flußfahrten.

Bootsfahrten über und unter Wasser

Mit dem großen Kanu, dem Canadier, hatten mein Vater und ich uns schon bald nach dem Kauf 1954 auf die Isar gewagt. Als Teststrecke dienten uns die vier Kilometer von den Tattenkofener Kalköfen hinunter bis fast zur Moosbach-Mündung. Diesen Teil der Isar kannte ich einigermaßen von meinen morgendlichen Exkursionen. Es war ein warmer Tag in den Osterferien. Wir hatten kurze Lederhosen und Haferlschuhe an. Mein Vater saß vorne, ich als Steuernder hinten.

Bei dieser Jungfernfahrt hatten wir noch das Glück der (fast) Ahnungslosen. Später mußten wir schon noch unsere »feuchten« Erfahrungen machen. Wir lernten z. B., daß das Boot leicht kentert, wenn es von einer Strömung plötzlich gestoppt oder herumgerissen wird, weil Leute auf den Bänken nicht schnell genug mit der Bewegung mitgehen und sich mit dem Oberkörper auf der falschen Seite hinausbeugen. Akute Kentergefahr besteht auch, wenn sich an die vier fingerbreit Spritzwasser im Boot angesammelt hat. Wenn dieses Wasser unkontrolliert hin- und herschwappt, ist nur mehr schwer das Gleichgewicht zu halten. In diesem Zustand zum sofortigen Anlanden noch eine 180°-Wende zu machen, erfordert großes Geschick. Von der Strömung sollte man auch nicht mittschiffs gegen ein Hindernis gedrückt werden. Sollte es passieren, dann müssen sich die Passagiere zum Hindernis hin lehnen und bei Lebensgefahr schnell auf das Hindernis, z. B. einen Treibholzhaufen, hinaufklettern.

Nach einer Kenterung an einem kleinen Holzhindernis verhakte ich mich einmal in Rückenlage mit dem Anorak am Holz. Mein Vordermann konnte, im Wasser stehend, den Canadier noch festhalten. Um mich zu befreien, mußte er ihn loslassen. Ich lief sofort neben ihm her, um ihn zu bergen. Mit meiner langen nassen Kordhose hatte ich aber keine Chance. Glücklicherweise fanden wir noch am gleichen Tag das Boot leicht beschädigt zwei Kilometer abwärts.

Das Hochwasser im Juni 1959 füllte nach der Fertigstellung des Sylvensteindamms den Speicher so schnell, daß an einigen Ufern die Bäume noch gar nicht abgeholzt worden waren. Ich verbrachte mit meiner Cousine einige Urlaubstage in der Wohnung von Tante Mariele in Lenggries. Wir wollten den hohen Wasserstand für eine rasante Kanufahrt ausnutzen. Zuerst paddelten wir aber spaßeshalber am Ufer der Walchenbucht zwischen den Bäumen herum.

Sylvensteinsee 1966

Kurs auf die Bussardbucht,
Wellentälern entlang;
der Schatten des Vogels
huscht heimlich über den Hang.

Danach begann eine dramatische Tour auf der freien Isar. Bei der dritten Schwelle, bald nach der Abfahrt, schlug es uns schon ziemlich viel Wasser ins Boot.

Isar geht hoch 1967

flußab
hüpfen wieder die Wogen
flußauf
jagen schwarze Schwalben
flußab
tanzen Sichelflügel
mit Gischtgeistern

An einem Prallufer bei Winkl geschah dies noch einmal. Schnell konnten wir zur hin- und herschwingenden Wassermasse im Boot nicht mehr die richtigen Ausgleichsbewegungen machen. Eine Art »Paddelstütze«, wie man sie beim Kajaken macht, lernte ich erst viel später. Kurzum: Wir brachten den Canadier zum Kentern. Meine Cousine kroch wenig erfolgreich immer wieder vorne auf den Bootskörper hinauf, ich hielt schwimmend das Boot von hinten fest und versuchte Boden unter die nackten Füße zu bekommen. Schließlich konnte ich mich am Kiesboden einstemmen und den Canadier samt Cousine ein flaches Ufer hinaufdrücken. Es war höchste Zeit: Nach weniger als 200 Metern donnerte das Flecker Wehr. Jetzt erst, außerhalb des noch ziemlich kalten Wassers, begannen meine Füße vom Einstemmen und Mitgerissenwerden zu schmerzen.

Zweimal lud ich auch meinen engeren Freundeskreis von der Zoologie zu Isarfahrten ein, einmal ab Walgerfranz, das andere Mal ab Lenggries. Den Canadier, das kleine Paddelboot und das Acht-Kanister-Floß hatte ich vorher auf einem zweirädrigen Karren zu Fuß zum Abfahrtsort geschoben. Beim Walgerfranz übernachtete ich auf einer Schüttung von Pestwurzblättern auf Kies und schlecht gewärmt von einer einzigen Decke bei meinem Schwimmkörper-Sammelsurium. Beim Einschlafen raunten mir die Isarwellen, mal lauter, mal leiser so manches in menschlicher Sprachmelodie zu. Gegen Morgen fror es mich immer stärker. Ich stand auf, lief isaraufwärts nach Tölz und ging zu den Franziskanern in die Frühmesse. Zur Ankunft der Bootsleute mit dem Postbus war ich wieder rechtzeitig zurück.

Für die Bootstour ab Lenggries hatte ich meine schwimmenden »Untersätze« bei meiner Tante untergestellt. Bald nach der Lenggrieser Brücke kam der Katarakt beim Wirtshaus »Isarburg«. Damals waren es nur einige höhere Wellen, die die Nagelfluhfelsen überspülten. Im Canadier saßen, zusätzlich zum Steuermann Fritz Terofal aus der Familie des Schlierseer Bauerntheaters, noch mindestens drei Personen. Das Boot hatte deshalb zu wenig Freibord für die höheren Wellen und schöpfte Wasser. Terofal sang: »He has the whole world in his hand ...« und flog singend samt seiner ganzen weiblichen Besatzung aus dem kenternden Boot. Als er sich schier totlachend aus den grünen Isarwellen wieder auftauchte, sagte er beiläufig, er habe unter Wasser weiter lachen müssen. Der Sproß aus einem Bauerntheater kann das anscheinend.

An einem Fronleichnamstag paddelte ich mit den Söhnen aus einer befreundeten Ascholdinger Bauernfamilie hinunter zur Pupplinger Brücke. Diese saßen in meinem Canadier und einem Kanu, das der Jüngste von ihnen selbst gebaut hatte. Ich steuerte mein kleines Sperrholz-Paddelboot, dessen Vorschiff einen Spritzwasserschutz erhalten hatte. Ich erinnere mich, daß wir dort, wo der Haarschwaiger Bach mündet und jetzt die großen Felsen fast völlig frei liegen, noch über fast alle drübergleiten konnten, also noch kaum eine Eintiefung vorlag.

Dort, wo der Loisach-Stichkanal mündet, schoß das Wasser noch nicht über ein Gefälle von zwei Meter, sondern erst von ungefähr einem hinunter. Was mit einem rundum geschlossenen Kajak möglich gewesen wäre, schaffte ich mit meinem primitiven Paddelboot nicht. Das Boot lief in den Schwallwellen voll Wasser. Folge: Ich mußte schwimmen. Die Freunde in einem der Kanus hatten eine Malesse am Prallufer rechts vor der Pupplinger Brückengeraden. Wegen der Unerfahrenheit der Insassen kenterte der Canadier. Einer der Brüder, wenigstens das Paddel noch in der Hand, aber sein Hut daneben schwimmend, ließ sich von der Strömung mitreißen. Wir schrieen ihm dauernd zu: »Dua wos, Hardl, sonst dasaufst!« Bei dieser Unternehmung hatten wir keine Reservekleidung dabei. Die Luft war noch nicht besonders warm. Um mich nicht zu erkälten, zog ich mich ganz aus und schlüpfte in das vorher ausgewundene Hemd wieder hinein. Derartig armselig bekleidet schob ich im Laufschritt meine Boote von Puppling wieder zurück nach Ascholding. Das Hemd flatterte und wurde laufend trockener. Immer, wenn mir ein Radler oder ein Auto begegnete, blieb ich züchtig stehen. Das Hemd war nämlich nicht besonders lang.

Wir riskierten auch kurze nächtliche Paddeltouren auf der Isar. Bei Vollmond hatte sich dies als problemlos erwiesen. Aber geht es auch in einer Neumondnacht? Ausprobieren!

Am Nachmittag war mein Freund Klaus mit zwei Mädchen beim Ausreiten. Ich stieß zu ihnen. Der Wahnsinn an diesem Tag begann schon jetzt: Sie ließen mich auf ein Pferd aufsteigen, obwohl ich damals noch keinerlei Reitkenntnisse hatte. Sobald die anderen Pferde am Waldrand entlang in Galopp fielen, galoppierte natürlich mein Ross mit. Bei jeder Schaukelbewegung wurde der Abstand zwischen meinem Po und dem Pferderücken größer. Aber, oh Wunder, ich fiel doch nicht herunter!

Dafür entledigte sich in stockdunkler Nacht mein Kanu dann aller vier feuchtfröhlichen Insassen in das weniger fröhliche, dafür aber um so feuchtere Milieu des Isarwassers. Man beachte, daß es da um unterschiedliche Feuchtigkeiten geht! Nach einigen Runden Rotwein am Abend hatten wir uns nämlich in der Dunkelheit mit dem Kanu auf die kurze Ascholdinger Kalkofenstrecke begeben. Was bei der Helligkeit einer Vollmondnacht durchaus möglich war, ging nach weniger als zwei Kilometern schief. Die Helligkeit war nämlich so gering, daß wir Hindernisse mehr akustisch als optisch orten mußten. Ich konnte also nicht mehr ausreichend vorausschauend manövrieren und brachte das Boot an einem Treibholzstock zum Kentern. Ein Mädchen und ich, mit dem Kanu, erreichten aus eigener Kraft das Ufer, das andere Mädchen wurde von meinem Freund in Sicherheit gebracht.

An einem heißen Sommertag probierte ich einmal ein »kopernekisches« Schwimmfahrzeug aus. Ich ließ mich mit Schnüren, einer Plastikfolie, einem Paddel und einem wasserdichten Sack für mein Gewand in Unterleiten absetzen. Dort flocht ich mit dicken und dünnen Weidenruten einen flachen Korb und spannte die Plastikfolie darüber. Diesen schwimmenden Notuntersatz bestieg ich ganz vorsichtig und ließ mich als schiffsbrüchiger Odysseus die Isar bis Ascholding hinuntertreiben.

Nackt gestrandet

Der Morgenwind kräuselt die Haut –
Fischschatten entfliehen dem Floß
in das blühende Kraut.

Dort wurde ich leider von keiner Nausikaa aufgefunden und am Altwasser hatten stoßtauchende Seeschwalben den Nymphenspiegel zerbrochen.
Aber ich hatte ja noch andere Möglichkeiten, auf mich aufmerksam zu

machen: Surfen in starker Strömung auf einem Brett stehend, das mit einem Seil am Ufer festgebunden ist.

Das Faltboot nutzten meine Frau und ich nur, solange unsere beiden Kinder noch so klein waren, daß sie im Boot zwischen unseren ausgestreckten Beinen Platz hatten.

Gleich zu Beginn meiner Lenggrieser Zeit kaufte ich mir ein Kajak aus Kunststoff und baute in Polyester-Glasfasertechnik ein solches für meine Frau. Mit viel Einfühlungsvermögen für Wasserströmungen lernte meine »Mondfrau« bald, leichteres Wildwasser zu befahren.

Ich selbst wollte anfänglich meine Fahrtechnik im Wildwasser weiter verbessern und begab mich mehrmals auf die Isar im Hinterautal, auf den Rissbach und die Ammer. Dann gewann aber meine Leidenschaft, das Monitoring bedrohter Vogelarten an Isar, Jachen und Loisach ab Kochelsee, die Oberhand.

Auf diesen Flüssen legte ich 1970 bis in die 1990er Jahre hinein etwa 1000 km jährlich zurück, später immerhin noch ungefähr 700 km. Der Schwerpunkt der Bootsfahrten lag natürlich in der Brutzeit, aber auch in den anderen Monaten, bis vor wenigen Jahren ebenso noch im Winter, versuchte ich vom Kajak aus die Isar zu inspizieren. Zu fast allen Monitoringfahrten startete ich in der Morgendämmerung.

Solange ich noch als Lehrer tätig gewesen bin, hatte ich nur das Wochenende und, als besonderes Entgegenkommen, einen Wochentag für meine Touren zur Verfügung. Dieser freie Wochentag war hauptsächlich für Sitzungen und Ortseinsichten des Naturschutzbeirats am Landratsamt reserviert. In diesem Beirat war ich Mitglied, wie auch im Beirat bei der Höheren Naturschutzbehörde, der Regierung von Oberbayern. Ich konnte mir also das passende Wetter nicht immer aussuchen und mußte mit Regen, Schnee und starkem Gegenwind zurechtkommen. Manchmal drohte mir in der Ascholdinger Au der Nordwestwind das Paddel aus der Hand zu reißen. Ich antwortete darauf mit meinem Lieblingslied aus der Kriegszeit und sang »Wir lieben die Stürme, die brausenden Wogen ...«. Jetzt fehlte allerdings der Widerhall von damals, als wir Pimpfe von der Rundfunkspielschar zur Trommel durch die Paul-Heyse-Unterführung in München marschierten. Was ich wie Regen im Gesicht spürte, war nicht immer Regen. Einmal waren es Mücken, die nur immer über einer Schwallstrecke tanzten. Richtig gefreut habe ich mich über ein Zeichen von Nahrungsreichtum: Im Bereich der Loisachmündung paddelte ich 2010 in dichte Köcherfliegenschwärme hinein, mein Anorak war übersät mit durcheinanderwuselnden Insekten.

Bei diesen Monitoring-Fahrten zähle ich die Individuen von Fluß-Seeschwalbe, Flußuferläufer, Fluß-Regenpfeifer, Eisvogel, Gänsesäger, Wasseramsel, Graureiher, Kormoran, Silberreiher, Seidenreiher, Nachtreiher, Waldwasserläufer, Bruchwasserläufer, Grünschenkel, Rotschenkel, Baumfalke und Karmingimpel. Einmal nur hielt sich in der Ascholdinger Au vorübergehend ein Löffler auf und im Isarwinkel ein Rotfußfalke. Die ersten Schwarzstörche im Landkreis entdeckte ich Ende der 1990er Jahre in der Morgenfrühe vom Kajak aus. Wenige Jahre später erfolgten die ersten Brutnachweise.

Bei Uferläufer und Regenpfeifer schätze ich anhand von Lautäußerungen und anderem Verhalten etwa seit 1970 die Zahl der Brutpaare. Beim Gänsesäger orientiere ich mich nach der Zahl der Pärchen und später im Jahr der Junge führenden Weibchen.

Von einer mir vom Paddeln bekannten Isarinsel, der Walgerfranz-Insel, wurde mir einmal ein Graureiher mit Flügelbruch gemeldet. Ich rückte mit einem Sack an, packte ihn mit beiden Händen um die Brust. Ein Fehler! Er schnellte mit seinem Hals in die Höhe und schnitt mir mit seinem Schnabel die Lippen auf. Zum Glück bin ich Brillenträger! Ich blutete stark, ließ ihn aber nicht mehr los und steckte ihn in den Sack. Mein Freund Sepp Willy, Mitorganisator beim Seeschwalben-Projekt, erhielt ihn von mir ausgestopft als Geschenk.

Ende der 1960er Jahre habe ich die Internationale Wasservogelzählung am Stausee übernommen. Diese Zählung erfolgt vom Ufer aus jeweils einmal zur Monatsmitte, vom September bis zum April. Sie führt jetzt schon längere Zeit ein Tölzer Feldornithologe durch.

(Die restlichen 30 Seiten Heris' bisheriger Isar-Biographie, die von zahlreichen flußfachlichen Themen durchströmt wird, welche aus der persönlichen Perspektive eines Naturschutzaktiven vermittelt werden, erfolgt in dem in wenigen Monaten erscheinenden 3. Band der Reihe »Die neue Isar«. Anm. des Hrsg.)

Heribert Zintl

Von Fluß und Strom

Wohl in keiner Phase der Geschichte der Menschheit haben sich so viele einschneidende Veränderungen in so kurzer Zeit ergeben, wie in der zweiten Hälfte des 20. Jahrhunderts.

Nach dem schrecklichen Krieg blieb ein verwüstetes Land zurück. Alles war knapp. Baumaterial, Geld, Lebensmittel, Kleidung. In einer Lebensspanne erlebte ein in der Mitte des Jahrhunderts Geborener die alte Zeit und die sich immer mehr beschleunigende Entwicklung der modernen Welt. Er erlebte Hunger, fehlendes Heizmaterial und den Wohlstandsstaat, Fuhrwerke, die von Kühen oder Ochsen gezogen wurden, und die Landung eines Menschen auf dem Mond. Aberglauben, die Macht der Religion, den Verlust dieser Macht, feministisch-emanzipatorische, Wellness-, Esoterik-, Sex- und Chilischoten-Bewegungen. Den Zusammenbruch der Sowjetunion und den Elften Neunten. Er erlebte den mechanischen Kurbelrechner und den elektronischen Taschenrechner, den Volksempfänger, das einzige Telephon im Dorf beim Bürgermeister, Fernseher, E-Mail, Handy, Internet, Location Based Services.

Für manchen war das zuviel, er fühlte sich entwurzelt, sein Glaube gab ihm neben den immer weniger werdenden, vergreisenden Pfarrern keinen Halt mehr. Ich habe diese Zeit erlebt. Zwei tief prägende Ereignisse vom Anfang meines Lebens will ich nun erzählen.

Wenn ich heute noch, manchmal bevor ich einschlafe oder auch im Traum, zum Flug ansetze, meine Arme ausbreite, die mir als Flügel dienen, mich federleicht vom Boden hebe und anfangs zögernd durch die Luft schwebe, kann ich den Zeitenspiegel leicht durchdringen und mich in das Paradies meiner Kindheit begeben. Ich gleite langsam durch die Luft, fühle sie warm über mein Gesicht streicheln, bedächtig steige ich erst hoch hinauf, unter mir liegt schimmernd der Fluß.

Ich fliege sachte entlang der Isar, flußabwärts, die eingebettet liegt in stachelig dunkelgrüne Fichtenwälder und Tupfen von hellgrünen saftigen Wiesen, begleite ein kleines Stück die breit und behäbig dahinlaufende Donau, komme an die alte Stadt mit den abbröckelnden Wehranlagen und – mein Herz schlägt höher – sehe das silbrig glänzende, schmale Band des kleinen Flusses und das – nein jenes Pünktchen, das muß schon die Mühle sein! Ich breite meine Arme weiter aus und gehe in den Landeanflug über. Nun sind schon die einzelnen Gebäude sichtbar. Direkt hinter dem riesigen Obstgarten mit den alten Äpfel-, Zwetschgen-, Birnbäumen, die in Reih und Glied stehen wie meine Zinnsoldaten. Links der freistehende sogenannte Feldstadel, weiter oben ein zweiter Stadel, in dem das Heu lagert, im rechten Winkel dazu Kuhstall und Schweinestall, die Mühle mit Wohnhaus. Anschließend die schmale Öffnung mit der uralten steinernen Brücke über den kleinen Fluß, rechts davon die Pferdeställe und wieder im rechten Winkel dazu, so daß sich eine U-Form ergibt, das Wagenhaus. Niedersinkend kann ich nun das Hundehäuschen vor dem Pferdestall sehen und die alte Steintreppe, die darüber in den geheimnisvollen Speicherraum führt, den ich nie betreten durfte. Die Sonne scheint, ein paar Wölkchen mit ausgefransten Rändern, die ich vorhin schon spaßeshalber durchflogen bin (es ist darin ein bißchen kühler als in der klaren Luft), schweben am dunkelblauen Firmament, das sich gegen die Erde hin immer mehr aufhellt und in ein leuchtendes, dichtes Weiß übergeht. Einzelne Tiere sind schon zu hören. Ab und zu brüllt eine Kuh, der Gockel kräht und die Gänse schnattern. Der Hund bellt ein paarmal, zwei graugrünlich getigerte Katzen schleichen in den Feldstadel auf die Jagd.

In der alten Mühle, im kühlen Grund, schien die Zeit stehengeblieben zu sein. Die Mühle mit dem Bauernhof gehörte zu den größeren Anwesen in der Gegend. Das nächste Anwesen, ebenfalls eine Mühle, war etwa zwei Kilometer entfernt. In diesem Abstand reihten sich Mühle an Mühle wie Perlen an einer Schnur, den kleinen Fluß entlang. Man erzählt, daß die Familie auf der Mühle bis zum 30-jährigen Krieg zurückverfolgt werden kann, dann hüllt sich die Geschichte in Schweigen. Die Kirchenbücher waren seinerzeit verbrannt. Das Trinkwasssser kam damals aus einem Brunnen vor dem Haus. Ich sehe noch, wie die Tante die Abdeckbretter beiseiteschob und mit dem Strick einen verzinkten Blechkübel in das finstere, feuchte Rund hinunterließ. Den vollen Kübel zog sie wieder nach oben. Er stand dann neben dem monströsen Herd. Wer Durst hatte, trank daraus mit dem Schöpflöffel. Die Mahlzeiten bestanden vorwiegend aus selbstangebauten Kartoffeln und Sauerkraut und aus dem, was die eigene Scholle sonst noch hergab.

Das bißchen Strom für die Beleuchtung, den man brauchte, erhielt man durch die Mühle. Ein Generator wurde vom Mühlrad angetrieben. In der Nacht rumpelte das Mühlrad und brachte die schwachen Glühbirnen zum Leuchten, oder besser gesagt, sie flackerten eher wie Kerzen, erloschen von Zeit zu Zeit. Das Mühlrad lief einfach zu ungleichmäßig. Der Wasserstand war je nach Niederschlagsmenge unterschiedlich hoch, Gras, Schilf, Holzteile blieben am Gitter hängen und reduzierten den Wasserzufluß ebenfalls. Oft ging der Onkel hinaus und entfernte das Angesammelte. Das unheimliche

Rumpeln und Poltern des Mühlrades war überall im Haus zu hören. Wenn wir Kinder allein im Bett waren, führte es uns all die Bilder von den schrecklichen Geistern, Wassermännern, Nixen, die einen unter Wasser ziehen, oder der Heulucy, welche uns im Heu ersticken wollte, vor Augen.

Waren die Eltern dabei, hellten sich die finsteren Schatten auf und es waren Feen und gute Geister, die uns einluden und beschenkten. Die Gegenstände, Pflanzen, Bäume waren geheimnisvoll von warmem Licht belebt und noch nicht durch Gewohnheit und Alltag der Sprache beraubt. Sie waren uns wohlgesonnen oder blaugrünschattig darauf aus, uns zu schaden. Nicht lange nach dem Eintritt der Dämmerung schloß der Onkel die Wasserzufuhr des Mühlrades und es verlangsamte seine Umdrehung; ein letztes Krachen und Ächzen und Totenstille kehrte schlagartig ein. Danach war nur noch das gedämpft-leise und eintönige Rauschen des kleinen Flusses zu hören, das uns schnell und sanft ins Land der Träume beförderte.

Der kleine Fluß war für uns in der Dämmerung ein finsterer Strom. An schönen Sommertagen war er für unseren Forscherdrang die ganze große weite Welt. Hier war der Schatz versteckt, wir stachen mit der Zinkbadewanne in See und alle drei Brüder, wovon ich der älteste bin, erforschten die Schilfflächen und Ausbuchtungen des kleinen Flusses, in welchem bei Sonnenschein die sandigen Stellen wie Gold und Silber glänzten und wie Diamanten glitzerten. Die Wasserpflanzen schlängelten sich unruhig nach einem geheimen, unbekannten Rhytmus. Das Wasser war klar und die Sonne freundlich genug, um die mattgrauen Steinchen in glänzende Edelsteine zu verwandeln.

Auch Krebse wurden gefangen. In den Ritzen der grob behauenen Steine im Mühlschuß pflegten sie sich aufzuhalten.

Jetzt lande ich sacht neben meinen Brüdern, die gerade versuchen, einen schwarzen Käfer dazu zu bringen, *freiwillig* in eine Zündholzschachtel zu krabbeln. Ich gehe auf die Steinbrücke, über den kleinen Fluß, weiter zu dem schmalen Holzsteg, der direkt über das Wasser wiederum ins Haus führt und setze mich darauf. Meine nackten Füße baumeln im Wasser. Das vorbeitreibende Gras, fein geschmückt mit kleinen gelbweißen Blüten, streicht an meinen nackten Beinen entlang. Viel Wasser heute. Das Wehr ist geschlossen, ein dicker Wasserschwall ergießt sich tosend darüber. Unten, zwischen dem Holzbalken und dem Betonboden, sprüht ein wenig Wasser heraus, lustig sieht das aus, wie aus einer Wasserpistole. Es rauscht so schön und ich werde ganz ruhig. Die Welt versinkt im Rauschen, ich verliere mich irgendwo. Das Rauschen wird leiser, es rauscht in mir, ich bin das Rauschen, ich bin verschwunden im Rauschen und suche und finde mich auch nicht. Das Wasser duftet reif wie das Land, ein klein wenig moosig, es ist Erntezeit.

Später verlangsamt sich das Fließen, das Wasser scheint stehenzubleiben. Da ich mit dem Gesicht flußabwärts sitze, gleite ich scheinbar rücklings den Fluß hinauf. Er ist jetzt unbeweglich und wie eingefroren. Ich gleite und gleite, die Welt wird weiter und weiter, die Mühle wandert jetzt ein wenig nach rechts seitlich weg, gemeinsam mit den alten hohen Pappeln, nähert sich, entfernt sich wieder. Die Landschaft verschwimmt und löst sich auf in leuchtende Farbtupfen. Später schärfen sie sich dann von den Rändern her und geben wieder das fröhliche bunte Bild. Die Geschwindigkeit, mit der ich flußaufwärts gleite, nimmt zu. Die Sonne wärmt meinen Rücken. Mein rechter großer Zeh bewegt sich rhythmisch, unisono mit ein paar aus der Reihe tanzenden Wassertropfen, die sich regelmäßig aus dem Schwall befreien und mit der Gleichmäßigkeit eines Sekundenzeigers an die Steinmauer schlagen. Ich ahne mehr, als ich es wahrnehme, daß mein kleiner Bruder hinter mir vorbeigeht, wie so oft, mit der großen flachen verbeulten Aluminiumschüssel. Das Wasser steht hoch, Schwärme von kleinsten silberglänzenden Fischchen tummeln sich nahe am Ufer zwischen den Gräsern. Er ist ein Fischer vor dem Herrn, die Beute kann riesig werden, nicht bezogen auf das Gewicht, aber doch auf die Anzahl.

Ich lasse das Wasser durch meine gespreizten Finger fließen, schließe die Finger zur flachen Hand, drücke gegen den Wasserbogen und gleite mit den Händen hin und her und verändere so sein Form. Das Rauschen verändert sich. Es fängt an zu tönen. Mit Händen und nun auch mit den Füßen gebe ich den Takt, das Wasser gehorcht, spielt mit, fängt an lauter zu tosen, zu klingen, Wassermusik. Zart setzen Geigen ein, lieblich, danach die Flöten, ein Baß fängt an, meinen Takt zu übernehmen. Nein. Das ist mir zu süß, ein Marsch muß her. Der Bayerische Defiliermarsch, wenn schon. Ich stampfe mit beiden Füßen ins Wasser, die flachen Hände klatschen auf die Oberfläche, M-Ba, M-Ba, M-Ba, blase verstärkend den Rhythmus mit dem Mund, wie eine alte Dampflok. Plötzlich stößt etwas Schweres gegen mein Bein, drückt es beiseite, dreht sich im Wasser, hängt dunkel und naß über dem Wehr und plumpst mit einem Mal mit dem Wasserschwall hinunter.

Unten am Ende des Wasserfalls, in den Strudeln, dreht sich das Etwas dunkel im Kreise. Nun erst erkenne ich meinen kleinen Bruder. Ein ungeheurer Schrecken durchfährt mich, ein Schrei löst sich aus meiner Brust, er kann doch nicht schwimmen! Ich bin zu klein, um ihn zu retten. Ich renne los, öffne hastig die hintere Haustüre, die sich an den Holzsteg anschmiegt, renne den immer finsteren Gang entlang. Hier stehen die leeren Blechmilcheimer. Ich stoße heftig an. Einer fällt um. Es gibt ein ungeheures Gepoltere, als er blechern und klappernd auf die blanken Fliesen schlägt und wegrollt. Mein linker großer Zeh schmerzt. In meinem Kopf dröhnt das schauerliche Lachen des Wassermanns. Rein in die große Küche. Niemand da. Weiter in die Stube, am Kachelofen vorbei. Hier ist die Großmutter. Seit Jahren leidet sie an einem offenen Bein, das andauernd näßt. Sie kann selber kaum gehen. Das Bein wird mehrmals am Tag mit Binden eingewickelt. »Er, er ist, er ist ins Wasser gefallen. Zieh ihn raus!« Vermutlich wird die Großmutter jetzt blaß, bekommt nasse Hände, wird weiß im Gesicht. Ich sehe das alles nicht. »Schnell, schnell, er ertrinkt!« »Lauf in den Pferdestall, da ist die Tante, ich kann nicht!« Ich öffne die Stubentür, raus in den Gang, schwere Holztür mit großer Mühe auf, raus in den Hof, rüber zum Pferdestall, Tür auf, rein in die Dämmerung. Ich sehe nichts: »Tante, Tante, schnell, Berti ist ins Wasser gefallen. Schnell!«

Die Zeit rast jetzt, dumpf und laut schlägt mein Herz. Jetzt erkenne ich die Tante. »Deine Scherze kenne ich schon. Jetzt gehst du aber zu weit. Mit so etwas scherzt man nicht.« Sie steht da, gefaßt, ruhig, lächelnd. Frau der Lage.

In mir wird alles leer, es dreht sich um mich herum, langsam, spiralig. Draußen zwitschert eine Amsel, fröhlich füllt sie den leer gewordenen Raum mit sinnlosen Tönen.

Mein Kopf sinkt auf die Brust. Tränen der Ohnmacht laufen über meine Backen. Mein Bruder ist bestimmt schon tot. Abgetrieben, vielleicht irgendwo unter der Brücke, im Schilf, oder weiter. Bitte, sage ich leise, Tränen nehmen mir die Sicht, die Welt ist verschwommen, die Pferde sind braundunkle Flecken und die Tante ein blaues Oval, mit ihrem blauen Schurz und einem unscharfen hellen Flecken darüber, ihr Gesicht. Jetzt schreie ich, was ich kann: »Und du bist schuld, wenn er ertrinkt. Du allein!«

Jetzt bewegt sich was. Das blaue Oval mit dem hellen Fleck darüber setzt sich hektisch in Bewegung, Richtung Fluß. Raus aus der Türe über den Hof, über die steinerne Brücke. Ich komme kaum hinterher. Ich sehe unscharf, was geschieht, höre es platschen. Die Tante springt ins Wasser. Es spritzt nach allen Seiten. Die Tante stößt helle Schreie aus, das Wasser gurgelt. Nun hat sie ihn erwischt, schleppt ihn irgendwie ans Ufer, legt ihn auf den Boden, seitlich, sie ist Krankenschwester, weiß, was zu tun ist.

Dieser Tag wird zu einem Tag der Freude. Es ging alles gut aus. Wir waren unfähig, das Übermaß des Glücks zu fassen. Der Kleine ist froh: »Heute brauche ich mich aber nicht mehr zu waschen.« Die Erwachsenen lachen. Die Tante ist jedoch nicht dabei, sie hat sich zurückgezogen. Am Abendessen wird sie nicht teilnehmen. Heute werden wir sie nicht mehr zu Gesicht bekommen. Ich bin der Held des Tages!

Zeit zurückzufliegen. Die Dämmerung legt sich wie ein graugoldener

Schleier über das Land. Es wird schon kühler. Wenn ich hoch fliege, kann ich die rotgoldene Sonne viel länger sehen als auf der Erde unten. Ich fliege ein wenig Slalom, um ein paar kleinere Wölkchen herum. Nun sehe ich Sonne und Mond gleichzeitig. Sogar ein Sternchen blinkt schon ...

Tage später, diesmal im Traum. Ich fliege wieder. Es ist wieder Sommer, der Morgen des 15. August, Maria Himmelfahrt. Das wird ein heißer Tag. Keine Wolke zu sehen. Dort noch der verschämte Rest eines Nebelchens, das sich zwischen den Ästen eines Hollerbusches verfangen hat. Diesmal fliege ich nur knapp über der Isar. Der Fluß glitzert und glänzt, gurgelt und strudelt. Es macht Spaß, so richtig kurvig drüber zu zischen. Die ersten Badegäste liegen schon am Ufer auf ihren Decken. Die Kinder reißen die Mäuler auf, wenn sie mich sehen, und zeigen mit ihren Fingern auf mich.

Diesmal fliege ich von der anderen Seite, flußabwärts, die Mühle an. Ich bin übermütig, vollführe einige Loopings, zische über den Onkel weg, der mit seinem Pferdewagen Klee für die Kühe vom Feld holt. Der frisch geschnittene Klee, noch taubedeckt, duftet herrlich süß und bitter. Ich lande neben Bello, dem Hofhund. Bello liebt mich. Man erzählt, als ich geboren wurde, habe er sich vor dem Zimmer meiner Mutter postiert und ließ niemanden hinein. Nicht einmal meinen Vater – so etwas schweißt zusammen. Ich ziehe ein Paar Würstchen aus meiner Tasche, Bello schlingt sie in Rekordzeit hinunter. Bello schaut mich erfreut an. Laß uns durch die Felder streifen, meint er, nach einem Abenteuer Ausschau halten. Ich streichle Bello zwischen den Ohren. Er gibt einen grunzenden Laut von sich. Der Onkel hat nun das Pferd angespannt. Mit der kleinen offenen Kutsche fahren wir alle ins nächste Dorf, in die Kirche. Wir haben eine eigene Bank. Reserviert nur für uns, vom Großvater bezahlt. Nur meine Mutter bleibt zurück, mit Hanni. Sie ist noch zu klein, um in die Kirche zu gehen. Mein Vater ist in der großen Stadt. Er kommt heute mit seinem »Schnackler«, das ist ein sehr schönes, fast neues Moped. Wahrscheinlich ist er schon unterwegs. Er braucht ja fast drei Stunden. Als wir wieder von der Kirche zurückkommen, ist Vater noch nicht da. Ich freue mich sehr auf sein Kommen. Er bringt immer etwas für uns Kinder mit.

Die Tante, welche mit meinem Onkel den Bauernhof mit der Mühle bewirtschaftet, hat ein Töchterchen, die Hanni eben. Sie spielt brav in der Küche. Ab und zu beißt sie von einer heißen Pellkartoffel, die ihr meine Mutter, die heute kocht, gegeben hat. Zur Feier des Tages trägt Hanni ein weißes Kleid mit großen schwarzen Punkten drauf. Süß schaut sie aus, ein bißchen pummelig.

Später kommt mein Vater. Große Freude! Auf dem Gepäckträger hat er eine ganze Obststeige voll Bonbons mitgebracht! Zitronengelbe Zitronenbonbons, orange Orangenbonbons und auch diese köstlichen himberroten Himbeerbonbons, die wie echte kleine himbeerrote Himbeeren aussehen und auch so duften, sind darunter. Jedes von uns Kindern hortet seinen Teil. Mehr als 3–4 Stück, wenn sie ungelutscht sind, bringe ich kaum in den Mund. Kleingelutscht haben mehr Platz.

Das Leben ist so voll und wunderbar, wir sind alle zusammen, Eltern, Onkel, Tanten, Brüder.

Ich schiebe mit Nachdruck noch ein weiteres klebriges himbeerrotes Himbeerbonbon rein. Je nachdem, wie ich die einzelnen Bonbons im Mund plaziere, schmecke ich mal das eine, mal das andere stärker. So wechselt ständig der Geschmack, rot-orange-gelb, rot-orange-gelb. Die Farben flimmern nur so vor meinen Augen. Rot und Gelb gibt Orange, schmeckt aber nicht so. Das Gelbe schmeckt überhaupt sehr intensiv. Ich schiebe es rechts oben unter die Oberlippe, um noch einmal konzentriert Himbeer zu schmecken. Die Anwesenden sind mit sich selbst und ihren Gedanken beschäftigt. Ruhe ist eingekehrt, nur das leichte Rauschen des kleinen Flusses ist zu hören und ab und zu meldet ein aufgeregt gackerndes Huhn, daß es erfolgreich ein Ei gelegt hat.

Mitten in meine Geschmackstests höre ich wie aus der Ferne meine Tante sagen: »Wo ist Hanni?« »Wo soll sie schon sein, bestimmt in der Stube.« »Nein, dort ist sie nicht. Sie wird doch nicht?«

Die Tante rennt los in den Hausgang, reißt die schwere Haustüre auf, wir alle hinterher Richtung Wasser. Das Gattertor versperrt den Weg zum Wasser, aber der alte, kurze Weg zum Flüßchen ist so ausgehöhlt, daß man leicht unten durchrobben könnte.

Die Tante reißt das Gattertor auf, es ist ein großes Tor, es federt knarrend zurück. Wir sausen alle raus und auf die Steinbrücke. Ängste steigen in mir hoch, die Beine werden schwer wie Blei, ich spüre den Boden nicht mehr unter meinen Füßen. Es summt in meinem Kopf, ich dränge nach vorne, die Angst zieht mich gleichzeitig nach hinten, schnürt mir den Hals zu. Mein Mund ist staubtrocken. Ich möchte auf keinen Fall das Ende der Steinbrücke erreichen. Von dort sieht man den Wasserfall mit seinen Strudeln. Es hat heute wenig Wasser, der Onkel hat das Wehr etwas nach oben gezogen, so daß ein Teil des Wassers unter dem Wehr durchspritzt, und ein Teil oben drüber läuft. Ich würde das Wasser niemals unten rausspritzen lassen. Lieber alles oben –, dann hebt sich der Wasserstand und das Flüßchen wird zum Fluß. Noch ein Schritt, noch ein Schritt, mein Bruder schubst mich von hinten. »Mach doch, beeile dich!«

Die Tante hat als erste das Ende der Steinbrücke erreicht. Entsetzt und starr bleibt sie einen Moment stehen. Jetzt sehen wir es alle. Unten am Wehr vom Wasser hin und herbewegt, flattert ein Stück nasser, weißer Stoff mit großen schwarzen Punkten drauf, im Wasserschwall. Ich nehme das, was um mich herum passiert, nur noch verlangsamt wie im Zeitlupentempo wahr, der Ton ist jetzt abgeschaltet. Das Bild ist schwarz-weiß. Nichts außer meinem dröhnenden Herzschlag ist zu hören. Die Tante eilt auf das Wehr zu, sie berührt kaum mehr den Boden. Das Bild steht und die Tante bewegt sich doch. Sie dreht das Wehr mit der schweren Eisenkurbel, welche die groß gezähnten, schwarzen Zahnräder antreibt, knarrend nach oben. Viel zu langsam! Mehr und mehr zeigt sich der weiße Stoff mit den großen schwarzen Punkten, bis die ganze Hanni durch die schmale Öffnung gerissen wird. Sprung ins Wasser, Hanni raus. Auf den Boden gelegt. Die Krankenschwester-Tante, diesmal nicht im blauen Schurz, sondern im braunbeigen Sonntagskleid, bemüht sich um die Kleine, jemand steigt aufs Fahrrad, um den Arzt aus dem nächsten Dorf zu holen. Hanni wird reingebracht. Wir alle hinterher. Hanni bewegt sich nicht. Ihre Mutter schreit verzweifelt.

»Kniet nieder, Kinder, betet, daß sie es überlebt. Ihr bekommt alles von mir, alles was ich habe«, schreit verzweifelt die Mutter. Sie wiederholt es murmelnd immer wieder. Wir knien uns auf den gefliesten Boden und beten mit gefalteten Händen. Die Fliesen sind hart und kühl. Die Knie schmerzen. Wir beten sehr darum, daß alles wieder gut wird.

Es ist nicht mehr gut geworden. Die Frage, was war, erscheint mir manchmal als Raub an der Gegenwart, doch die geerbten Krücken der Eltern müssen die Kinder nicht tragen. Die Krone des Baumes kann über die dürren Äste hinauswachsen.

Meine Eltern, Onkel und Tanten haben sich von da an seltener getroffen. Wen trifft die Schuld? Niemand sprach offen darüber. Zaghaft suchen wir, nun erwachsen gewordene Kinder, untereinander das Gespräch. Wie war das damals?

Dies hier ist mein Beitrag zur Aufklärung.

Manches Mal noch fliege ich zur Mühle, aber der Schatten bleibt. Bello lebt nicht mehr. Die Stallungen sind leer. Der Brunnen aufgefüllt. Das Mühlrad ist nicht mehr in Betrieb, aber unter Denkmalschutz. Moderne Zeiten sind eingekehrt, Strom- und Wasserleitungen wurden verlegt, Wiesen und Felder verpachtet, der Obstgarten ist verschwunden, Onkel und Tante sind in Rente. Die beiden Töchter, welche nach Hannis Tod noch geboren worden waren, essen sonntags Jakobsmuscheln und Garnelen, anstatt Sauerkraut und Kartoffeln. Ein Teil des kleinen Flusses wurde naturnah umgebaut – Umweltschutz. Trotzdem ist das Wasser trüb.

Ich sitze am Computer. Bevor ich meine E-Mails abrufen kann, gebe ich mein Paßwort ein. Es besteht aus acht Buchstaben und trägt den Namen des kleinen Flusses.

Franz Huber

Morgen oder übermorgen?

Schreie auf allen Kontinenten:

Wasser! Water!
Wasser!
Wasser!

Wir haben kein Wasser mehr!
Es liegt zwar noch etwas nasses
in den Flußbetten und im Boden.
Aber es ist tot.
Vergiftet worden!
Wirtschaftlich ausgedrückt,
es sind zu viele Betriebskosten
in unseren Flüssen gesenkt worden.
Und jetzt haben wir kein Wasser mehr.

Sonst haben wir noch alles.
Öl haben wir auch noch.
Esso hat zufällig neues gefunden.
Aber mit dem Öl haben wir die Meere versaut,
Den Fisch abgebaut,
Die Algen vernichtet.
Und im Namen unserer Kindeskinder auf das Leben verzichtet.
Sie werden uns einmal dankbar dafür sein,
daß sie nicht mehr erscheinen mußten.

Wasser! Water!
Aqua! De l'eau!
Wir haben das Wasser noch vor dem Öl geschafft.
Wer hätte das gedacht!
Eine wissenschaftliche Sensation!

Das Wasser hatte ja einen lustigen Lebenslauf.
Millionen von Jahren war es frisch.
Im 20. Jahrhundert haben wir es gefiltert.

Im 21. gefiltert, gekocht und chemisch gereinigt.
2015 haben wir das letzte frische Quellwasser in Flaschen abgefüllt.
2030 die Flaschen rationiert,
der Innenminister überwacht jetzt die Ausgabe der Flaschen.
Und der Außenminister hält Ausschau nach neuen Wasser-Kolonien.
Kommt aber immer um einige Soldaten zu spät

Aber wir haben noch Whisky! Prost!

Helmut Ruge

Alles fließt

Am Anfang war das Chaos,
der wilde Strom entropisch
sich vergeudender Energie,
bestimmt zum Wärmetod,
und das abgründige Meer
ungestalteter Materie.

Der Geist der genetischen Information
schuf aus dem Chaos den Kosmos des Lebens.
Durch die Überführung der flüchtigen Energie- und Materieströme
in ein geformtes Fließgleichgewicht
entstanden die Gestalten des Lebendigen.

Ein Strom biologischer Information zieht,
sich verbreiternd und differenzierend, durch die Zeit.
Die wilden Kommunikationen der Bakterien
gingen über zum geordneten Austausch
von Information in der sexuellen Reproduktion.
Dieser Eros ermöglichte den Ausbruch
aus der Starrheit der singulären Information,
die Öffnung für das Neue und Andere
und damit die ewigen Metamorphosen des Lebens.

Auch die Menschheit ist Teil dieses Stroms
und die Sprache des Lebens vereint die Gattung,
weil alle Besonderheit und Trennung
der individuellen leiblichen Existenz,
wodurch sich der Einzelne vom Meer des allgemeinen Lebens abhebt,
in der Abfolge der Generationen wieder in diesem versinkt
und verschmilzt im kollektiven Pool des genetischen Erbes.

Doch entspringt zugleich im menschlichen Geist ein neuer Quell,
der Sprachfluß verbindet die Menschheit auf neue Weise,
kommt zur sexuellen Kommunikation hinzu
und die biologische wird durch die kulturelle Evolution ergänzt.
Gespeist aus dem Wechselspiel von Tradierung und Innovation

fließt ein wachsender Strom an Weltwissen
durch die sprechende und hörende Menschheit

Die Wissensmacht des Geists vereint sich mit der Mächtigkeit der Hand,
läßt den Menschen das bergende Gefängnis des Garten Edens verlassen
und jenseits der Paradiesströme, durch Arbeit, eine neue Welt zu erschaffen.
Homo colens kultiviert die Ströme des Lebens,
Homo faber erschließt die in der toten Natur verborgenen Potentiale,
setzt auf technische Weise Flüsse in Bewegung und gestaltet sein künstliches Paradies

Heute überziehen die anthropogenen Stoff- und Energieströme den Globus und fließen als Informationsströme durch die globalen Kommunikationsnetzwerke.
Sie vermischen sich mit den natürlichen Strömen
und drohen im globalen Kapitalismus diese zu überlagern und zu unterbrechen
und die Ordnung des biologischen Sphäre mit ihren Fließgleichgewichten zu zerstören.

Denn der Geldfluß wird im entgrenzten Kapitalismus zur Eigenmacht.
Die Geldströme dringen im Zuge der kapitalistischen Land- und Seenahme
in die letzten verborgenen Winkel der Erde,
in die Tiefen der Meere und das Innerste der Atome,
überschreiben und kolonisieren den genetischen Informationsstrom,
erzeugen immer schnellere globale Handelsströme.

In der flüssigen Moderne der Gegenwart
droht die Macht der Geldflut
und der ihr unterworfenen entfesselten Technik
alle natürliche und kulturelle Ordnung zu vernichten,
um am Ende die Erde als wüst und leer zu hinterlassen
und den Planeten in den Zustand
des anfänglichen, gestaltlosen Chaos zurückzuwerfen.

Doch deuten sich auch widerständige Gegenströmungen an:
bedrohliche (und grausame) Fluten einer gestörten Natur,
aber auch das Anschwellen von Strömungen eines neuen Denkens,
welches die Vereinigung und Versöhnung
der menschlich erzeugten Flüsse
mit den natürlichen Flüssen anstrebt.
Und das den Keim der Entstehung einer neuen Welt-Ordnung in sich trägt.

Anmerkungen zum besseren Verständnis des Textes:

Als *Entropie* wird in der Thermodynamik die Tendenz des Universums zur Entwertung von Energie und der Zunahme von Unordnung – von *Chaos* in alter Begrifflichkeit – bezeichnet. Das Lebendige »widersetzt« sich dieser Tendenz, weil man im Organismus eine Zunahme von Komplexität, Ordnung und Information feststellen kann – wobei allerdings aus Sicht der Physik dies nur auf Kosten eines Entropieexports nach außen möglich ist, so daß im Gesamten das Chaos weiter zunimmt. Nichtsdestotrotz ist festzuhalten, daß das Leben eine innere Logik besitzt, die sich der »negativen« Grundtendenz des Toten »entgegenstellt«. Diese Fähigkeit des Lebens zur Schaffung von Ordnung ist u. a. in der *genetischen Information* begründet, welche der Formlosigkeit der unbelebten Welt eine Form gibt.

Im Laufe der *biologischen* bzw. biogenetischen *Evolution* nimmt die Information zu und die Formen ihres Austausches werden systematisiert und komplexer, so daß es zur Herausbildung von mehrzelligen Lebewesen und Arten kommt – dies war auch der eigentliche ›Sinn‹ der Genese von Sexualität. Auch die kulturelle Evolution des Menschen kann im Kern als Zunahme von Information beschrieben werden, wobei nun aber diese nicht mehr in Genen gespeichert und sexuell weitergegeben wird. Vielmehr gewinnt nun die kognitive Speicherung an Bedeutung und beim Menschen wird zunehmend die Sprache zum Medium der Tradierung (Weitergabe) von Wissen.

Hierdurch wird erst die kulturelle Transformation der Natur durch Arbeit ermöglicht. Als *Homo colens* habe ich (abgeleitet von lat. colere (cultus) »bebauen, bewohnen, pflegen, verehren«) den Menschen der frühen Agrikulturen bezeichnet, um dessen das Leben kultivierende Arbeit zu benennen. Hiervon ist *Homo faber* (Max Scheler), der herstellende, fabrizierende Mensch zu unterscheiden, der vor allem die tote Natur zu Gegenständen verarbeitet.

Durch diese Arbeit werden *anthropogene*, d. h. vom Menschen generierte *Stoff- und Energieströme* erzeugt. In traditionellen Gesellschaften ist diese Umwandlung der Natur allerdings in der Regel von einer geringen Dynamik geprägt. Im Kapitalismus und der damit verbundenen Verselbständigung der Technik des Geldes, das vom Austauschmittel zur quasi autonomen Eigenmacht wird, entsteht hingegen der Zwang zur *Landnahme* (nicht nur von Raum, sondern auch von Arbeitskraft, Absatzmärkten, Ideen, unerschlossener Natur usw.) und damit der permanenten Expansion und des unbegrenzten Wachstums. Dieser dem Kapital inhärente Zwang steht im Gegensatz zu einer begrenzten Welt. Die lange propagierten Ideen eines kapitalistischen

Wachstums ohne wachsenden Materie- und Energieverbrauch haben sich im entgrenzten, globalen Kapitalismus zunehmend als Illusion erwiesen. Eine Bewahrung des Planeten vor Chaos ist daher nur in einer den Kapitalismus überwindenden *neuen Weltordnung* möglich.

Georg Jochum

Nordblick zum Föhringer Wehr ▶

Das Leben –
ein Fluß oder nur
Kanal und Staustufen

Und nicht zuletzt: über das Poetische zum Politischen im »Nymphenspiegel«

Im Sinne der bereis beschriebenen Ganzheitlichkeit werden die Bände der Reihe »Die neue Isar« immer wieder von Lyrik- und Prosa-Einstreuungen durchzogen, wie Treibgut oder die bunten Kiesel, die der Fluß mit sich trägt. Diese Texte befassen sich konkret erzählerisch oder metaphorisch mit Themen von Fluß und Wasser, von Freiheit, Metamorphosen, Veränderung und wechselnder Gestaltung. Nun gehört wohl längst zu den abgegriffensten Metaphern überhaupt, daß das Leben wie ein Fluß sei. Doch ist andererseits ihr Gehalt auch nicht von der Hand zu weisen und ergiebig genug, um bei einer poetisch-konkreten Melange verschiedenster Flußthemen, mit einem ebenso umfassenden wie auch letztlich uneinlösbaren Anspruch auf Vollständigkeit, nicht an diesem *Bild* vorbeizukommen.

Wenn das Leben tatsächlich wie ein Fluß erscheint, dann bietet sich die starre Kanalisierung eines Flusses, dessen begradigtes Hindurchleiten durch ein betoniertes Korsett, wie das lange Zeit bei der Münchner Isar der Fall gewesen war, unweigerlich auch als eine *düstere kulturkritische Metapher* an, als Synonym einer technikdominanten und naturfernen Zivilisation ebenso wie als *kafkaeskes Bild einer Gesellschaft* mit menschenferner, mißbräuchlicher Politik und zugleich vermauert funktionierenden Schaltzentralen, die ihre Vorhaben in abgeschlossenen Bahnen durch die bürgerliche Gesellschaft hindurchkanalisieren – auch an deren Interessen oftmals vorbei. Über lange Zeit wurden solche obrigkeitsstaatlichen Strukturen ebenso unhinterfragt hingenommen wie der Mißbrauch und die Kanalisierung unserer Flüsse, die sich unter anderem darin zeigten, daß man sie vielfach auch ohne Notwendigkeit einem solchen Gestaltungswillen unterwarf, ohne sich um ihr Wesen, ihre Vitalität und Schönheit, ihren Eigenwert sowie ihre Bedeutung für das große gesellschaftliche wie auch ökologische Ganze zu kümmern.

Glücklicherweise sind hier schon seit längerem Umdenkprozesse auf breiterer gesellschaftlicher Basis im Gange. Doch welche Schwierigkeiten es der Isar-Allianz Anfang der 90er Jahre noch bereitete, eine Mindest-Erhöhung der sog. Restwassermenge für die Isar im Zuge der Neukonzessionierungen des »Kraftwerks Mühltal« sowie weiterer Kraftwerke zu erstreiten, die für eine erste Renaturierung unabdingbar war, läßt sich in Band 1 »Die neue Isar« ausführlich nachlesen.

Daß sich die Isar-Renaturierungs-Initiative nach München hineintragen ließ, lag neben dem unermüdlichen Einsatz der Isar-Allianz auch an dem glücklichen *Zufall*, daß der damalige Leiter des Wasserwirtschaftsamtes sich aufgeschlossen zeigte, anstatt Mauern auf den Hochwasserdämmen zu errichten, was bereits geplant war, um die Anforderungen von EU-Richtlinien an den Hochwasserschutz zu erfüllen, dieses Ziel auch über eine Aufweitung und teilweise Renaturierung des städtischen Flußbetts zu erreichen. Vieles wurde zu dieser Zeit noch intern in Verwaltungen entschieden, ohne die Öffentlichkeit dabei einzubeziehen.

Die relevanten Zusammenhänge (politisch wie technisch), die bei solchen Entscheidungen eine Rolle spielen, sind meist hochkomplex und für den Durchschnittsbürger nicht transparent, was seinen Meinungsbildungsprozeß unterbindet. Dieser ist aber für die Entwicklung mündiger Bürger, derer eine echte Demokratie unabdingbar bedürfte, unumgänglich. Nehmen wir unser *Thema* gleich als Beispiel: Die Isar, einst ein wilder und freier Fluß, ist heute ein hochkomplexer Verwaltungsfall. Neben dem Wasserwirtschaftsamt befassen sich in München nicht nur das Baureferat, sondern auch das Planungsreferat sowie das Referat für Gesundheit und Umwelt mit ihr. Daneben erklären sich, abgesehen von E.ON und anderen Kraftwerksbetreibern, die EU, zahlreiche staatliche Forstverwaltungen, Gemeinden, Landratsämter, Bezirks-Ausschüsse und Privat-Eigentümer entlang ihres Weges für sie zuständig. An all diesen Stellen kommt der Fluß als Fluß schon lange nicht mehr vorbei. Für mich war hier einige Zeit erforderlich, um mich auch nur halbwegs in diese Materien einzuarbeiten.

Glücklicherweise kann man sich heute, nach mittlerweile schon langjähriger Erfahrung mit Fluß-Renaturierungsprojekten, auf ein wachsendes Hintergrundwissen wie zahlreiche im Zuge dessen entstandene wissenschaftliche Studien stützen, die, wie wir finden, der Öffentlichkeit, als Grundvoraussetzung für diesen Meinungsbildungsprozeß, verstärkt zugänglich gemacht werden sollten.

Bei den Flüssen weiß man heute, daß diesen auch mehr Raum und Freiheit zu gewähren ist, um die zerstörerischen Kräfte von Hochwässern insgesamt zu reduzieren. Diese Erfahrung wiederum auch rückzuübertragen auf die zu Beginn angesprochene metaphorische Ebene hinsichtlich des gesellschaftlichen Kontexts, ist ein bereits laufender Prozeß, den wir mit dem »Forum neue Isar« unterstützen und begleiten:

Dabei geht es darum, die bürgerlichen Interessen an den *fachlich* und gesamtgesellschaftlich besten Lösungen immer in den Mittelpunkt zu stellen –, bürgerschaftliche Ideen und Kompetenzen in die laufenden Findungs-, Planungs-, Entwicklungs- und Umsetzungsprozesse partnerschaftlich einzubeziehen. Die Frage, die sich hier stellt, ist, wie die Weichen im politisch-administrativen Komplex umgestellt werden müßten, um dies zu ermöglichen? Aus unserer Sicht ist sie noch nicht zufriedenstellend beantwortet.

Wie das geschehen soll? Zu allererst durch Transparenz, wohlüberlegte Veränderungsmaßnahmen in den Verwaltungs-Strukturen, im intensiven Dialog mit betroffenen Bürgervertretungen und Behördenvertretern sowie mit einem couragiert-investigativen Journalismus. An zentraler Stelle steht daher unsere Forderung nach *umfassender* und ungefilterter Information, nach rechtzeitiger Offenlegung sämtlicher Planungen, Daten-Grundlagen und wissenschaftlichen Studien zu einem betreffenden Thema.

Wir begrüßen in diesem Zusammenhang als *ersten Schritt* in die richtige Richtung den Stadtratsbeschluß der Landeshauptstadt München, vom Mittwoch, den 19.1.2011, daß von Anfang April 2011 an die Bürger Zugang zu allen Informationen der Stadt bekommen sollen.

Die bisherige Umwelt-Arbeit an der Isar hat zudem gezeigt, wieviel Fachwissen und wertvolle Erfahrung all die Menschen auf sich vereinen, die teilweise über Jahrzehnte intensiv und mit Enthusiasmus ihr Feld ehrenamtlich bestellen. Dieses *Kapital* aus allen Prozessen weitgehend herauszuhalten, kann nicht im Sinne des Gemeinwohls sein. Der überfällige kommende Schritt ist, deren Träger qualifiziert, partnerschaftlich und angemessen in Entscheidungsfindungs-, Planungs- und Umsetzungsprozesse einzubinden.

In Anbetracht der hier gerade einmal gestriffenen Themen und des zunehmenden Einflusses lobbyistischer Zugriffe auf unsere Volksvertretungen, enthält nun passenderweise dazu auch dieser weitere Isar-Band, auf einer übertragenen *Fluß-Ebene*, einige *politische Gedichte*, die sich mit den Gegebenheiten unserer modernen Lebenswelten auseinandersetzen.

So sind es ein weiteres Mal die Dichter und Kabarettisten, die künstlerisch und metaphorisch in mancherlei Hinsicht deutlicher sprechen können.

Ralf Sartori

Rentier Dich

Die Maschinen müssen laufen
Und der Mensch läuft hinterher.
Wenn die Rechner richtig rechnen
Rechnet sich der Mensch nicht mehr.

Unterm Strich bleibt viel zu wenig.
Auf dem Strich kommt etwas rein.
Leute, die sich gut verkaufen
Ha'm in jedem Brett ein' Stein.

Steck die Seele in die Börse
Und das Herz in die Bilanz,
Den Charakter in den Hedge-Fond
Tu es gleich und tu es ganz.

Steck die Liebe in die Aktie
Und die Freundschaft in den Dax.
Zärtlichkeit in Call-Optionen,
Leidenschaft in Pixel pax.

Steck die Lust in Immobilien
Und das Hirn in den Gewinn,
Die Gefühle in die Zinsen,
Dann ist alles für Dich drin.

Die Maschinen müssen laufen
Und der Mensch läuft hinterher.
Wenn die Rechner richtig rechnen
Rechnet sich der Mensch nicht mehr.

Helmut Ruge

MEHR

Wo kommt das her, dieses immer mehr haben wollen, ja diese Sucht, immer mehr haben zu müssen als man braucht?

Mit dem Lätzchen um den Hals schreit Klein-Paulchen:
»Mama, mehr Brei!... Fritzchen mehr Brei haben!«
und haut mit dem Plastiklöffel auf den Tisch.
»Will mehr!«
Happi, happi, schlürf, schlunz rülps!
Mehr!

Ohne Lätzchen um den Hals schreit Dr. Paul Müller,
Abgeordneter des Deutschen Bundestages:
»Mehr Diäten! Will mehr Diäten!«
Happi, happi, schlunz schlurf rülps!
Mehr!

Dr. Paul von Müller, Honorarkonsul von Paraguay, Vorstandsvorsitzender einer großen Bank, mit dem Bundesverdienstkreuz um den Hals, will:
Mehr Bonusaktien.
Mehr Gewinnbeteiligung.
Mehr Dividende.
Mehr Abfindung für mehr Fehler, die er macht.

Ein kleiner Monteur bei einer großen Autofirma
hat neulich bewußt ein Rad falsch montiert.
Fährt ihn der Hallenmeister an: »Was soll denn das?«
Sagte der kleine Monteur: »Ich will auch eine Abfindung für meine Fehler. Wie unser Vorstand, der neulich sieben Milliarden in den Sand
gesetzt hat. Will nur ein Hundertstel davon.«
Wurde für geisteskrank erklärt.

Wer Millionen hat, will mehr Millionen.
Warum, weshalb, wofür, völlig egal. Hauptsache mehr.

Wo kommt das her? Von Klein-Paulchen mit dem Lätzchen um dem Hals?
Mehr Brei! weil er Angst hat, er kriegt nicht genug.
Haben wir alle vielleicht eine Urangst, daß wir nicht genug kriegen?
Das man uns in Stich läßt? Dann fühlen sich unsere Milliardäre ziemlich im Stich gelassen.

Die Schweizer nennen ihre begüterten Landsleute: Die Mehrbesseren.
»Gott, verdurri, die Mehrbesseren, die hent halt mehr Stutz wie mir und könne't Schnurri witer uffmache.«

Wer die richtige Religion hat, der ist mehr wert als der, der die falsche hat.
Und von denen kann man mehr umbringen.
Es geht überhaupt immer um den Mehrwert.
Wer nicht mehr haben will, als er hat, gilt als komischer Kauz.
Kommt kurz vor dem Looser.

Der Vater eines Freundes hatte eine gut gehende Bäckerei.
Knusprige Brötchen, selbstgebackener Kuchen.
Fragten ihn die Leute:
Warum machst du keine zweite Bäckerei auf?
»Weil ich einzigartig bleiben möchte«, sagt er.
»Die Welt ist überzogen mit McDonalds, Lidls, Aldis und Schlecker. Mehr Schlecker!
Jedes Jahr gibt es mehr davon.«
Hauptsache mehr.
Im Zweiten Weltkrieg gab es mehr Tote als im Ersten.
Im Dritten wird die Rekordmarke geknackt.
Hauptsache mehr.

Sexy-Paul hat mehr Frauen gevögelt als auf eine Kreidetafel Striche passen.
Hauptsache mehr.
Mehr Macht.
Mehr Waffen.
Kein Kriegsherr oder Kriegsfrau hat jemals
dem Gegner angeboten:
»Laßt uns weniger Waffen nehmen.
Dann gibt es weniger Tote.«
Nein, es muß immer mehr her!
Mehr Waffen,
Mehr Abschüsse, mehr Tote, mehr Helden.
Mehr Gewinn! Mehr Brei!
Schon und vor allem:
Mehr haben!

Mehr sein, muß nicht sein. Amen

Helmut Ruge

Von solchen *uferseitigen* Fluß-Themen nun einmal abgesehen, enthält auch dieser Band wieder ein viel breiteres Spektrum an *Fluß*-Poesie. So wird er auch wieder weitläufig bunte Wiesen poetischer und literarischer Reflexionen längs seiner thematisch handfesteren Uferlinien zum Blühen bringen.

Wie vielschichtig die Metaphoriken des Bildes *Fluß* sind, zeigt sich schnell, wenn wir uns nur ein wenig seiner assoziativen Strömung überlassen: So erscheint doch auch die Zeit, die uns durch die unterschiedlichsten Räume unserer diesseitigen Reise trägt, als eine Art von Fluß. Und alles im Leben ist *im Fluß* und in Bewegung. Nur im Gegensatz zur Zeit, die in ihrem unerbittlichen Strom ja stetig weiterfließt, kennt das Leben auch Stauungen oder Bereiche, die nirgendwohin mehr weiterzuführen scheinen, Sumpf, Morast, Stillstand, Stranden und Steckenbleiben, ebenso wie gefährliche Wildwasser, Einengungen mit zunehmendem Strömungsdruck, tiefe Fälle und machtvolle Strudel, die uns in gefährliche Tiefen ziehen: alles auch Begleiterscheinungen konkreter Flüsse. Und dann gibt es da noch eine ganze mythologische Zwischenwelt, die sich irgendwo an den schmalen Übergängen zwischen dem Poetischen und dem Profanen, zwischen Innen und Außen, Tag und Traum, Materie, Äther und Geist befindet, die der Nymphen, Faune und Sirenen, der Undinen, Flußgötter, Engel und Musen.

So sieht jeder, immer wieder neu, den eigenen Fluß seines Lebens, ganz wie er, sie, ihn erkennen und erfassen kann. Und im Leben wie in der Zeit sowie auch im konkreten Fluß kann man (unter)tauchen, schwimmend mitfließen lernen oder ertrinken. Die ganze Palette des Lebens, das volle Programm, bis hin zum *Sendeschluß*, scheint sich in den Flüssen abzuzeichnen und zu spiegeln.

Genug jetzt am Ufer gesessen und betrachtet! Somit lad ich nun, voller Freude über all die interessanten und illustren Autor(inne)n, die für diesen Band Beiträge verfaßt haben, zu weiteren literarischen Fluß-Exkursionen ein.

Ralf Sartori

Englischer Garten, Mythos Schwabing – und zu weiteren poetischen Landschaften

Einstiger Nährboden für neue Ideen

Der Englische Garten in München, neben dem Nymphenburger Schloßpark der zweite Skell'sche Landschaftspark in dieser Stadt – mit ersterem sowohl wesensverwandt als auch in gewisser Weise gegenpolar zu ihm –, wird über den Eisbach, einen der Münchner Stadtbäche, mit Isarwasser gespeist. Die Beiträge in diesem Abschnitt befassen sich nun jedoch größtenteils nicht in konkreter Weise mit jenem Garten, sondern eher mit seinen Stimmungen und wechselnden Atmosphären in – und um ihn herum. Anders als im Nymphenburger Schloßpark, welcher der inspirative Ursprung und Ausgangspunkt für die »Nymphenspiegel«-Reihe ist, gibt es dort keine Gartenmauer. Er ist in jeder Hinsicht durchlässig zu seinen städtischen Umfeldern hin. Auf westlicher Seite von Schwabing umgeben, im Osten an der Isar gelegen, wirkt dieser riesige, vielleicht sogar größte innerstädtische Park der Welt, auch wie ein Seismograph und Spiegel von Zeit und Entwicklungen in München, aber nicht nur dort. Daher folgt hier wieder an erster Stelle, wie schon in Band 1 »Die neue Isar«, ein Schwabinger Künstler, diesmal ein *Musikant*, der nun gleich zu Wort kommen wird: *Sitka*.

Ralf Sartori

Schwabing ...

Ich steh vor dem »Vereinsheim« in der Occamstraße und rauche eine Roth-Händle.

Hier war früher mal die »Gisela« herin. Wenn ihre italienische Unterhaltungskapelle Pause machte, dann durften junge Musikanten aus Schwabing aufspielen. Ich begleitete damals einen Balalaikaspieler auf der Gitarre, der auch manchmal bei der Pausenmusik vertreten war.

Als Gage gab es eine Gulaschsuppe. Ein Programmpunkt bei Gisela war, daß Gäste hier Witze erzählen durften. Jetzt wußte ich auch, woher der unerschöpfliche Witzebestand bei meinem Musikantenkollegen kam. Und wenn Gisela sang »Schwabinger Laterne, Traumstadtmelodie ...«, dann wurden die Gäste ganz andächtig still, weil hier die geheimnisvolle, romantische Stimmung dieses Stadtviertels und Zustands angesprochen wurde. Die »Schwabinger Gräfin« Reventlow erfand dafür den Namen »Wahnmoching«, und P. P. Althaus meinte: »Schwabing ist kein Zustand. Das sind Zustände!«

Aber er hatte auch von einem Lächeln geschrieben, das in Schwabing stehen geblieben ist. Ein schönes Bild. Es lädt zum Träumen ein.

Also ein sehr vielschichtiges Thema. Ich sinniere über die Lokale nach. Gegenüber war ein berühmt-berüchtigter Stehausschank (Sissy) ... Am Eck der »Nowak«.

Der »Weinbauer« war interessant. Studenten aus aller Herren Länder und bodenständige Leute.

Die Bedienung Anni – man war kaum an seinem Platz, stand das Bier schon da. Damals wurde noch Dunkles getrunken. Die Halbe um 65 Pfennig. Und übers Bierglas hinweg ergaben sich lange Gespräche. Ganz unterschiedliche Stammtischrunden waren hier versammelt. Die Vielfalt war es, eine Art »Multikulti« in bayerischer Wirtshauskulisse, die mich bewogen hat, da öfters mal vorbeizuschauen. Auch politische Auswirkungen waren ersichtlich, wie z. B. später mal, als der komplette Asmara-Stammtisch plötzlich fehlte. Warum war wohl keiner mehr da? Eine Woche später hatte die Revolution in Eritrea begonnen!

Dann das Café »Nest« – fällt mir ein. Das gibt es heute nicht mehr. Es war an der Leopoldstraße. Das Cafe war eigentlich häßlich. Es lebte nur von den so verschiedenen Leuten, die dort verkehrten. Aber vielleicht waren sie gar nicht so verschieden. Etliche von der Kunstakademie. Eine alte Dame, die als

Aktmodell bekannt war. Wenn HA Schult (Hans-Jürgen Schult) Volksreden hielt von seinen Visionen und am Eingang seine grellgeschminkte Muse saß.

Die Literatur kam auch nicht zu kurz. Wir schmunzelten, wenn Acheron (Ernst Herhaus) von einem freigehalten wurde, dem er versprochen hatte, daß er ihn in seinem nächsten Roman vorkommen lassen würde. Vorne diskutierten die Kaffeehausindianer (Isarindianer) über die Unterschiede von Schwarzzelt (Kohte) und Weißzelt (Tipi) und die schönsten Plätze an der Isar.

Und ganz hinten tagte die Gruppe »Spur«. »Die malen gar nicht mehr mit dem Pinsel, die quetschen die Farbe gleich aus der Tube auf die Leinwand«, erfuhr man so über die Kaffeetasse hinweg. Dann gesellte sich noch Dieter Kunzelmann dazu und erarbeitete Manifeste der Gruppe Spur. Dazu etablierte sich noch eine trinkfeste Weißbierfraktion.

Amüsante Selbstdarsteller gab es und selbsternannte und tatsächliche Experten für fast alles.

Also sehr unterhaltsam. Von Kunzelmann wußte man, daß er sich in Paris gut auskannte. Da unser Freundeskreis vorhatte, mal nicht, wie sonst, mit dem Zelt wegzufahren, sondern eine Großstadt als Fahrtenziel zu wählen, nämlich Paris, mit Straßenmusik, unter Brücken schlafen und Atmosphäre schnuppern, kam ich auf die Idee, ihn nach einem günstigen Eßlokal zu fragen. »Geht in die Rue Tiquetonne«, meinte er. Der Tip war gut. Lokale wie in dem Film »Les Enfants du Paradis« (Kinder des Olymp). Sehr preiswert, malerisch und reges Treiben. Über Pfingsten 1962 waren wir dort. Kunzelmann kannte unsere Gruppe. Er war früher bei einer konfessionellen Jugendgruppe und bestritt erfolgreich Tischtennisturniere.

Für seine »Aktionen« in Schwabing suchte er mal wieder Leute. Aber ich mußte ihn enttäuschen. Ich hatte Werner Helwig gelesen. Helwig war früher beim Nerother Wandervogel. Er schrieb Lieder, Gedichte und Romane, darunter »Die Raubfischer von Hellas«.

Ein Raubfischer hatte auf seinem Messer einen Spruch einziseliert: »Ich bin die Maus, die an der Wurzel des Lebens nagt.« Ich sagte zu ihm: »Du bist die Maus, die an der Wurzel der Gesellschaft nagt.« Er lachte. Damals hatte er seinen Keller in der Bauerstraße. Als ihm München zu gemütlich wurde und für ihn nichts mehr los war, ging er nach Berlin. Viele Schwabinger zogen nach Berlin. Dort brauchte man nicht zum Wehrdienst. Und bei der »dicken Wirtin« gab es sogar Weißbier!

Am 21.6.1962 blieb leider kein Lächeln in Schwabing stehen.

Wir waren zu fünft auf dem Heimweg vom Cafe Nest. An einer Bank in den Anlagen bei der Ecke Martius-/Leopoldstraße kam uns die Idee, noch

Musik zu machen, und wir sangen unsere Fahrtenlieder in die Nacht. Da fuhr noch die Trambahn durch die Leopoldstraße.

Spätere Phonmessungen ergaben, daß der Verkehrslärm lauter war als unser Ständchen. Aber jemand fühlte sich gestört und rief die Polizei. Das Interview, das der Journalist Christian Rost mit dem damaligen Funkstreifenbeamten später geführt hat, macht einen etwas nachdenklich. Da outet sich der Beamte als der eigentliche Urheber der »Schwabinger Krawalle«. Nachzulesen im SZ-Buch »München, Die Geschichte der Stadt«, Erscheinungsjahr 2008. Er hielt die Gruppen, die er an diesem Tag verwarnt hatte, und unsere Gruppe für ein und dieselbe. (Am Wedekindbrunnen spielte meistens Bernard auf seinem Banjo.) Ein fataler Fehler. Hätte er gesagt: »Geht heim! Hört's auf!«, wäre der Fall erledigt gewesen.

Den Passanten, die stehen blieben und uns zuhörten, gefielen unsere Lieder. Sie verstanden nicht, warum wir verhaftet wurden. Unter Rempelei und Fußtritten wurden wir Richtung Funkstreife dirigiert. Einem Passanten, der sich höflich mit britischem Akzent nach dem Grund der Verhaftung erkundigte, wurden die Knöpfe von der Jacke gerissen und es wurden Rufe der Empörung laut von den Umstehenden. Es hatte sich inzwischen eine große Menge Leute gebildet.

Der erste von uns stieg auf der anderen Seite der Funkstreife gleich wieder aus und war weg. Drei von uns wurden mit Gitarren auf dem Rücksitz untergebracht, der Fünfte paßte nicht mehr rein und war dann auch gleich weg. Ein Zuhörer, der mit der Verhaftung nicht einverstanden war, ließ die Luft aus einem Hinterreifen. Der Wagen schlingerte nur langsam vorwärts und kam nicht weg. Die beiden Funkstreifenbeamten funkten um Hilfe. Wir wurden umgeladen.

Während wir zur Ettstraße gebracht wurden, kam es zu üblen Szenen durch prügelnde Polizisten, die zur gewaltsamen Räumung der Leopoldstraße angefordert wurden. In einer Massenzelle hielt man uns bis zum Morgen fest.

Durch den Ausspruch des damaligen Oberbürgermeisters Dr. Hans Jochen Vogel: » ... diese Krawallgitarristen, die schon seit langem ihr Unwesen in Schwabing treiben ...«, hatten wir einen ganz schlechten Stand. Unwesen? Einmal hatten wir an der Leopoldstraße gesungen und gespielt.

Es wurde ein Brief an den OB geschrieben. Das wollten wir doch klarstellen. Aber der Brief wurde ihm gar nicht vorgelegt! Ein Jahr später besuchte uns eine Journalistin, bei der wir es beklagten, daß wir nie eine Antwort bekommen haben. Sie schrieb darüber und diesen Artikel las der OB in seinem Urlaub. Er ließ den Brief heraussuchen. Inzwischen gab es eine objektivere

Betrachtungsweise. Eine Bürgerinitiative gegen Polizeiwillkür hatte sich gebildet. Über einen Polizeipsychologen wurde nachgedacht.

Der OB meldete sich und entschuldigte sich für seine damalige Behauptung. Er wolle sich um eine Übungsmöglichkeit für uns kümmern.

30 Jahre später ergab sich eine Übungsmöglichkeit im Keller der Seidlvilla. Zum Sommerfest damals wurde aufgespielt. Mit der »Krawallgitarre« legal in Schwabing!

Damals sangen wir russische Volkslieder, Lieder aus dem »Turm« und Lieder aus Walter Scherfs (tejo) Liedersammlung, Lieder, wie sie auch auf der Burg Waldeck gesungen wurden.

Wir spielten an dem berühmten Abend »Mondschein«, eine bekannte Balalaikamelodie. Dann das Cowboylied über »Jesse James«. Und wieder etwas aus Russland, darunter ein russisches Seemannslied, »Thy morjak«. Das sang auch der »Nerother Wandervogel«, die Freischar und die Jungenschaft. Es war so etwas wie die Erkennungsmelodie der Bündischen Jugend. Die Liedauswahl war Ausdruck einer inneren Haltung.

Wir waren damals eine Jugendgruppe im »Bund deutscher Jungenschaften«. Hans Scholl von der Weißen Rose war früher auch bei der Jungenschaft (d.j.1.11, Ulm). Und Alexander Schmorell von der Weißen Rose spielte Balalaika.

(Nicht zu verwechseln mit der Alterseinteilung bei Jugendlichen: Jungschar, Jungenschaft, Jungmannschaft. Sondern Jungenschaft als eigenständiger Jugendbund).

Eine gute Definition schrieb die Schwester von Hans und Sophie Scholl, Inge Aicher-Scholl, in ihrem Buch »Die weisse Rose«: »... aber daneben gab es noch etwas anderes für Hans und meinen jüngsten Bruder Werner ... das war die ›Jungenschaft‹ ...«

Stilmittel waren die Kohte, die Juja und eine besondere Art zu singen, die Kleinschrift vom »bauhaus« und mehr. Nichts überließ er dem Zufall. Eberhard Koebel (tusk) war ein halbes Jahr mit Rentiernomaden in Lappland unterwegs. Dabei kam er auf die Idee, die dort gebräuchliche Zeltform zu übernehmen und für seine Jugendgruppen zu entwickeln. Die Juja genannte Jungenschaftsjacke wurde von tusk in Anlehnung an die Marinebluse der Schwarzmeermatrosen entworfen.

Die »Jungenschaft« war im sog. 3. Reich verboten. Verwendung der Stilmittel der d.j. 1.11 galt als »Bündische Umtriebe«, war verboten und wurde verfolgt.

Bündische Jugend ... Gibt es euch noch? Wie weit seid ihr gekommen auf eurem langen Marsch durch die Institutionen?

Inwieweit seid ihr euren Idealen treu geblieben? Schon 1913 formulierte die deutsche Jugend auf dem Hohen Meißner (bei Kassel), daß sie nach eigener Bestimmung, eigener Verantwortung und in innerer Wahrhaftigkeit ihr Leben gestalten will. Für diese innere Freiheit tritt sie unter allen Umständen ein. (So die Meißnerformel) ...
Und: Nicht auszudenken, Konfrontation Bündische Jugend und Staatsgewalt. Eine Diskussion war entfacht. War es Nachhall der Halbstarkenproteste der 50er Jahre oder Vorbote auf die 68er Bewegung. Die Historiker haben sich der Problematik angenommen. Ein Buch ist zu diesem Thema erschienen: »Schwabinger Krawalle« von Gerhard Fürmetz (Hg.) bei Klartext Verlag.
Ein Aspekt, der eigentlich nie so richtig bedacht wurde, war, daß die Polizei aus Halbstarkenkreisen Leute angeworben hatte. Damals war der Begriff »Gang« noch nicht üblich, man sprach von »Blosn«. Etliche aus diesen Blosn tauchten dann bei Polizeieinsätzen wieder auf.
Als wir in den Hof an der Ettstraße kamen, warteten einige Funkstreifenbeamte auf ihren Einsatz. Sie lehnten an ihren Wagen und rauchten. Da war es wieder. Das Halbstarkengehabe. Sie schnippten ihre Zigarettenkippen auf uns. Kommentar dazu: »Schlogts as doch!«
Damals galt noch die Haudrauftaktik als Problemlösung. Vier Abende war Krawall. Am fünften Tag regnete es. Da war Ruhe. Aber Überlegungen gab es, ob das nicht etwa kommunistische Umtriebe waren. Nach Hintermännern wurde gefragt. Aber so etwas gab es bei uns nicht, wir waren autonom. Wir bestimmten selbst, was, wo, wann und wie wir etwas sangen. Als die Kriminalpolizei mein Zimmer durchsuchte, fielen nur die russischen Schallplatten und mein bunter Russenkittel auf. Als Journalisten später nach diesen Protokollen fragten, waren sie entweder unter Verschluß oder nicht mehr auffindbar. Der Tagesablauf war festgehalten worden. Wo wir uns getroffen haben. Bei wem wir gespielt haben. Daß wir am Monopteros vorbei sind, weil da schon andere spielten, daß wir nach Schwabing noch ins Café »Nest« gegangen sind.
Die Harmlosigkeit war protokolliert. Man wollte sie aber nicht als solche sehen. Es folgte Strafbefehl mit Geldstrafe. (Grober Unfug und übermäßige Benutzung des Gehsteigs, Geldstrafe in Raten zahlbar.)
Als Quelle der literarischen Inspiration bestätigte sich Schwabing immer wieder. Wie oft dachte man sich bei Unterhaltungen am Tisch, da bräuchte man jetzt nur noch mitschreiben und hätte eine tolle Kurzgeschichte beisammen. Und wer »Sacharin im Salat« von Janosch gelesen hat, der wähnte sich plötzlich in dem Lokal »bei Maxi« mitten drin. Oder die Feste im »Atelier

Jean«, auf denen wir manchmal auftraten, waren gut für künstlerische Inspirationen, man konnte z. B. dem Metallplastiker Erich Sinz bei der Arbeit zuschauen. Hannes Schacht, der das Atelier als Künstlerkneipe betrieb, fuhr später mit der Dschunke »Mau Yee« an der adriatischen Küste. Oder die Besuche im Atelier von Uwe Lausen. Sie gaben bei mir den Impuls zu eigenem Malen. Und in der »Kaschemme Marianne« konnte man »Drew Blues« spielen hören. Später im »Memoland« dann Philadelphia Jerry Ricks und Oskar Klein.

Ein Schwabinger Gefühl, verdichtete Musikatmosphäre, wie man sie in einer entsprechenden Umgebung nur noch ganz selten erleben kann. Vielleicht noch in …, na ja, es gibt noch Geheimtips.

Auf rührende Art und Weise wurde lange Zeit von Annette und Werner Bald mit der »Katakombe« diese kreative und literarische Atmosphäre versucht, aufrechtzuerhalten.

In jungen Jahren ging ich gern nach Schwabing. Der Bildermarkt an der Leopoldstraße, die Straßencafés, rumschlendern und träumen.

Heute muß man dazu nicht mehr unbedingt nach Schwabing gehen. Träumen kann man heutzutage überall. Aber Schwabings Geschichte bleibt interessant. Denn hier haben schon ganz andere Leute geträumt!

Die Gitarre (eine Sandner), die ich damals gespielt habe, hängt heute im Museum (Stadtmuseum, in der Ausstellung »Typisch München«).

Ja, die Pause ist um. Wir werden wieder weiterspielen. Und »Thy morjak« wird auch dabei sein.

Vielleicht bleibt doch mal wieder ein Lächeln steh'n in Schwabing …

Allerdings wird das Lächeln, das in dem Gedicht »In der Traumstadt« von P. P. Althaus vorkommt, von einem Polizisten aufgeschrieben, weil es stört!

Sitka (ein alter Schwabinger, früher »Krawallgitarrist« und »Volksmusikrebell«, spielt Begleitgitarre bei der Gruppe »Gari-Gari«)

Nachtrag:

In der Traumstadt ist ein Lächeln stehn geblieben

In der Traumstadt ist ein Lächeln stehn geblieben;
niemand weiß, wem es gehört.
Und ein Polizist hat es schon dreimal aufgeschrieben,
weil es den Verkehr, dort wo es stehn geblieben, stört.

Und das Lächeln weiß auch nicht, wem es gegolten;
immer müder lächelnd steht es da,
kaum beachtet und gescholten
und geschubst und weggedrängt, wenn ja.

Langsam schleicht es sich von hinnen:
doch auf einmal wird es licht verklärt
und dann geht es ganz nach innen –
und du weißt, wem es gegolten und gehört.

Peter Paul Althaus

(Quelle: »Das Peter-Paul-Althaus-Gedichtbuch«, Allitera, München 2004, Edition Monacensia)

Kalter Wind des Zeitgeists über Schwabing
Kein Lächeln scheint heut mehr dort stehengeblieben

Der Umgang mit Naturräumen wie den Isar-Landschaften, aber ebenso jener mit unseren Gärten und Parks, wirkt zweifelsfrei als Spiegel für Kultur und Zeitgeist in den sie umgebenden Städten. Das trifft natürlich ebenso auf den Englischen Garten in München zu. So brachten zum Beispiel die sog. »Nackerten«, wie sie von den Münchnern beiläufig tituliert werden, dort über lange Zeit den freiheitlichen und nonkonformistischen Geist des einstigen Künstler-Viertels Schwabing zum Ausdruck, das den Englischen Garten in München westseitig umschließt. Von einem zugestandenen Recht darauf, inmitten einer Stadt nackt umherzuspazieren oder zu baden, konnte allerdings noch lange Zeit keine Rede sein, ebensowenig von einer allgemeinen gesellschaftlichen Toleranz eines solchen Verhaltens. Ersteres wurde mutig durch anhaltendes Tun, auch entgegen mancher anfänglicher polizeilicher Interventionen errungen, Zweites stellte sich nach und nach aufgrund von Gewöhnung und sich verändernden gesellschaftlichen Haltungen ein.

So hatte sich in den letzten Jahrzehnten in dem etwa 376 Hektar großen Park Münchens ein hoher Anteil an Besuchern herausgebildet – so Thomas Köster, Verwalter des Englischen Gartens –, die sich dort gerne nackt tummelten. Das seien einige Hundert der täglich 20. – 80.000 Parkbesucher gewesen. Doch dieses Phänomen befände sich längst wieder auf rückläufigem Wege. So ließen mittlerweile deutlich weniger alle Hüllen fallen, mit weiter sinkender Tendenz. »Anfang der 70er Jahre habe man sogar ganze Familien nackt unterwegs gesehen oder junge Leute, die nackt im Biergarten saßen. Doch das ist fast schon Vergangenheit.« Auf die Gründe dieser Veränderung angesprochen, antwortete Thomas Köster, die Gesellschaft sei wohl insgesamt wieder prüder und konformistischer geworden.

Was einst als gesellschaftliche Freiheit mühsam erkämpft, hatte zudem längst den Beigeschmack kommerziellen Waren-Charakters erhalten: So titelte bereits vor Jahren ein Artikel »Flucht der Nackerten stürzt Englischen Garten in die Krise«(»*SPIEGEL ONLINE REISE« im Internet vom 26.7.2002*) und weiter im selben Bericht: »Der Englische Garten gehört zu den Highlights in München. Doch jetzt fürchten die Behörden um seine Attraktivität. ...«

Denn neben den Sehenswürdigkeiten dort, wie Chinesischem Turm, Kleinhesseloher See und dem Monopterus, vor Münchens unverbauter Altstadt-

Kulisse, waren längst die Nackten unter die ersten Plätze bei den Attraktionen für die Besucher aus aller Welt vorgedrungen.

Einst noch galten sie als Reizthema, dann wurden sie zur festen Institution, die sich touristisch durchaus kräftig vermarkten ließ. Doch seit Mitte der 90er Jahre bleiben immer mehr von ihnen aus. »Der Park, in dem es extra ausgewiesene Nacktbadewiesen gibt, hat viele Nudisten verloren, die den Englischen Garten zu einem besonders liberalen Platz gemacht haben«, sagt Parkverwalter Thomas Köster. Vor allem junge Frauen und Männer, die ihn zu einer Attraktion werden ließen, kämen seltener. »Das wird ein echtes Problem.« In vielen Reiseführern aus Ländern, in denen es »nackt umherzulaufen« gar nicht gibt, wird in diesem Zusammenhang extra auf den Englischen Garten hingewiesen. Viele Besucher ließen sich diese Besonderheit auch nicht entgehen. In einigen Hotels habe man sogar Zimmer unter dem Hinweis »Aussicht auf die Nackten« buchen können.

Daß viele eben jener längst keine Lust mehr haben, wie Tiere im Zoo von Touristen besichtigt zu werden, ist sicherlich einer der Gründe, warum die Leute heute wieder vermehrt angezogen bleiben. Doch vor allem scheint es, so vermutet auch Parkverwalter Thomas Köster, liege es an einem »neuen, konservativen Zeitgeist« und: »Früher galt das Ablegen der Kleidung noch als eine populäre Form der Rebellion.« Heute gelte es beim Mainstream wohl als angesagter, mit teurer Kleidung in feinen Cafés herumzusitzen und bewußt über die Kleidung wahrgenommen zu werden. »Es ist schwierig, seinen gesellschaftlichen Status zu zeigen, wenn man nackt ist.«

Und viele der anderen, die ganz auf dieses Status-Gebahren pfeifen, ziehen sich vielleicht trotzdem lieber wieder an, da sie der kalte Wind des Zeitgeists, gegen den kaum anzukommen ist, zu sehr frösteln macht. Denn es scheint schon länger kein *Lächeln* mehr *stehengeblieben* in Schwabing, wo es wohl bereits zu den Zeiten des Dichters Peter Paul Althaus dort am *Schwächeln und Verflackern* war, dessen Metapher uns heute aber dennoch an andere Zeiten in diesem einstigen Bohème-Viertel erinnert.

Gedankliches Gespräch: zwischen *Thomas Köster* und *Ralf Sartori*

(Anstoß zu diesem Beitrag gab ein Artikel von »SPIEGEL ONLINE REISE« im Internet vom 26.7.2002, in dem Thomas Koester bereits einmal zu diesem Thema interviewt worden war. Anläßlich dieses Interviews und aufbauend auf seine damaligen Aussagen führte ich nun selbst ein Gespräch mit ihm hierüber und verfaßte auf dieser Grundlage eine neuen Beitrag/Anm. Hrsg.)

Der Städtemörder

Er geht wieder um
Er geht wieder um
Er geht wieder um und bringt um
Er geht durch unsere Straßen

Mit Riesenkrallen würgt er seine Opfer
bis das Blut erstarrt.
Schlägt die kalten Eisenzähne in das warme Fleisch.
Wo gestern Menschen tanzten, ist schon morgen alles tot.
Und keiner hält ihn auf: den Städtemörder.

Tatort: Berlin Mitte – das alte Scheunenviertel
Vor neunzehnhundert dreiunddreißig Wohnquartier
für zugewanderte Juden aus Osteuropa
für Künstler und Intellektuelle.
Dann Vertreibung und Ermordung vieler Bewohner.
Durch die Nazis.
Ab 1949 Teil der Hauptstadt der DDR.
Wegen Geldmangel blieben wesentliche
Teile von Plattenbau und Abriß verschont.
Nach der Wiedervereinigung aufgestiegen
zum Filetstück des Berliner Immobilienmarktes.
Erste Sahne für Absanierer.
Wiedererkennung des alten Viertels nach kurzer Zeit gegen Null.

München – das alte Schwabing:
Wo einst der rote Lenin auf die Blauen Reiter traf.

Schwabing: Der ganz besondere Zustand hinterm Siegestor
Selige Stätte der Wolkenspinner
Herrlich verkommener, blühender Sumpf,
Stierkampfarena erregter Gespräche
Magisches Licht im Großstadtdunst.
Dampfendes Treibhaus schillernder Pflanzen
Schattengewächs am nächtlichen Strand.
Einsames Eiland irrster Gedanken
Der letzten Verrückten eigenes Land.

Verendet im Krater der Mietpreisexplosion
vor der Olympiade 72.
Von den Brauereien, Banken und Versicherungen
in den Würgegriff genommen
und bald mit Plastikbechern zugeschissen.

Unter der Dächern: Die Malerateliers
mutierten zu Zweitwohnungen reicher Rechtsanwälte
aus Düsseldorf und Hamburg.
Aus dem Traumland wurde eine flächendeckende Ödnis
mit bunten Löwen garniert.
Triste Singles hängen heute rum
an tristen und neutralen Tresen.
Ein paar APO-Veteranen lallen stehen-gebliebene Meinung
in den letzten Kneipendunst.
Reanimierung zwecklos? ...

Paris: Meine heißgeliebte, berühmt,
berüchtigte Rue de Lappe
In der Nähe der Bastille.
Rue de Lappe: Zweihundert Meter pralles Leben.

Ballhäuser, Krämerläden, Nahkampfdielen
für die Vorstadtschönen.
Cafés, Straßenmädchen
Und darüber hinter bunten Vorhängen,
Geburt, Liebe, Betrug und Versöhnung.
Über ein halbes Jahrtausend lang.

Hier waren die kleinen Leute lustig
Und die feinen Leute weit.
Hier schoben Emile, Jojo und Pierrot
die Ballonmütze auf dem Kopf –
Yvette, Josette, Cosette beim Musette
mit gierigen Knien durch den Saal
und hatten davon ziemlich freche Kinder.

Durch kräftige Mieterhöhungen
Anfang der neunziger Jahre
wurde das bunte Leben aus der Straße vertrieben.
Erst ging der kleine Bäckerladen pleite.

Dann das Café in der Mitte.
Der verrückte Spanier gab sein Atelier auf,
Leon, der Frisör, zog in die Vorstadt –
In die »Banlieue«
Banlieue: Ort der Verbannung.

Als letztes mit Brettern zugenagelt;
das alte Apéritiv-Paradies »Chez Georgette«,
wo vor kurzem noch Maurice Chevalier aus
der Musikbox sang:
»Dans la vie faut pas s'en faire,
moi je m'en fais pas.
Les petites misères
seront passagères.«
Moi, je m'en fais pas.

Die Beauftragte der neuen Gebäude-Holding
Résidence-GmbH & Co. KG – sitzt
in einem gläsernen Büro hinter einer
Klarsichtscheibe bis zum Boden runter
Hinter ihrem weißen Telefon.
Mitten zwischen den Bretterzäunen
der entmieteten und entlebten Rue de Lapp,
und hält Ausschau nach solventer Kundschaft.
Jeder Quadratmeter kostet jetzt soviel
wie ein mittlerer Kleinwagen.
Die Hälfte ist schon verkauft.

Schon vor längerer Zeit hingemeuchelt:
Das alte Markthallenvierteln von Paris
LES HALLES
Der Bauch von Paris.
Es roch nach Leben aus allen Poren.

Der Duft der Zwiebelsuppen morgens um halb vier –
der schräge Gesang der Nachtvögel im »Rauchenden Hund«,
im »Chien qui fume«.

Zu den Melodien der Ziehharmonikas tanzten die
Rinderhälften auf den Rücken der Metzgergesellen
übers Klopfsteinpflaster.

Und nach getaner Arbeit ging's
ins dampfige Bistro: Die Frühschicht
trank Café, die Spätschicht Pastis,
und die Fremden staunten, wie die Huren mit
den Polizisten das nächste Pferderennen von Vincennes
besprachen.
Heute kann das hochglanzrenovierte Viertel
nur noch Fastfood kotzen.
»Irma la douce« in Videokabinen,
die rue Saint Denis toter als Castrop Rauxel an Heiligabend.

Er geht wieder um
Er geht wieder um
Er geht wieder um und bringt um
Er geht durch unsere Straßen

Frau Müller, Madame Dupont, Mister Miller,
Tür und Fenster schließen nützt nichts.
Er kommt doch!
Und keiner hält ihn auf,
den Städtemörder.

Helmut Ruge

Es wird weniger

Es wird weniger
Keiner leistet sich noch was
Es wird weniger
Irgendwer verdirbt uns hier den Spaß

Es wird weniger
das Schwimmbad wird geschlossen
Es wird weniger
Die letzte Schampus-Flasche wird angebrochen

Es wird weniger
Frau Mayer hat im Aldi schon geklaut
Es wird weniger
Das Reihenhaus wird doch nicht gebaut

Es wird weniger
kaum noch Kinder wir werden immer älter
Es wird weniger
Hauptsache wir haben noch unsere Oberstudienratsgehälter

Es wird weniger
Die Zeiten sind harsch
Es wird weniger
Die nächste Generation ist sowieso am Arsch

Es wird weniger
Noch so'n Manager hat Mißwirtschaft betrieben
Es wird weniger
drum tut er eine fette Abfindung dafür kriegen

Es wird weniger
wehe du nimmst mir was weg
Es wird weniger
Auf den Straßen geistert der Verarmungsschreck

Es wird weniger
Ein brauner Ton mischt sich unter
Es wird weniger
die Nationalen werden wieder munter

Es wird weniger
die Asylanten sind dran schuld
Es wird weniger
Der Bürger verliert wieder die Geduld

Es wird weniger
keiner versteht was geschieht
Es wird weniger
Woher so ein rauher Wind aufzieht

Es wird weniger
ist das einzige was noch zählt
Es wird weniger
und wer mehr verspricht, der wird gewählt

Es wird weniger
der Mensch handelt nur noch nach Instinkten
Es wird weniger
Der Luxusdampfer ist leck, oh Gott wir versinken.

Es wird weniger
Wir ham's zu krass getrieben
Es wird weniger
Der Staat soll halt noch'n paar Milliarden rumschieben

Es wird weniger
alle acht Stunden stirbt eine Tierart aus
Es wird weniger
aber ich will noch'n Flachbildschirm und den neuen fetten Audi vor'm Haus

Es wird weniger
argwöhnische Blicke machen sich breit
Es wird weniger
So Herr Nachbar, das war's mit der fetten Zeit
Es wird weniger
Putz brökelt vom Mauerkleid
Es wird weniger
Das Boot ist eng, die Masse schreit
Es wird weniger
Es wird weniger
Es wird weniger
Keiner kommt, der uns aus der Not befreit

doch wir widerstehen tapfer mit Apathie und Geschäftigkeit
... doch ich weiß es wird einmal ein Wunder geschehen,
dann werden alle Märchen wahr ...

Boris Ruge

Stromaufwärts auf dem Fluß der Zeit

Fundsachen im Kiesbett der Geschichte

Barocke Partyzone Isar

Die Strecke über die heutige Ludwigsbrücke, die das Tal mit dem ehemals »gachen«, also steilen Steig (Treppe/Stiege), dem heutigen Rosenheimer Berg verbindet, ist die Keimzelle Münchens. Ein »Preuße«, nämlich der Braunschweiger Heinrich der Löwe, gab 1158 den Befehl zum Bau eines hölzernen Steges über den reißenden Fluß. So konnte die Salzstraße aus dem östlich gelegenen Berchtesgadener Land kommend zeitsparend, ohne wie zuvor den Umweg über Freising nehmend, direkt in die westlichen Landesteile bis zum Bodensee führen.

Diese Tangente war aber nur einer der Fernhandelswege, die München durchzogen.

Aus dem Orient, Italien und Tirol wurden weitere Waren per Floß via Mittenwald nach München geliefert. So entwickelte sich bald eine rege Handelstätigkeit, die auch einen richtigen Hafen benötigte. Dieser befand sich etwas unterhalb der Ludwigsbrücke, etwa an der Stelle, wo die heutige Ländstraße auf die Steinsdorfstraße trifft. Diese Hauptanlegestelle diente außerdem als Passagierhafen, denn mehrmals in der Woche fuhren »Ordinari-Schiffe« die Isar hinab über Landshut, Passau bis nach Wien.

Diese ausgebaute Flußlandschaft mit der Kohleninsel, auf der sich heute das Deutsche Museum befindet, bildete die Kulisse für eines der spektakulärsten Feste der Barockzeit.

Der Anlaß dafür war eine Taufe. Nach zehn Ehejahren war dem bayerischen Herrscherpaar ein strammer Prinz, der spätere Kurfürst Max Emanuel geboren worden. Die Feierlichkeiten erstreckten sich vom Abend des 21. September bis zum 1. Oktober 1662, dauerten also ganze elf Tage.

Interessant ist der späte Zeitpunkt, da das Kind bereits drei Monate zuvor, am 11. Juli, geboren wurde. Als Grund für die verzögerten Feiern wird in den Quellentexten die nötige Erholung der Wöchnerin, die Vorbereitungszeit der Künstler und Handwerker, aber vor allem das in München in dieser Jahreszeit stets verläßlich trockene, sonnige Herbstwetter genannt.

Als krönenden Abschluß hatten sich der kurfürstliche Hofkapellmeister Johann Kaspar Kerll und der aus Vicenza stammende Dichter Pietro Paolo Bissari eine Feuerwerks-Oper mit Seeschlacht ausgedacht. Durch einen Kupferstich von Melchior Küssel hat sich die Szenerie erhalten. Flankiert durch

Tauffeier Max Emanuels an der Isar, mit Feuerwerk und Seeschlacht (Kupferstich von Melchior Küsel, 1662, mit dem Titel: »Churfürstlich Bayerische Frewdenfest«)

Obelisken zeigt er einen Triumphbogen und zwei bayerische Löwen, die mittig das Herrscherwappen präsentieren. Bühnenaufbauten werden von Plastiken des Neptun, Venus und Amor, Aktaion, Mars und einer Allegorie der Schauspielkunst geziert. Mehrere Schiffe werden wohl nach einer ausgeklügelten Choreographie mit Untermalung festlicher Musik, Pauken und Trompeten in ein »Seegefecht« geschickt. Es riecht förmlich nach Pulverdampf, ein Schiff ist bereits unter leuchtenden Flaggen in Brand geschossen, ein anderes wird fast von einem gefährlichen Walfisch verschluckt. Durch die Kraft der Explosionen fliegen menschenähnliche Puppen durch die Luft, Tritonen und Nixen bevölkern die Isar. Dies alles fand auf einer teilbaren Floß-Bühne »underhalb der Stattmühl«, in sicherer Entfernung von den Wohngebieten, statt. So konnte die Münchner Bevölkerung von den Ufern aus das Fest miterleben.

Vor der Münchner Residenz gab es auch ein richtiges Volksfest, wo Wein aus eigens aufgestellten Brunnen floß und die Hofleute Münzen unters Volk warfen.

Die Festivitäten fielen in eine Zeit, in der man den Dreißigjährigen Krieg zu vergessen begann und in der die Ansprüche an das höfische Leben ständig wuchsen. Der Münchner Hof legte größte Sorgfalt darauf, sich an Aufwand und Repräsentationsfreudigkeit stets mit allen anderen europäischen Höfen messen zu können. Das »Churfürstlich Bayerische Frewden-Fest anläßlich der Tauff-Ceremonien« des späteren Kurfürsten Max Emanuel gilt noch vor dem ersten großen, zu Berühmtheit gelangten nur achttägigen Festspektakel des französischen Königs Ludwig XIV. in Versailles im Jahr 1664 als die erste höfische Großveranstaltung des Barockzeitalters.

Doris Fuchsberger

Wo sich Isar- mit Würmwasser mischt

Münchens Norden ist für viele Bewohner der Landeshauptstadt eine eher ungeliebte, unbekannte Gegend. Selbst Fahrradausflüge durch den Englischen Garten enden meist im idyllischen Biergarten des »Aumeister«.

Daß sich in dessen unmittelbarer Nähe eine wichtige Wasserabzweigung zu einem insgesamt 40 Kilometer langen Kanalsystem verbirgt, ist nur wenigen bewußt. Bayerns Barockzeit war auf dem Höhepunkt, als der Baumeister Enrico Zucalli 1689 im Auftrag des bayerischen Kurfürsten Maximilian II. Emanuel damit begann, ein umfangreiches Kanalsystem für die wasserarme Münchner Schotterebene zu ersinnen. Es sollte das damals gerade fertiggestellte Schloß Lustheim mit Wasser versorgen und zum Transport von Baumaterialien für das geplante Neue Schloß Schleißheim dienen, aber auch den Betrieb von Mühlen und Pumpen dienen. Ziegeleien in Ismaning, Oberföhring, aber auch im lehmigen Dachauer Hinterland lieferten das begehrte Baumaterial, das für diese Großbaustellen in immensen Mengen benötigt wurde. Die Kanäle verbanden Schloß Nymphenburg, Schleißheim und Dachau miteinander, ein weiterer Kanal, der direkt von Schleißheim bis zum Hafenbecken nahe der Münchner Residenz führen sollte, wurde wegen Geldnot nicht mehr fertiggestellt.

Lustheimer Gondel mit Federvieh (Kupferstich von Matthias Diesel, Augsburg 1717)

Erst ab 1850 stellte sich mit der zunehmenden Industrialisierung ein größerer Funktionsverlust ein, die Wasserstraßen blieben aber bis weit in unsere Zeit hinein funktionsfähig. Im Schleißheimer Park, der durch zwei seitliche Kanäle flankiert wird, mischt sich, mit bloßem Auge zu erkennen, Isarwasser mit dem Wasser der Würm, grüne Farbe aus dem Hochgebirge des Karwendel mit dem klaren Ausfluß des Starnberger Sees. Ein ringförmiger Kanal macht Schloß Lustheim, das der junge Kurfürst Max Emanuel für seine erste Ehefrau, die österreichische Kaisertochter Maria Antonia, erbauen ließ, zu einer Insel.

Dieses Kanalnetz, ein rund dreihundert Jahre altes Wunderwerk der barokken Wassertechnik, ist leider stellenweise in Gefahr. Besonders im östlichen Dachauer Moos ist es über weite Strecken verkommen, teilweise aufgelassen und zugeschüttet. Da vielerorts auch der Wasserstand zu niedrig ist, kann der Uferbewuchs leicht vom Kanalbett Besitz ergreifen. Hier finden sich, neben einheimischen Pioniergehölzen, zahlreiche Neophyten, also gebietsfremde

Der Schleißheimer Kanal

Pflanzen, wie die Wasserpest, der Staudenknöterich und mehrere Springkrautarten. Diese gelten als sogenannte »invasive Pflanzen«, die alle anderen Arten verdrängen und durch ihr starkes ungebremstes Wachstum die Verlandung der Gewässer stark beschleunigen.

In meiner Kindheit, in den 1960er Jahren, war der Münchner Norden eine weite, ebene Landschaft. Es gab keine Zersiedelung, keine Lärmschutzwälle, keine Allianz-Arena.

Sah man vom Stadtrand in Freimann Richtung Norden, erkannte man einige Kilometer entfernt eine imposante Allee von Schwarzpappeln, die den alten Schleißheimer Kanal säumten und von Glanz und Größe vergangener Zeiten kündeten.

Das gesamte Kanalsystem hat so viel schlechte Tage erlebt, es gab Geldknappheit, Besatzung und Kriege. Sollte es den verschiedenen Gemeinden, die das Kanalsystem durchfließt, nicht möglich sein, dieses Kulturdenkmal auch heute noch, mit besseren technischen Möglichkeiten als vor dreihundert Jahren, zu erhalten?

Doris Fuchsberger

Und nahe der Isar, zwischen Thalkirchner Straße und dem Glockenbach ...

Impressionen im Alten Südlichen Friedhof

Du betrittst den Bezirk am Stephansplatz. Soll ein Pestfriedhof gewesen sein. Deshalb wohl die hohe Ziegelmauer. Gleich an der unscheinbaren Kirche unwahrscheinliche Grabmale: Roman Anton Boos, Johann Baptist Straub. Zwei der besten Münchner Bildhauer, bescheidene Stars in den Szenerien des Rokoko und des Klassizismus. Denkst Du an ihre eleganten Skulpturen an den aufrauschenden Orten – Theatinerkirche, Nymphenburg, Ettal? Denkst Du ausgerechnet jetzt daran, wo Du doch hier bist, um wohltuende Stille zu spüren, ohne Gedankenstrom und leicht wie Laub?

Du bist an diesen Ehrengräbern vorbeigegangen, Du wirst noch viele sehen. Denkmale ohne echte Gräber, Steine in Fetzen, nach infernalischen Bombardements, in denen mancher Bronzeengel den polierten Granit spaltete, in denen viele Porzellanköpfchen des Gekreuzigten am benachbarten Marmor zerschepperten. Doch wieder, immer noch, siehst Du diese Porzellanköpfchen, Massenware offensichtlich, Jugendstilengel dazu. Katalogware neben Unikaten. Aufgeräumt und neu zusammengestellt vom Architekten Hans Döllgast in den ersten Jahren unseres Friedens – so erlebst Du den Alten Südlichen Friedhof. Und in ihm die beklemmende und prächtige Geschichte Deiner Stadt und seiner Menschen.

Ein bayrisches Königreich! Die Belle Époque! Mit Photographen, Malern und Erfindern, Herren der Elektrizität und der Eisenbahn, dann die Hungerjahre, hingeopferte Kadetten, Carl Spitzwegs Ehrengrab dazu und schließlich auch ein Massengrab: ein Brunnen?

Wo heute Dein Trinkwasser herkommt, kamen damals auch jene Männer her, derer Du gedenkst: den Umsturz im Kopf und Waffen im Gurt. Weder Killer noch Selbstmordkommando, aber glaubend und entschlossen. Nach dem Massaker zu Heiligabend, an den Weihnachtstagen 1705 starb ihr Rest wohlbewacht und langsam neben Sankt Michael. Was nicht von Tieren davongetragen oder auf dem Acker untergepflügt wurde, ist zusammengekratzt, hier deponiert. Nach 200 Jahren diese Ehrung, nach 300 Jahren dieser Rost. Als schöner alter Brunnen sollte aus dem alten Opfer neues Leben quellen. Ein edles Sinnbild von Erneuerung und Fruchtbarkeit soll helfen, das Martyrium zu überwinden.

Die schöne alte Mauer – sie sollte einfach Hunde, Huren, Diebe draußen halten. Nicht nur die durchaus weltlichen Prozessionen zu Allerheiligen machten aus diesem Ort einen Laufsteg des Zeitgeschmacks und der Selbstvergewisserung, archaisch und trivial. Nicht erst nach den Bombentreffern war Metallschmuck von Gräbern eine begehrte schwarze Ware. Ändert sich das nie?

Im jungen Königreich, aufgeklärt und säkular, in Bayerns jungem Jahrhundert verdoppelte sich die Einwohnerzahl Münchens zweimal, dann ein drittes Mal. Aufbruchsgeist hatte die hier Begrabenen umgeben und ihr Handeln bestimmt. Ob so etwas noch wahrzunehmen ist? Ausgerechnet hier? Bemooster Boomtown-Blues. Wo viel gelebt wird, ist ein Zentralfriedhof nur zeitgemäß. Sichtbar geordnet und wohldurchlüftet, sogar in München erstmals allen Konfessionen offen (einschließlich der getauften Indianerkinder, Hofmohren und -Juden), Dich zu Andacht und innerer Einkehr anregend. Du hättest Deinen Leichnam geborgen gewußt in einem hochmodernen Leichenschauhaus. Kühl, dem stets präsenten Wärter jedoch warm. Einem Scheintoten stünden rasche Fußbäder und wiederbelebende Massagen zur Verfügung.

In der fortschrittlichen Lokalpolitik des 19. Jahrhunderts sind die Romantiker menschenfreundlich und pragmatisch. In München wirken Logenbrüder und Baubeamte einer neuen Staatsordnung. Einer von ihnen, fränkischer Ritter des griechischen Erlöserordens (was auch immer das irgendwann einmal bedeutet haben mußte), plant diesen Ort in Sargform. Der beredte Grundriß spricht vom Zweck. Säulenpappeln und Kolonnaden sind in zurückhaltend dosierter Symbolik dabei. Hier wurde der Planer dieses Friedhofs schließlich selbst beigesetzt, auch sein Schwiegersohn, ein »Leibarzt dreier Könige«, war in jener Nacht dabei, als sein Kollege Gudden sterben mußte und sein König.

Könnten sie nur reden! Was würden sie Dir nach hundert, nach zweihundert Jahren sagen? Welche Fragen hättest Du an Sie? Käme eine Zwiesprache zustande? Wärst Du heute schon bereit? Und wenn Du wiederkommst ...

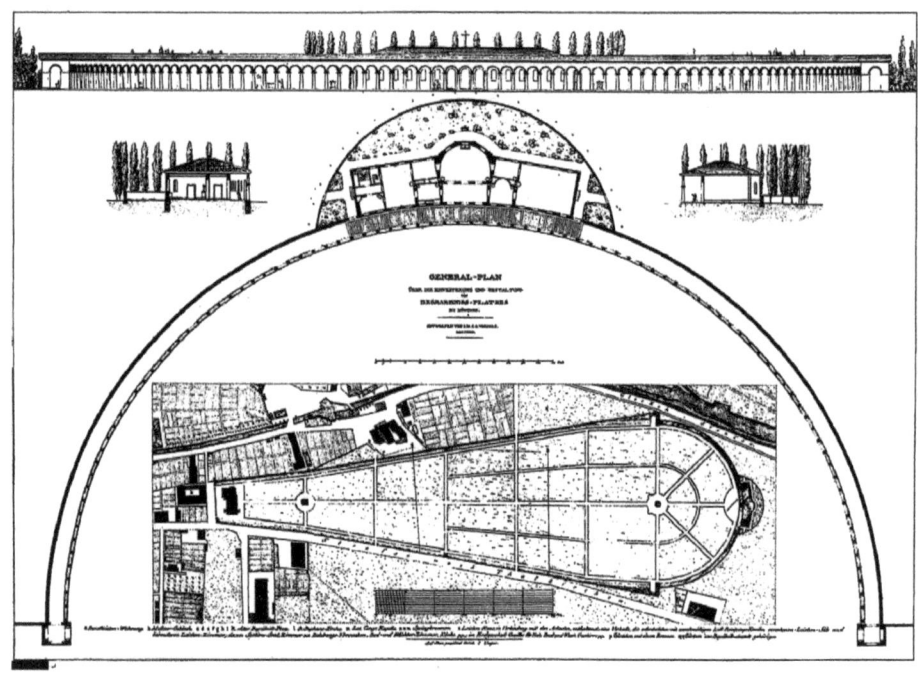

Plan des »Südlichen Friedhofs« von Gustav Vorherr

Münchens sargähnlicher Zentralfriedhof birgt nicht nur das Massengrab der Sendlinger Mordweihnacht, sondern auch eine Fülle von Dekorationsformen, die München als Kunstzentrum des 19. Jahrhunderts hervorheben. In den Schaupromenaden des Biedermeier und der Belle Epoque spiegeln sich Gesellschaft und Mentalität unserer Stadt.

Der Autor ist Nachfahre des Architekten des Alten Südlichen Friedhofs und lebt in München. Führung durch den Autor am Tag des offenen Denkmals 2011: Sonntag, 11. September um 14 Uhr. Treffpunkt Stephansplatz, am Eingang vor der Kirche. Weitere seiner Führungen werden regelmäßig im »Nymphenspiegel«-Veranstaltungs-Newsletter angekündigt, kostenlos zu abonnieren unter Mail: nymphenspiegel@aol.com.

Albrecht Vorherr

Am alten Südlichen Friedhof

Etwas windschief lehnen die Toten
in ihren Behausungen
oft an der Welt der Lebenden noch.
Deren Häuser kleben isarseitig
förmlich an der Grabmal-Mauer.

Leicht verrutscht, die rechten Winkel,
ganz ins Verlorene schon gedreht,
umrankt bereits
vom Schattenspiel des Sonnenlaufs.

Und nur von Fern noch streift der Efeu
letzten Tastens erdverwobenen Saum.

Ralf Sartori

Zeit balanciert
am First.
Für dich,
für mich,
wem gilt der Sturz?
Wohlwollend
vom Winde gehoben,
getragen,
um neues zu wagen.

Wilhelmine Habichler

Und am Ende noch einmal zurück zu den Anfängen

Nach Nymphenburg, zum Ausgangspunkt des gesamten »Nymphenspiegel«-Kulturprojekts, mit seinem breitgefächerten Salon-Kultur-Angebot, auf das ich in diesem Band aus Platzgründen nicht mehr näher eingehen kann. Mehr darüber gibt es wieder in Band 3 »Die neue Isar« zu lesen. Oder im kostenlosen Newsletter unter Mail:nymphenspiegel@aol.com.

Die Verbindung von Würm- und Isarwasser, Nymphenburg und Isar, ist München-historisch gegeben, wie wir in den bisherigen Beiträgen von Doris Fuchsberger erfahren konnten und dürfte auch künftig noch zahlreiche Themen *transportieren*. So soll diese Autorin hier zum Schluß noch einmal mit einem Beitrag über »Nymphenburger Wasser« zu Wort kommen.

Ralf Sartori

Unbekanntes Nymphenburger Wasser

Im ehemals »Königlichen Park zu Nimpfenburg« zeigt sich das Wasser als vorherrschendes Element. Wenig bekannt ist, daß das Areal von Hartmannshofen und das Kapuziner Hölzl zu den Gebieten gehören, die der bayerische Kurfürst Ferdinand Maria anläßlich der Geburt des Thronfolgers Max Emanuel 1662 für seine Gemahlin Henriette Adelaide zum Geschenk und als deren persönliches Eigentum aufkaufte, um ihr den Traum von einer »Villa Suburbana« zu ermöglichen. Außer einem repräsentativen Sommersitz, damals weit vor den Toren der Stadt München, wünschte sie sich eine ertragreiche Landwirtschaft, um mit dem Musterbetrieb ihrer Schwiegermutter im Alten Schloß Schleißheim konkurrieren zu können. Ihre Äcker, Wälder und Wiesen erstreckten sich westlich bis nach Pipping und zur Blutenburg, südlich bis zum Dorf Laim und nördlich bis an die Grenze zum Dachauer Moos, das damals viel weiter als heute nach Süden reichte. Hartmannshofen und das Kapuziner Hölzl begrenzten das Areal also nach Norden hin.

Eine Generation später, als Kurfürst Max Emanuel durch den frühen Tod seiner Eltern bereits mit 18 Jahren auf den Thron gelangt war, frönte er der Bauleidenschaft.

Schloß Nymphenburg wurde mit Flügelbauten erweitert, der Park vergrößert und das Element des Wassers hinzugefügt. Zur Heranführung des Wassers zweigte man es aus der nicht allzu weit entfernt fließenden Würm mit Hilfe eines Kanals ab. Bereits dreihundert Jahre lang versorgt diese technische Meisterleistung nun alle dortigen Gewässer. Wohin aber münden sie? Hier ein Beispiel: Der kleinere See des Parks, Pagodenburger See genannt, mündet in zwei Ausläufe, die die Pagodenburg ringförmig umfließen und dann wieder in einem Bach zusammentreffen, der in den sogenannten Kugelweiher fließt. Bereits hier hört man schon die starken Verkehrsgeräusche der nahen Menzinger Straße, unter deren Fahrbahn der Ablauf des Gewässers geführt wird. Auf der gegenüberliegenden Straßenseite plätschert das Bächlein nun munter durch den Hartmannshofener Wald zur ehemaligen Fasanerie. Es bereichert das 25 ha große Gelände, auf dem sich ein im Großraum München noch letzter ursprünglicher Lohwald mit alten, imposanten Eichenbäumen und einer weiteren großen Artenvielfalt an Pflanzen und Tieren befindet.

1717 hatte der bayerische Kurfürst angeordnet, die »Einöde Hartmannshofen« als Fasanerie zu nutzen. Fasane sind ursprünglich aus Asien stammende Hühnervögel, deren Aufzucht kostenintensiv und schwierig ist. Das Gelände war aber wie geschaffen, da die scheuen Tiere, neben dichten Gebüschen, die Nähe von Wald und Gewässern benötigen.

Zu Beginn des 1. Weltkriegs, 1914, wurde die Fasanenzucht eingestellt und das Gebäude zu einem Wirtshaus mit schattigem Biergarten umgebaut. *(Mittlerweile ist die Gastronomie ein Kulturpartner des »Nymphenspiegel« und einer von dessen Veranstaltungsorten/Anm. Hrsg.)*

In der heutzutage so turbulenten Stadt München hat sich in diesem idyllischen Park eine kleine Ruhezone erhalten, die Mensch und Tier erfreut. An warmen Sommertagen finden Familien mit planschenden Kindern viel Freude an den flachen Wasserläufen, aber auch Hunde und deren Besitzer schätzen die schattigen Promenaden. Manch' ein erhitzter Vierbeiner kühlt seine Pfoten mit einem kurzen Tauchbad.

Wahrscheinlich wäre dieses vergnügte Treiben ganz im Sinne seines Schöpfers, des bayerischen Kurfürsten Max Emanuel, der ein quirliges Kind war, Tiere liebte und nach den Akten des Hofhaushalts bereits als Zehnjähriger sein Taschengeld zum Ankauf eines Pudels ausgab.

Doris Fuchsberger

Kontakt zu Redaktion, Herausgeber und Forums-Leitung

Bei Interesse an Veranstaltungen des »Nymphenspiegel Kultur Forum München« oder der Teilnahme am »Nymphenspiegel Netzwerk«, um den kostenlosen Newsletter zu abonnieren oder um Beiträge für eine der nächsten Ausgaben dieser Buchreihe einzureichen, wenden Sie sich bitte an untenstehende Adresse. Bei Text-Einsendungen schicken Sie bitte nur Kopien, oder am besten Ihre Texte per Mail, da eine Rücksendung nicht vorgesehen ist. Rückmeldungen darauf erfolgen ebenfalls per Mail oder telephonisch. Für den Fall einer Zusage wird Ihr Text in Form einer weiterverarbeitbaren Datei benötigt.

Ralf Sartori

»Nymphenspiegel Kultur Forum München« / »Forum neue Isar«
Tel: 089/56 48 37, Mail: nymphenspiegel@aol.com, www.nymphenspiegel.de.

Die 27 Autor(inn)en dieser Ausgabe

CHRISTIAN UDE, seit 1993 Oberbürgermeister Münchens. Gelernter Redakteur und Rechtsanwalt, Autor satirischer Bücher und Herausgeber von Sachbüchern über Stadtentwicklung, Wohnungspolitik und Daseinsvorsorge. Wurde wiederholt zum Präsidenten des Deutschen Städtetags gewählt.

DR. KLAUS ARZET, geb. 1957 in Freiburg/Brsg., seit 2003 Leiter des Wasserwirtschaftsamts München, einer technisch-naturwissenschaftlichen Fachbehörde im Bereich des Bayerischen Staatsministeriums für Umwelt und Gesundheit. Studium der Hydrologie und Limnologie in Freiburg, seit 1983 in der bayerischen Wasserwirtschaft in verschiedenen Funktionen tätig, zunächst beim damaligen Bayerischen Landesamt für Wasserwirtschaft, später bei der Regierung von Oberbayern.
    Kontakt: Dr. Klaus Arzet, Wasserwirtschaftsamt München, Heßstrasse 128, 80797 München, Tel. 089/21233-2601, Mail: poststelle@wwa-m.bayern.de

MIKI SAKAMOTO, M. A., richtete als Japanerin aus Anlaß des 750-jährigen Stadtjubiläum Münchens ihren fernöstlichen Blick auf die Weltstadt mit Herz. Die Befunde enthält ihr Buch *Münchner Freiheit* (Herbig Verlag, München 2007). Diesem ist die »Isarfahrt« (in einer durch die Autorin überarbeiteten und komprimierten Form) entnommen. Die Autorin und Lyrikerin schreibt Gedichte, die auch in der renommierten Literaturzeitschrift *Akzente* erschienen sind, und Artikel für diverse Journale, wie *aviso*, die Zeitschrift des Bayerischen Staatsministeriums für Wissenschaft und Kunst. Ihr neuestes Buch *Die Kirschblütenreise* (Nymphenburger Verlag, München 2011) behandelt den Wandel Japans vom Ende der Abschließung Mitte des 19. Jahrhunderts bis in die Zeit kurz nach dem 2. Weltkrieg. Sie schätzt die Isar, die sie von vielen Touren und Fahrten mit dem Schlauchboot kennt. Seit ihrem Studium der Kulturanthropologie an der Ludwig-Maximilians-Universität München lebt sie in Oberbayern.
    Kontakt: m-sakamoto@t-online.de

JOSEF H. REICHHOLF, PROF. DR. RER. NAT., ist Biologe und Autor zahlreicher Sachbücher, die insgesamt in bisher 15 Sprachen erschienen sind. Sein Buch *Stadtnatur* (oekom Verlag, München 2006) behandelt das erstaunlich reich-

haltige Leben von Tieren und Pflanzen in München und in anderen Großstädten. Er lehrte 30 Jahre lang »Naturschutz« und »Gewässerökologie« an der Technischen Universität München. An der Isar und ihrer Renaturierung zum Wildfluß forschte er intensiv über mehr als zwei Jahrzehnte. Das bisher bereits Erreichte hält er beispielgebend für Europa und darüber hinaus. Für seine wissenschaftliche Prosa wurde er 2007 mit dem *Sigmund-Freud-Preis* der Deutschen Akademie für Sprache und Dichtung ausgezeichnet.
Kontakt: reichholf-jh@gmx.de

DIETER JANECEK, Landesvorsitzender Bündnis 90/Die Grünen, Landesverband Bayern

KATHARINA SCHULZE, Vorsitzende des Kreisverbandes München Bündnis 90/Die Grünen

KONSTANTIN WECKER, am 1.6.1947 in München geboren, Taufname Konstantin Alexander, Eltern Alexander und Dorothea Wecker, keine Geschwister, 1953 erster Klavierunterricht, später auch Geige und Gitarre, 1955–1960 Knabensopran im Rudolf-Lamy-Kinderchor, Solist bei Plattenaufnahme der Filmmusik »Heimat, deine Lieder«, Mitwirkung in einer Kinderoper von Britten (Staatstheater am Gärtnerplatz, München), ab 1959/60 erste Ausreißversuche von daheim – Ideal vom Leben als »freier Dichter«, 1968 erste Soloauftritte in der Kleinkunst-Szene, 1969 Abitur am Theresien-Gymnasium München, Musikhochschule München, 1970.
Universität München: Studium der Philosophie und Psychologie, 1971 Gründungsmitglied der Rock-Soul-Gruppe »Zauberberg«, 1972 Annas und Substitut Judas bei der deutschsprachigen Tournee von »Jesus Christ Superstar«, Filmrolle im Fernsehfilm »Die Autozentauren« (Regie: Chuck Kerremans), 1972–1974 Pianist und Arrangeur in Tonstudios, Schauspieler in Sexfilmen, (...) 1973–1975 Musik für die Stücke »Frauenpower«, »Terror« und »Viva Italia« des Theaterkollektivs »Rote Rübe«, 1973 April: Erste LP »Die sadopoetischen Gesänge des Konstantin Amadeus Wecker« (Ariola), Mai: Erste Auftritte in der Münchner Lach- und Schießgesellschaft, 1974 Zweite LP »Ich lebe immer am Strand« (bis 1987 alle Tonträger bei Polydor), Gründung der Gruppe »Team Musikon«, 1975 Mitproduzent der LP »Mario Lehner« (Polydor), Erste Live-LP »Ich singe, weil ich ein Lied hab' – live im Onkel Pö«, 1976 LP »Weckerleuchten«, Mitproduzent der LP »Werd' ich noch jung sein, wenn ich älter bin« von Reiner Schöne (Polydor), Erste Deutschlandtournee, 1977 LP »Genug ist nicht genug« (mit »Willy«), DEUTSCHER

KLEINKUNSTPREIS, Liederpfennig am Rundy Ring, »STERN DES JAHRES« DER »ABENDZEITUNG« MÜNCHEN, 1978 DEUTSCHER SCHALLPLATTENPREIS für »Genug ist nicht genug«, Große Deutschlandtournee, eigenes Tonstudio in Eching, LP »Eine ganze Menge Leben«, (...) ERNST-HOFERICHTER-PREIS, 1980 Konzerte in Holland und Skandinavien, Buch »MAN MUSS DEN FLÜSSEN TRAUEN« (Ehrenwirth, später Tb. Rowohlt), Übersiedlung mit Musikern und Freunden in die Toskana. Dort Einrichtung eines Tonstudios, (...) 1982 LP »Das macht mir Mut«, LP »Wecker«, Filmmusik »Die weiße Rose« (Regie: Michael Verhoeven), Mitwirkung bei der Konzertreihe »Künstler für den Frieden«, (...) KONZERT ZUR 200-JAHR-FEIER DES ENGLISCHEN GARTENS IN MÜNCHEN MIT CA. 150000 ZUSCHAUERN, LP/CD »Stilles Glück, trautes Heim«, Hauptrolle im ZDF-Kurzfilm »Deutsche Redensarten und ihr Ursprung: Jemandem einen Korb geben« (Buch und Regie: Peter Reichelt und Gerhard Thiel), (...) SWF-LIEDERPREIS für »Die Ballade von Antonio Amadeu Kiowa«, (...) 1995 Titelmusik und Rolle (Folge »Münchner Freiheit«) in der SAT.1-Serie »Kriminaltango« (Regie: Peter Fratzscher), Große Tournee des »Konstantin Wecker Quartetts«, KURT-TUCHOLSKY-PREIS 29.11., (...) Die ganze Biographie sowie
    Kontakt: über: www.wecker.de, www.hinter-den-schlagzeilen.de

ROLF RENNER, Koordinator der Isar-Allianz, geb. 8.5.1938 in Ludwigsburg/Württemberg, Betriebswirt im Ruhestand, zuletzt als freiberuflicher Industrieberater tätig. Kam über den Kanusport (seit 1957) zum Naturschutz und wurde, mit dem Wechsel nach München (1966), vom Paddelboot aus mit den Problemen der alpinen Gewässer und damit auch mit jenen der Isar konfrontiert. Seit Beginn der Diskussion um die Umgestaltung der Isar – zunächst in der Initiative Mühlthal, dann in der Isar-Allianz – aktiv tätig. Die Koexistenz von Naturschutz und Naturnutzung betrachtet er dabei als seine vorrangige Aufgabe. Diese verfolgt er nicht nur in den verschiedenen Flußallianzen (bayernweit), sondern auch als Ressortleiter Umwelt und Gewässer im Bayerischen Kanu-Verband.

DR. NICO DÖRING, Mitbegründer, Sprecher und ehem. Koordinator der Isar-Allianz, geb. 1957, gilt, gemeinsam mit Franz Mayer, als eigentlicher Urheber und Initiator des »Isarplan« in München. Denn er hat das Projekt auf den Weg gebracht. Er studierte Zoologie und Botanik in Salzburg und Wien, beendete das Studium mit einer Promotion über embryonale Organentwicklung. Zunächst arbeitete er in der Forschung am »Max Planck Institut«. Die »Bayerische Akademie für Naturschutz und Landschaftspflege«, an der er

über viele Jahre als Referent freiberuflich tätig war, bot ihm den beruflichen Einstieg in die Naturschutzarbeit. Er wechselte zum »Landesbund für Vogelschutz«, wo er die Abteilung Ökoplan aufbaute und führte, die zielgerichtet naturverträgliche Nutzungskonzepte ausarbeitete. Anfang der 90er Jahre plante und leitete Nico Döring das integrative Regenwaldschutzprojekt »Quetzal« vor Ort in Guatemala. (Zahlreiche weitere seiner Projekte werden in seinem Portrait auf S. 63 in Bd. 1 »Die neue Isar« kurz erwähnt) 1993 gründete er die »Isar-Allianz«, einen Zusammenschluß von Verbänden und Initiativen, die er als Koordinator und Pressesprecher über zehn Jahre führte und nach wie vor projektbezogen unterstützt. Von 1993 bis 1995 war er Mitglied des Naturschutzbeirates bei der Regierung von Oberbayern. Zur Zeit plant er einen weiteren Schritt bei der Renaturierung der Isar und widerspricht damit allen, die den aktuellen Zustand als Endergebnis sehen.
Kontakt: nico@onlinedoering.de.

FRANZ SPEER, Mitbegründer der Isar-Allianz 1993 und seit 2008 stellvertretender Vorsitzender des Vereins »Rettet die Isar jetzt«, geb. 1947 in Lenggries, Dipl.-Ing. der Landespflege (TU München-Weihenstephan), von 1977 bis 1979 im Landschaftsarchitekturbüro Prof. Kagerer, Ismaning tätig. 1979 bis 1981 zusammen mit Prof. Dr. Kaule das Landschafts- sowie das Artenschutzprogramm für das Saarland erarbeitet. Von 1981 bis 2009 hauptamtlich im Referat für Natur- und Umweltschutz in der DAV-Bundesgeschäftsstelle tätig. Von 1978 bis 2003 Mitglied im DAV-Umweltausschuss und von 1981 bis 2011 stellv. Mitglied im Präsidium der Bayerischen Akademie für Naturschutz (ANL).

RALF SARTORI, 1962 in München geboren; die Isar begleitete immer wieder seine Kindheits- und Jugendjahre. Dann traten Spree und Berliner Landwehrkanal von 1982 bis '94 in sein Leben. 1998 öffneten sich die Stadtkanäle für ihn in die Lagune Venedigs, wo er ein Jahr lang lebte, um zu schreiben und 2005 ein weiteres Jahr in Puglia (Süd-Italien). Die Zeiten dazwischen lebte er wieder in München. Ralf Sartori (mit bürgerlichem Namen: Gleixner) ist Mitbegründer des »Forum neue Isar« und Herausgeber dieser Buchreihe, ehemals freiberuflich tätiger Landschaftsgärtner, seit 1994 Tangolehrer, -Tänzer, Veranstalter, Film- und Fernseh-Choreograph, Autor und Auftrags-Photograph, zahlreiche Buchveröffentlichungen, darunter vier über den argentinischen Tango, die teilweise in mehreren Sprachen erschienen sind. Seine Bücher wurden im Spiegel, in der FAZ, der Süddeutschen Zeitung, der AZ, dem Berliner Tagesspiegel, dem Münchner Merkur und vielen anderen

Blättern besprochen. 1995 initiierte er das »Nymphenspiegel Kultur Forum München«, das er seitdem koordiniert und leitet.

Seinen Lebensunterhalt verdient Ralf Sartori derzeit hauptsächlich mit Privatunterricht in Argentinischem Tango sowie als Photograph, der engagiert werden kann, um die unterschiedlichen und teilweise auch verborgenen Facetten eines Menschen ins Licht und Bild zu setzen, sie künstlerisch zu inszenieren.

Kontakt: Ilmmünsterstr. 9, 80686 München, Tel 089/56 48 37,
Mail: nymphenspiegel@aol.com

DR. FRANZ JAKOB, studierte Geologie und Paläontologie in Erlangen. Angeregt durch einen Rundfunkbericht über die bahnbrechenden Erfolge der Luftbildarchäologie (Das unterirdische Bayern von Otto Braasch und Rainer Christlein) änderte er das Thema seiner Diplomarbeit (ursprünglich Braunkohle in Wackersdorf) und verfolgt seitdem das Thema Luftbildgeologie. Spezialgebiet ist das Erkennen von Naturgefahren (Hangrutsche, Bergstürze, Muren, Hochwasser) im alpinen Raum mit Mitteln der Fernerkundung. Parallel zum Studium erfolgte ein breites Studium generale mit Schwerpunkt Philosophie. Die berufliche Laufbahn startete in einer Luftbildfirma bei Weilheim. Bei einem Forschungsvorhaben am damaligen Geologischen Landesamt in München ereignete sich eine zweite entscheidende Wende. Damals rief die Ausweisung von Deponiestandorten heftige Bürgerproteste hervor. Aufgabe war es, ein Standortsuchverfahren zu entwickeln, das den Belangen aller beteiligten Akteure Rechnung trug. Die Beschäftigung mit dieser komplexen Aufgabenstellung führte im Laufe der folgenden Jahre zur Entwicklung einer Informationsarchitektur für die Bürgergesellschaft. Die bevorzugte Berufsbezeichnung lautet seitdem Informationsarchitekt. Gegenwärtig ist die Umsetzung dieser Utopie im Rahmen mehrerer Pilotprojekte im Gange. Nebenbei bietet die eigene Luftbildfirma die Gelegenheit zu zahlreichen Erkundungsflügen über das bayerische Oberland.

Kontakt: Tel.: 08809/92 22 67, Mail: franzjakobdr@aol.com

FRANZ HUBER, Jahrgang 1947, Raumbezüge und Roadmaps
Kontakt: www.kartographie.de, franz.huber@kartographie.de

IRENE BURKHARDT, Studium der Landespflege an der TU München-Weihenstephan. 1978–88 Anstellung als wissenschaftliche Mitarbeiterin am Lehrstuhl für Landschaftsökologie. Von 1988 bis 1991 Anstellung am Planungsreferat der Stadt München: Vorbereitung und Durchführung des städtebaulichen und landschaftlichen Ideenwettbewerbes »Nachnutzung Flughafen München-Riem« unter dem Gesichtspunkt »Nachhaltige Stadtentwicklung« und Vorbereitung weiterer Wettbewerbe. Nachfolgend eine ökologische Beratung für die Entwicklungsmaßnahmen Riem in der freien Berufstätigkeit.

Im Jahr 1990 Gründung des Planungsbüros in Freising, dem 1994 die Niederlassung in Leipzig folgte. Im Jahr 2001 zog das Büro von Freising nach München/Pasing um.

Folgende Tätigkeiten sind neben den Arbeiten an Projekten zu nennen: Vorbereitung und Vorprüfung von Wettbewerben sowie in Preisgerichten, Lehrauftrag »Stadt- und Landschaftsökologie« für das Referendariat der Obersten Bayerischen Baubehörde an der TU München, Lehrstuhl für Städtebau und Regionalplanung, 1989–2003. Ergänzt durch »Umweltbelange in der Bauleitplanung«, 2002–2003. Lehrauftrag »Entwurfsminiaturen« an der Fachhochschule Freising-Weihenstephan, Wintersemester 2008–2010. Durchführung von eintägigen Stegreifübungen in den davorliegenden Jahren. Von 1995 bis 1999 Mitglied der Beratergruppe »Stadtgestalt und Ökologie« für die Entwicklung der Messestadt Riem, im Auftrag der Landeshauptstadt München. In den Jahren 1998 bis 2004 Vorsitzende der Landesgruppe des Bundes Deutscher Landschaftsarchitekten (BDLA) in Bayern. Seit 2005 Stellvertreterin bzw. Mitglied des Naturschutzbeirates beim Bayer. Staatsministerium für Umwelt und Gesundheit. Seit 2007 im Vorstand Freunde der Landschaftsökologie e.V. Seit 2008 im Vorstand des Deutschen Werkbund Bayern e.V. Eintrag in die Stadtplanerliste der Bayerischen Architektenkammer 2008. Mitglied der Vertreterversammlung der Bayerischen Architektenkammer seit 2008. Weitere Informationen zur Autorin in deren Interview auf den Seiten 119–134.

Kontakt: Irene Burkhardt Landschaftsarchitekten, Fritz-Reuter-Str. 1, 81245 München, Telefon 089/820 85 540, oder 089/820 85 543, Mail: info@irene-burkhardt.de.

HERIBERT ZINTL, geb. 1932 in München, studierte in München und Tübingen Zoologie, Botanik, Chemie und Geographie. Er war Gymnasiallehrer für Biologie, Chemie und Erdkunde zunächst in Mindelheim und dann von 1965 bis 96 in Lenggries. Im Landkreis Bad Tölz – Wolfratshausen liegt ihm seit den Aufenthalten während seiner Jugendzeit in Ascholding das Isar-Ökosystem besonders am Herzen. Viele Beobachtungen macht er vom Boot aus. Er regte das Verfahren »Kiestrift durch den abgesenkten Tölzer Stau« und den Zusammenschluß »Tölzer Moorachse« an. Die Fluß-Seeschwalbe und den Gänsesäger konnte er als Brutvogelarten in Bayern retten. Er gründete die Kreisgruppe des Landesbund für Vogelschutz in Bayern (LBV) und war Mitglied der Naturschutzbeiräte am Landratsamt und bei der Regierung von Oberbayern und gehört derzeit noch dem Jagdbeirat am Landratsamt an. Er ist Mitglied beim LBV, Bund Naturschutz, in der Ornithologischen Gesellschaft in Bayern und im CSU-Umweltkreis. Zintl nimmt an Monitoringprojekten teil, spricht zu Ausstellungen in Schulen, leitet Exkursionen und führt durch das Hohenburger Schloß bei Lenggries. Er versucht seit Jahrzehnten, den Mechanismus des äußerst komplizierten spontanen Materialwechsels bei den Larven einer Köcherfliegenart aufzuklären.

GEORG JOCHUM, Studium der Soziologie in München, Mitarbeiter im Deutschen Museum und Lehrbeauftragter an der TU München, Verfasser verschiedener Artikel zu soziologischen und kulturtheoretischen Themen. Beschäftigt sich insbesondere mit der Geschichte der humanen Entgrenzung und Öffnung der Welt und sucht nach Wegen einer reflexiven Begrenzung der menschlichen Gestaltungsmacht.
Kontakt: Mail: G.jochum@isifo-online.de

THOMAS KÖSTER, Park-Verwalter des Englischen Gartens

WINFRID JERNEY, Dipl.-Ing. Landschaftsarchitekt, wurde im Auftrag der LH München vom Februar 2000 bis April 2004 »Bau- und landschaftsplanerischer Berater der Bauoberleitung« für die Renaturierung der Isar vom Großhesseloher Wehr an der südlichen Stadtgrenze bis hinein in die Innenstadt zur Braunauer Eisenbahnbrücke.
2. Preis-Träger im »Realisierungswettbewerb Isarplan«, München im Jahr: 2003, Auslober: Wasserwirtschaftsamt München. Weitere Informationen zum Autor in dessen Interview auf den Seiten 105–113.
Kontakt: Mail: Landschaftsarchitekt@Jerney.de, Tel: 08532/927470, Weinzierler Straße 10, D-94086 Bad Griesbach

KLAUS BÄUMLER, geb. 1941 in München; Jurastudium in München, 1978–2005 Richter am Bayerischen Verwaltungsgerichtshof, 1978–2008 im Ehrenamt Vorsitzender Bezirksausschuß Maxvorstadt, Mitglied im Politischen Beirat für das NS-Dokumentationszentrum München, Mitarbeit im Programmausschuß des Münchner Forums e.V., im Fachbeirat für Politische Bildung der Volkshochschule München, im Vorstand der Freunde der Residenz München e.V. und der Montgelas-Gesellschaft für bayerisch-französische Zusammenarbeit, in der Deutschen Gesellschaft für Gartenkunst

und Landeskultur, Mitarbeit am Digitalen Historischen Lexikon Bayerns, Engagement in Fragen der Münchner Stadtplanung, der Münchner Kultur-, Stadt- und Zeitgeschichte. Publikationen auf diesem Gebiet, 1985 Gründung des »Gemeinsamen Arbeitskreis Isar« der CSU-Kreisverbände München-Schwabing, Freising und München-Land; Initiative »Radwandern an der Isar von der Quelle bis zur Mündung«, Mitarbeit in der »Isar-Allianz« und der »Notgemeinschaft Rettet die Isar jetzt e. V.«.
Kontakt: Mail: baeumler@maxvorstadt.net

ALBRECHT VORHERR, ehemaliger Kastellan von Schloß Nymphenburg, Künstlerische Praxis: abstrakte Malerei, Lesungen und Performances, sonic music, orientalische Kalligraphie. Berufliche Praxis: Kunstpädagoge, Themenschwerpunkt Kunst- und Kulturgeschichte des 18. Jahrhunderts

DORIS FUCHSBERGER, geb. 1961 in München, Historikerin aus Leidenschaft, Schwerpunkte: Münchner Stadtgeschichte, Kunst- und Kulturgeschichte des 18. und 19. Jahrhunderts in Altbayern.
Kontakt: Tel. (089) 17 33 68 bzw. Doris.Fuchsberger@gmx.de

MARKUS EPHA, geb. 1965 in München, lebte in Wien und wohnt in Berlin. Über stehende, bewegte, fließende und fehlende Gewässer arbeitete er in Wort und Bild und Film.

WILHELMINE HABICHER, geboren am 31. 3. 1927 in Mals (Südtirol). »Ich besuchte die italienische Volksschule und zugleich die ›Katakombenschule‹ (verbotenes Lernen der deutschen Muttersprache während der Faschistenzeit), um nicht nur die Staatssprache, sondern auch die Muttersprache zu beherrschen. Im Schuljahr 1944/45 wurde ich als Hilfslehrerin eingesetzt und unterrichtete bis zu meiner Heirat 1954 in ein- und zweiklassigen Bergschulen. Nachdem unsere fünf Kinder erwachsen wurden, füllte ich meinen Freiraum mit neuen Beschäftigungen. Ich versuchte der ›Mundart‹ Gewicht zu verleihen und übte mich im Schreiben von Mundartgedichten. Inzwischen sind drei Bücher erschienen. Auch die Hochsprache reizt mich, bin hierin aber nur Autodidaktin.«

HELMUT RUGE, 1940 in Stuttgart geboren, 1941–1960 in Baden aufgewachsen (Villingen-Schwenningen, Baden-Baden), 1960–66 Studium der Soziologie und Psychologie an der FU-Berlin – Abschluss mit Diplom, 1963 Mitbegründer des Berliner Studentenkabaretts »Die Hammersänger«, zahlreiche

Tourneen in Deutschland und der Schweiz, 1968 Umzug nach München, dort hängen geblieben und begeisterter »Zuagroaster« (Zugereister) geworden, ab der Zeit Kabarett als Beruf, zwei Jahre im Duo mit Jörg Hube (1970–1972) – dann Solo, Später wieder Duo mit Dick Städter (ehemals »Floh de Cologne«) bis 1988 – seither wieder unterwegs als Solist. Preise für seine kabarettistische Unruhe-Stiftung: Deutscher Kleinkunstpreis, Münchner Kabarett-Preis, Schwabinger Kunstpreis, AZ-Stern des Jahres, Bronzemedaille beim New-Yorker Filmfestival für seine Comedy-Serie »Die Scheinfamilie«.

Fernsehen und Funk: zehn Jahre Co-Autor von »Notizen aus der Provinz« mit Dieter Hildebrandt (ZDF), »Nachschlag« – ARD-Serie, Ruge als schwäbischer Fenstergucker. 35 Sendungen »Dreizack« – satirische Fernseh-Sendung im III. Programm des WDR, Autor und Darsteller, gemeinsam mit »Floh de Cologne«. »Hammer und Stichel«, Funk-Serie – zehn Jahre auf WDR II mit Hanns Dieter Hüsch als Partner, »Ottis Schlachthof« – mehrere Auftritte seit 2005. Theaterstücke: zehn, darunter »Weihnachten an der Front«, Theaterstück von Jérôme Savary und Helmut Ruge, Uraufführung am Hamburger Schauspielhaus, zwei Rockmusicals, darunter »Abflug« für das Theater der Jugend – München, letztes Stück: »Baden rebelliert« – ein Stück über die Badische Revolution, gespielt Open-Air in 20 badischen Städten.

Helmut Ruge ist ein Tänzer
Zwischen Tag und Traum, Nacht und Not
Ohne Netz und ohne Rückendeckung verfolgt er
Mit List und Lust die Tragikkomödie Mensch.
Hanns Dieter Hüsch
Kontakt: unter www.helmut-ruge.de

BORIS RUGE übt seinen Beruf als Musiker, Schauspieler und Lehrer seiner beiden großen Leidenschaften seit über 15 Jahren aus. Als Sohn des Theaterschöpfers und Satirepoeten Helmut Ruge ist er mit der Bühne aufgewachsen. Ausbildung an der *Ecole Internationale de Teatre Jacques Lecoq* in Paris, am *Richard Strauss Konservatorium*, München und an der *Scuola Internazionale della Creazione Teatrale* in Padua, wo er sowohl Schüler als auch später pädagogischer Assistent und Lehrer für Stimme und Musiktheater war. Ausgezeichnet u. a. beim *Tollwoodfestival*, München und beim *Scharfrichterpreis*, Passau. Am *Banff-Center-for-the-Arts* in Kanada erhielt er ein Stipendium für seine Musik. Konzerte, Performances, Regie und musikalische Leitung in Deutschland, Italien, Frankreich, England, Kanada und USA. Lebte fünfeinhalb Jahre in Italien, spielte Konzerte und Theater, unterrichtete Stimme und Musiktheater und Theaterkreation nach Jaques Lecoq. In Padua, der Geburtsstadt der Comedia dell'Arte, studierte und spielte er intensiv Maskentheater, u. a. mit Teatrolarven. Lebt jetzt wieder in München, spielt, tourt und unterrichtet, momentan auf Tour mit seinem Solo-Konzert »Großstadtblues«.

Kontakt: unter www.boris-ruge.net

SITKA, ein alter Schwabinger, früher »Krawallgitarrist« und »Volksmusikrebell«, spielt Begleitgitarre bei der Gruppe »Gari-Gari«.

PETER PAUL ALTHAUS, Schwabinger Dichter

Bildernachweis

Umschlagbilder von Ralf Sartori
Bilder von Ralf Sartori: S. 3, 11, 39, 44, 54, 71, 149, 189, 215
Bilder von Dr. Franz Jakob und Dr. Nico Döring: S. 17, 67, 136
Bilder von Franz Speer: S. 47
Bilder vom Wasserwirtschaftsamt München: S. 35, 106, 114, 118
Bilder von Doris Fuchsberger: S. 220
Bilder von Markus Epha: S. 153, 156

Mäzene, Förderer und Sponsoren

Privat-Kulturpat(inn)en

ILONKA ERLENBACH, Rondell Neu Wittelsbach 7, 80639 München/Nymphenburg, E-Mail: ilonkaerlenbach@aol.com, Tel.: 089/178 45 20
  Kulturpatin des »Nymphenspiegels«

MANFRED GLEIXNER, Kunstmaler, Gstallerweg 30, 82166 Gräfelfing, Tel.: 089/714 54 61
  Kulturpate des »Nymphenspiegels« / Mehrfach-Patenschaft

NATURHEILPRAXIS ILONA ANGELIKA FISCHER, Tel. 089/14 29 37 oder 0172/545 44 02, Görlitzer Str. 3, 80993 München.
  Kulturpatin des »Nymphenspiegels«

KARIN MARION GASSNER, *Kulturpatin des »Nymphenspiegels«*

NICK RAPPL, Marquartstein, *Kulturpate des »Nymphenspiegels«*